HISTOIRE POPULAIRE
DE LA VILLE DE
CLERMONT-L'HÉRAULT
ET DE
SES ENVIRONS

Depuis les Temps les plus reculés jusqu'à la Révolution

(Arrondissement de Lodève)

PAR

A.-P. FLEURY-GENIEZ

INSTITUTEUR

MEMBRE DE L'ACADÉMIE MONT-RÉAL DE TOULOUSE
AUTEUR DE PLUSIEURS OUVRAGES

> *Clermont-l'Hérault, douça patria,*
> *A teus moun amour eternel !*
> Lou Tioulat paternel. — PEYNOTTES.

MONTPELLIER
IMPRIMERIE FIRMIN & CABIROU FRÈRES
20, RUE DURAND ET RUE LEVAT, 2

1885

HISTOIRE POPULAIRE

DE LA VILLE DE

CLERMONT-L'HÉRAULT

ET DE

SES ENVIRONS

HISTOIRE POPULAIRE

DE LA VILLE DE

CLERMONT-L'HÉRAULT

ET DE

SES ENVIRONS

Depuis les Temps les plus reculés jusqu'à la Révolution

(Arrondissement de Lodève)

PAR

A.-P. FLEURY-GENIEZ

INSTITUTEUR

MEMBRE DE L'ACADÉMIE MONT-RÉAL DE TOULOUSE
AUTEUR DE PLUSIEURS OUVRAGES

Clermount-l'Hérault, douça patria,
A tous moun amour éternel!...
   Lou Tiourlat paternel. — Peyrottes.

MONTPELLIER
IMPRIMERIE FIRMIN & CABIROU FRÈRES
20, RUE DURAND ET RUE LEVAT, 2
—
1885

L'Auteur s'est réservé tous les droits.

JE DÉDIE

Ces quelques lignes

A

MON MEILLEUR AMI

MON PÈRE

Liste des Souscripteurs

M. le Maire de Clermont-l'Hérault.
M. le Maire de Saint-André-de-Sangonis.
M. le Maire de Vendémian.

MM. Aninat (Philippe), propriétaire, Clermont-l'Hérault.
Audran, tanneur, Clermont-l'Hérault.
Amadou (Ernestine), institutrice, Gignac.
Abbal, instituteur, Cabrials.
Aguillon (Charles), propriétaire, Clermont-l'Hérault.
Aubert (Antoine), cordonnier, —
André (Léonce), liquoriste, —
Atgé (Jacques), propriétaire, Brignac.

Bertrand (Antonin), professeur, Clermont-l'Hérault.
Berthomieu (Léopold), Paris.
Bernard (B.), employé de commerce, Clermont-l'Hérault.
Beauclair-Bélous (F.), rentier, —
Bouis (Renaud), employé, —
Bouschet de Bernard (G.), propriétaire —
Bouschet de Bernard (J.), propriétaire —
Baudil (Louis), jardinier, —
Bonnal (Edouard), cantonnier —
Bonnal (Jean-Bénony), huissier, —
Bourrely (Emile), propriétaire, le Pouget.
Berland, docteur, Azille (Aude).
Barral (Paul), caisse d'épargne, Clermont-l'Hérault.
Barral (Joseph), instituteur, Sérignan.
Bonnal (Emile), cordonnier, Clermont-l'Hérault.
Bonniol (Gustave), secrétaire de la mairie, Saint-André-de-Sangonis.
Bourret (Marius), maréchal-ferrant, —
Boyer, plâtrier, le Pouget.
Bertrand (Pierre), ferblantier, Saint-André-de Sangonis.
Bastide (Edouard), instituteur, —
Bibliothèque de la mairie, —
Bibliothèque scolaire, —
Bariteau (Paul), instituteur, l'opian.
Bernard, instituteur, Aumelas.
Bourellis (Joseph), appariteur de la mairie, Saint-André-de-Sangonis.
Brun (Hillaire), propriétaire, —
Beauclair-Sanguinède, propriétaire, —
Blachas (Adolphe), comptable, —

VIII

MM. BENOIT, géomètre, Saint-Félix-de-Lodez.
BAUDOUY (Léopold), libraire, Lodève.

COUDERC (Sully), instituteur, Vendémian.
CLAVEL (Benjamin), voyageur de commerce, Clermont-l'Hérault.
CABAL (E.), négociant, —
COSTE-RABIÉ, négociant, —
CASTAGNÉ (Eugène), comptable, —
CROS (Léon), plâtrier, —
COLLE (A.), commissaire de police, —
CAUSSE (Athénaïs), Pézenas. —
CANS (Victor), coiffeur, Clermont-l'Hérault.
CROS (Paul), comptable, Alger.
CAUSSE (Arthur), serrurier, Clermont-l'Hérault.
CROUZET (Auguste), confiseur, —
CASSAGNE (A.), vins, Carcassonne.
CACARRIÉ (Benjamin), cafetier, Clermont-l'Hérault.
CASTAGNIÉ (Victor), employé, Villeneuvette.
CARNUS (Prosper), gaz, Clermont-l'Hérault.
CASTAGNIÉ (Arthur), employé, Marseille.
CAUSSE (Gustave), instituteur, le Puech.
CHAMBERT (Edmond), instituteur, Saint-Guilhem-du-Désert.
COMBARNOUS, libraire, Montpellier.
CAUSSE (Pierre), serrurier, Clermont-l'Hérault.
CONNES (Hillarion), Béziers.

DOUZIÈRES, instituteur, Jonquières.
DELMAS-BATTUT, tapissier, Clermont-l'Hérault.

ETMONS (François), brasseur, Saint-André-de-Sangonis.

FITILI (J.), propriétaire, Clermont-l'Hérault.
FRAÏSSE (Toussaint), bourrelier, Clermont-l'Hérault.
FALGUIÈRES (Charles), boulanger, Saint-André-de-Sangonis.
FODIS (Cyprien), propriétaire, Saint-Bauzille-de-la-Sylve.
FERRAND (Adolphe), horloger, Clermont-l'Hérault.
FARGUES (Jules), laines, Clermont-l'Hérault.
FAURÉ, maréchal-ferrant, le Pouget.

GALTIER (Henri), négociant, Clermont-l'Hérault.
GUIRAUDOU, commerçant, —
GALTIER (Gaston), comptable, Alger.
GUIRAUDOU (Hippolyte), propriétaire, Clermont-l'Hérault.
GEISSE, facteur, —
GRAVES (Jacques), plâtrier, —
GRANIER (Paul), bourrelier, le Pouget.
GRANIÉ (Guillaume), instituteur, Saint-André-de-Sangonis.
GALTIER (Léopold), Béziers.
GENIEZ (Marguerite), Clermont-l'Hérault.
GENIEZ (Samuel), —
GALTIER (Jean), Béziers.

HEULZ (Albin), maire, Saint-André-de-Sangonis.
HEULZ (Louis), propriétaire, —

JULLIAN (Joseph), musicien, Carcassonne.

MM. LAPEYRE (Philippe), mercier, Clermont-l'Hérault.
LÉOTARD (Washington), séminariste, Montpellier.
LAFITTE, chef de gare, Clermont-l'Hérault.
LUGAGNE (Louis), charcutier, Clermont-l'Hérault.
LAVIT (Gustave), propriétaire, Saint-André-de-Sangonis.

MARQUEZ (E.), propriétaire, Clermont-l'Hérault.
MARONNE (Charles), rentier, —
MALAVIALLE (André), limonadier, Brignac.
MAJOUREL (B.), serrurier, Clermont-l'Hérault.
MAJOUREL (Abel), quincaillier, Clermont-l'Hérault.
MONTAGNIÉ (François), horloger, —
MALAVIALLE (Théodore), limonadier, Brignac.
MALET (Arthur), rentier, Clermont-l'Hérault.
MAZEL (J.-B.), instituteur, Grabels.
MICHEL, percepteur, Saint-André-de-Sangonis.
MICHEL (Léon), négociant, —

NOUGARET (Thibaud), propriétaire, Vendémian.
NOUGARET, instituteur, Saint-Saturnin.
NOUGARÈDE (J.-Hippolyte), propriétaire, Saint-André-de-Sangonis.

PORTALÈS (B.), secrétaire de la mairie, Clermont-l'Hérault.
PASTRE-NAVAS, commerce, —
PAGÈS (Ludovic), comptable, Montpellier.
PONS (Théodore), instituteur, Saint-Jean-de-Fos.
PY (Eugène), armurier, Clermont-l'Hérault.
PY (César), officier retraité. —

QUEREL (Pierre), tanneur, Clermont-l'Hérault.
QUILLÉ (Paul), pâtissier, —

RONZIER-JOLY, docteur, Clermont-l'Hérault.
REVEL (Gaston), agent-voyer, —
RAMY (Gabriel), secrétaire de la mairie, Clermont-l'Hérault.
ROBERT (Augustin), menuisier, —
RAMBAL (Hippolyte), libraire, —
RAFFIT (Michel), commerce, —
ROUQUET (Benjamin), propriétaire, Brignac.
ROUQUETTE (Gustave), propriétaire, Saint-André-de-Sangonis.
ROUQUET (Théodore), propriétaire, Cambous.
RESCOL (Antoine), chemin de fer, Clermont-l'Hérault.
RODIER (Gabriel), limonadier, Saint-André-de-Sangonis.

SERVEL (B.), Clermont-l'Hérault.
SUQUET (Emile), distillateur, Clermont-l'Hérault.
SYLVESTRE (Pargoire), avocat, —
SUQUET (Casimir), ferblantier, —
SALLES (Jules), instituteur, les Plans.

TABAR, postes, Clermont-l'Hérault.
TOURNAL (Jules), propriétaire, Cambous.
TEIL (Charles), employé, Alger.
TRIAIRE (Anna), institutrice, Pinet.
TRAUX, instituteur, Montpeyroux.

MM. Treillet (Paul), instituteur, la Dalmerie.
Ténières (Alexandre), tuilier, Saint-André-de-Sangonis.

Ussou (B.), avoué, Lodève.

Vidal (Philémon), propriétaire, Vendémian.
Vaissière (Henri), menuisier, Clermont-l'Hérault.
Vaissade (Paulin), cordonnier,   —
Vigourel (Charles), limonadier,   —
Vailhé (Henri), propriétaire, Popian.
Veyron-Lauras, négociant, Saint-André-de-Sangonis.

PRÉFACE

L'histoire de notre cité vient prendre humblement sa place à côté de celles qui paraissent pour les autres localités.

L'histoire d'un peuple est un tableau exact des absents ; elle montre nos ancêtres tels qu'ils ont été, avec leurs gloires et leurs dévoûments, avec leurs revers et leurs erreurs ; elle nous fait voir les beaux exemples pour les suivre et les fautes pour les éviter. En même temps qu'elle est une image vivante du passé, elle est aussi un enseignement pour les temps présents; les générations futures y puiseront cette substance qui fait grandir les nations et qui donne à tout un peuple la force et le courage de se conduire lui-même.

N'est-on pas heureux de connaître les joies et les douleurs de nos aïeux, les souffrances qu'ils ont endurées, les misères qu'ils ont essuyées ? N'a-t-on pas du plaisir à voir toutes ces luttes que nos pères ont soutenues pour faire de nous ce que nous sommes aujourd'hui, c'est-à-dire des hommes libres et instruits, pouvant connaître et défendre leurs droits sans prétention comme sans faiblesse ?

Oui, nous sommes libres, complètement libres pour dire la vérité sans craindre les noirs et humides cachots d'une forteresse, et l'épouvantail qui dominait sur toutes les localités a disparu à tout jamais devant 89.

N'est-on pas, en effet, frappé d'épouvante plutôt que d'admiration à la vue de ces ruines imposantes plantées sur la hauteur qui domine la ville ; de ces hautes tours démantelées où existent encore quelques créneaux et presque toutes les meurtrières ; de ces hauts remparts détruits par la Révolution, et que vient achever la main inexorable de l'intempérie des saisons ? Le donjon, à moitié démoli, mais sourcilleux et fier, s'élève au cœur de cette forteresse sur un tas de pierres amoncelées, et semble encore protéger, par ses points de vue lointains et ses solides murs, ces antiques restes de la féodalité. Triste image de l'orgueil et de la vanité des grands de cette époque !

Pourquoi ces remparts, ces créneaux, ce château dominant la ville ? Ce sont autant de questions auxquelles nous tâcherons de répondre du mieux possible.

Ah ! si les murs pouvaient parler, nous apprendrions certainement des choses qui nous intéresseraient au plus haut point, et notre tâche deviendrait facile. Mais si les murs sont muets, l'Histoire, elle, ne l'est pas, et ce qui aura transpiré au dehors, elle le racontera aux générations à venir, afin qu'elles sachent qu'il a existé des hommes assez dénaturés pour se croire supérieurs aux autres par le seul bénéfice d'une naissance illustre ou d'un vain titre.

On ne connaît pas assez son pays, voilà pourquoi on ne l'aime pas ! Les histoires populaires manquent, et celles qui ont paru jusqu'à ce jour ont été par trop dédaignées. Dans les histoires générales que nous avons tous sous les yeux, l'histoire du peuple n'est pas et ne peut pas être assez approfondie ; nous y voyons en revanche des batailles gagnées ou perdues, des mariages, des noms de rois, etc. ; mais le peuple demeure toujours étranger à l'histoire de la nation. « On n'a fait que l'histoire des rois, écrivait » Voltaire au marquis d'Argenson, mais on n'a pas fait

» celle de la nation. Il semble que, pendant quatorze cents
» ans, il n'y ait eu dans les Gaules que des rois, des
» ministres et des généraux ; mais nos mœurs, nos lois,
» nos coutumes, notre esprit, ne sont-ils donc rien ? »

Ce qu'il faut donc, ce sont ces histoires populaires qui nous font toucher du doigt nos malheurs et nos revers.

Il ne faut pas cependant trouver extraordinaire que les chroniqueurs ou les historiens anciens aient laissé cette lacune qu'il nous reste à combler aujourd'hui : le peuple, autrefois, n'était rien, et la royauté était tout ; il était donc dans l'ordre naturel des choses d'écrire l'histoire des rois, pour l'instruction même de ces rois. Qu'auraient-ils écrit d'ailleurs relativement au peuple ? des revers et des misères, des tyrannies et des atrocités sans nom.

Il est d'un grand intérêt que le peuple sache comment on a faussé ses sentiments religieux ; comment on a exploité son travail au profit des monarques ou des gouverneurs. Le peuple, aujourd'hui, c'est la Nation elle-même, et il est utile de connaître son histoire, son passé, que l'on a précisément tenu caché jusqu'à nos jours.

En réunissant nos divers documents pour en faire une histoire, nous avons été constamment préoccupé par le but qu'il fallait atteindre. Une histoire locale a pour mission de faire connaître et d'éclairer le peuple sur ce que le pays a souffert pour arriver en l'état où il est aujourd'hui ; elle doit montrer combien était devenue inévitable, nécessaire même, la Révolution de 1789.

« Plaçons, disait M. Gambetta à Abbeville, le 10 juin
» 1877, plaçons dans nos bibliothèques les livres qui
» racontent nos origines, les débuts laborieux et terribles
» du peuple français, les efforts qui nous ont menés à ce
» résultat, devant lequel tous doivent s'incliner : la
» Souveraineté Nationale. »

Ce qu'il est matériellement impossible de dire dans une histoire générale sera dit ici et étudié, afin que l'on sache qu'il faut chasser à tout jamais cet abus du pouvoir et de la force. Un peuple est grand quand il est libre, et certes, ce n'est pas en confiant ses destinées aux caprices et aux volontés d'un seul homme, qui généralement s'appuie sur une secte d'association par trop mystérieuse : le clergé.

Si l'homme est libre aujourd'hui de pouvoir se choisir le gouvernement, il n'en doit être que plus libre encore au point de vue de ses sentiments religieux, que l'on a toujours froissés.

Nous ne voyons pas dans notre histoire locale que les barons et comtes aient cherché le bonheur du peuple qu'ils gouvernaient. Nous n'y voyons pas non plus que le clergé, cet ennemi insaisissable, se faisant un plastron de la religion, qu'il a toujours exploitée au double profit de la bourse et de la domination, nous n'y voyons pas, disons-nous, que ce clergé ait cherché à rendre heureux ce peuple qui emplissait son escarcelle pour se faire battre et dominer. Et pourtant, lisons la plupart des histoires : nous voyons le clergé y jouer un grand rôle ; nous l'y voyons s'arroger le peu de bien qui se fait, pendant qu'il décline hypocritement la responsabilité des fautes presque toujours commises en son nom.

La vérité ! l'histoire, c'est la vérité ! et lorsqu'on saura combien représentent de privilèges les ruines d'une abbaye, d'un château, d'une tour voisine d'une cité, on comprendra alors, et alors seulement, combien il dut coûter à nos ancêtres de douleurs, de travail, d'impôts, d'humiliations, et l'on bénira la grande et belle Révolution, qui nous a rendus libres et qui a fait de nous des hommes.

Nous avons cherché, il est vrai, mais aussi nous avons trouvé. Il a fallu de la patience, du temps, des ennuis, quelquefois même, éprouver des refus ; mais persuadé que nous accomplissions un devoir sacré, nous avons continué nos recherches avec plus d'acharnement encore, et lorsque nous avons cru avoir en notre possession assez de documents, nous les avons groupés pour en faire l'histoire de notre ville.

Nos principales recherches ont été faites dans la *Gallia christiana* de Claude Robert, où Brissonnet, pour sa nomenclature, et Bernard Guidonis, pour son récit, ont puisé ou copié leurs documents; la *Chronologie des Évêques de Lodève* par Plantavit de la Pauze, qui n'est qu'un résumé de ces derniers, nous a été aussi d'un grand secours ; l'*Histoire du Languedoc*, pour laquelle D. Vaissette et D. de Vic ont beaucoup puisé dans cette chronologie pour l'histoire relative au pays lodèvois, a souvent été consultée par nous ; nous n'avons pas dédaigné non plus les *Annuaires* de MM. Thomas oncle et neveu, dont les savantes recherches ont éclairé plus d'un point obscur ; plusieurs histoires particulières, et entre autres celle de M. Durand, qui, le premier, a jeté les fondements d'un monument historique de notre ville, nous ont aussi aidé ; les archives de la ville et de plusieurs particuliers ont été avec soin explorées.

Si notre modeste ouvrage ne brille pas par la beauté et l'élégance du style, nous avons du moins rapporté tels les faits, sans en rien omettre, comme aussi sans en ajouter. Nous nous sommes appliqué surtout à montrer nos pères tels qu'ils ont été sous les divers régimes des diverses époques pendant lesquelles ils ont vécu. Nous les voyons tour à tour subjugués par différents peuples barbares et inhumains, pendant que d'autres apportent une douce domination, en même temps qu'une heureuse civilisation. Nous passons par ces regrettables inégalités brutales de la féodalité, et pour arriver jusqu'à la Révolution, nous traversons des époques néfastes et douloureuses.

Les temps sont changés : tous les hommes sont égaux, grâce au combat soutenu par nos aïeux ! Remercions donc nos pères, et redisons sans cesse à nos enfants, pour qu'ils l'apprennent aux générations futures, que l'homme naît libre et qu'il n'est plus esclave !

Nous n'avons point la prétention, par exemple, d'avoir fait un chef-d'œuvre en réunissant les divers documents que contient notre ouvrage ; nous avons travaillé tout simplement, humblement même, pour épargner de longues recherches à ceux qui s'occupent ou s'occuperont de l'histoire de notre ville. Voilà le seul but que nous nous étions proposé, et nous nous croirons suffisamment dédommagé de nos peines si nous avons réussi.

Ce que nous faisons aujourd'hui, c'est notre modeste tribut que nous apportons à cette ville qui nous a donné le jour, où s'est écoulée notre enfance, et où des paroles flatteuses de plusieurs de nos concitoyens nous ont prouvé que nous avons eu le bonheur de faire du bon, si nous avons fait aussi du mauvais.

Quoi qu'il en soit, nous avons déjà reçu la satisfaction de notre conscience en essayant de faire notre devoir !

A d'autres à faire le leur.

26 avril 1884.

HISTOIRE POPULAIRE

DE LA VILLE DE

CLERMONT-L'HÉRAULT

ET DE

SES ENVIRONS

CHAPITRE PREMIER

LES CELTES, LES GRECS ET LES VOLCES

D'après Varron (Marcus Terentius), polygraphe latin, surnommé le plus savant des Romains, et qui vécut de 114 à 26 avant Jésus-Christ, la ville de Rome, fondée par Romulus, a pris naissance en l'an du monde 3251, c'est-à-dire sept cent cinquante-trois ans avant l'ère chrétienne. En l'an du monde 3414, Rome existait donc depuis cent soixante-trois ans, et la ville de Marseille était déjà fondée par une colonie de Phocéens obligés de fuir leur patrie, à cause de la guerre des Perses qui la désolait.

D'autres habitants de Phocée, ville d'Ionie, avaient abordé aussi les côtes de Provence, et bientôt de nouveaux compatriotes, conduits par Furius et Savanus, vinrent augmenter dans leur nouvelle résidence le nombre des premiers (1). Plus tard, ces Grecs expatriés,

(1) Eutrope, liv. I, ch. 8. — Marcellin, liv. XV.

se trouvant trop multipliés pour exister sur le même sol, se répandirent dans diverses contrées et jetèrent les premiers fondements d'autres localités.

Un historien de Nimes, Deiron (1), fait remonter l'origine de cette cité à Hercule et Némausus, et raconte que la colonie grecque y fut fondée par les Phocéens.

Des colonies se fondèrent de même à Avignon, Agde, Antibes, Nice, Orange, Saint-Thibéry (*Cessero*).

Par le contact continuel avec les Grecs, les Gaulois méridionaux apprirent et parlèrent bientôt la langue d'Ionie, qui devint par la suite si familière aux Celtes.

Qu'on nous permette ici un détail rétrospectif sur l'état de la Gaule lors de l'immigration des Phocéens; avant d'aller plus loin dans l'histoire des peuples qui ont habité notre pays avant nous, il nous semble utile de jeter un regard en arrière.

Lorsque les Phocéens vinrent aborder nos côtes méditerranéennes, la Gaule n'était pas, tant s'en faut, comme le pays que nous habitons, c'est-à-dire sillonnée par les larges et belles routes d'aujourd'hui : les terres n'étaient point défrichées; de nombreux marécages et des forêts profondes où erraient des loups et des sangliers couvraient notre sol; quelques petits sentiers à travers la campagne réunissaient plusieurs huttes sauvages où logeaient les Gaulois. Continuellement en guerre, les habitants n'avaient point d'industrie, presque pas de culture, et tout l'autre temps s'employait à la pêche ou à la chasse.

Les Gaulois étaient heureux lorsqu'ils pouvaient se battre, et leur bravoure était renommée; ils allaient aux combats la poitrine nue, méprisant ainsi les flèches et les lances ennemies. Les prêtres, qu'on appelait *druides*, étaient les plus instruits de la nation, les plus vénérés, les plus privilégiés; ils sacrifiaient souvent à leur principal dieu, Teutatès, des créatures humaines. Les Gaulois étaient païens; ils adoraient le *gui*, plante parasite qui poussait alors en abondance sur les chênes séculaires de nos forêts; c'était pour eux l'image de l'immortalité de l'âme, parce que cette plante passe l'hiver sans cesser de verdoyer.

Tel était, en résumé, le pays habité par nos pères au moment où

---

(1) *Antiq. de la ville de Nimes*, in-4°, 1663, p. 87.

les Phocéens fondèrent leurs colonies; tels sont les plus anciens habitants que l'on connaisse du pays lodèvois avant les Romains, c'est-à-dire ceux qui ont possédé en toute propriété la Gaule celtique. Les Kymris, peuple d'origine scythique, occupaient la Gaule septentrionale avant le IV⁰ siècle de l'ère chrétienne, et, lorsque plusieurs tribus gauloises (les Volces), vinrent envahir ce pays, ils se heurtèrent longtemps dans des combats continuels avec ces premiers peuples.

Cependant, deux de ces tribus gauloises, les Tectosages et les Arécomiques, traversèrent la Gaule dans toute sa longueur et vinrent se fixer définitivement entre les Cévennes et la Méditerranée, les Pyrénées orientales et le Rhône, tout près d'Uzès. Les Tectosages occupèrent le Haut-Languedoc, avec Toulouse pour capitale, et les Arécomiques s'établirent dans le Bas-Languedoc, avec Nimes pour capitale. Néanmoins, avec des renseignements plus précis encore concernant le département de l'Hérault, nous pouvons affirmer que les Tectosages s'établirent dans les lieux où sont aujourd'hui Agde, Béziers, Brescou, Balaruc, Capestang, Cette, Frontignan, Mèze, Maguelone, Mauguio, Pézenas, Saint-Thibéry, Substantion, Lattes, l'étang de Thau, les étangs de Frontignan, de Maguelone, de Pérols et de Mauguio, et le *Forum-Domitii*, dont on ne connaît pas la véritable situation, mais que M. Thomas, d'après ses savantes recherches, pense devoir se trouver à Montbazin (1).

Le pays des *Lutevani*, avec Lodève pour capitale, a donc appartenu, avec le territoire de Clermont, à la tribu celtique des Volces-Tectosages. D'après Pezron (2) et Latour d'Auvergne (3), l'étymologie du nom des Tectosages dérive des mots *tectum* (tec), *sagum* (sac).

M. Adolphe Joanne (4) dit que *Luteva* fut fondée ou agrandie par les Arécomiques; c'est possible, mais nous ne savons jusqu'à quel point cela peut être vrai, puisqu'il dit plus haut que les Tectosages occupèrent le pays compris entre la Garonne et l'Hérault, et que les Arécomiques se répandirent dans la contrée située entre l'Hérault et

---

(1) M. Paris, t. II, p. 75. — *Annuaire* de 1820, p. 52, de M. Thomas, archiviste de la préfecture.
(2) *De l'Antiq. de la nation et de la langue des Celtes*, 1703, 1 vol. in-8º.
(3) *Orig. gauloises*, 5ᵐᵉ édit., p. 203.
(4) *Géographie de l'Hérault*, 1883, p. 34.

le Rhône ; Lodève se trouvant comprise entre la Garonne et l'Hérault, M. Paris a donc raison de dire que la principale ville des *Lutevani* appartenait aux Volces-Tectosages. Il est vrai cependant que M. Paris ne dit pas que Lodève fut fondée par eux, et M. Joanne, d'un autre côté, n'affirme pas que Lodève appartenait aux Arécomiques.

Nous partageons avec la plus intime conviction l'opinion du premier.

Quant à la langue que parlaient les Celtes, la conjecture la plus raisonnable que l'on puisse faire, c'est qu'ils parlaient un dialecte dont on trouve encore des traces sensibles dans la Bretagne, et que plus tard, le grec, importé parmi eux, devint leur langue privilégiée et usitée jusque dans les actes publics des Volces (1).

(1) *Géographie* de Strabon, liv. IV.

CHAPITRE II

LES ROMAINS ET LES WISIGOTHS

Lorsque les Romains eurent envahi la Gaule (50 avant J.-C.) et que toutes les peuplades de ce pays furent soumises à leur domination, les Gaulois commencèrent à sortir de la torpeur dans laquelle ils étaient plongés depuis des siècles ; ils travaillèrent la terre, quelques maisons remplacèrent les huttes gauloises, et l'on commença à comprendre, quoique imparfaitement encore, le bonheur de la civilisation.

Les Romains importèrent, sur cette terre encore vierge, leurs lois, leurs mœurs, leur culte, les sciences et les arts, qu'ils avaient appris eux-mêmes chez les Grecs. Peu à peu, les Gaulois apprirent à aimer Rome, et celle-ci put compter désormais sur l'attachement et le dévoûment des Gaulois. Des monuments, qui restent encore pour attester de leur présence dans notre pays, s'élevèrent partout, et la douce et brillante organisation des vainqueurs fit oublier le joug aux vaincus.

L'histoire ne dit pas si Clermont et notre pays furent arrosés du sang des combats de cette époque ; nous ne le croyons pas pourtant, car, éloigné de tout centre d'action et d'activité, abrité par les montagnes des Cévennes, notre sol ne se prêtait pas trop à soutenir une guerre quelconque contre le peuple-roi.

Ce qui est certain, c'est que le pays des *Lutevani* et le *Forum-Neronis*, qu'on ne saurait contester, sont consacrés dans les *Commentaires* de César.

Clermont, comme tous les autres lieux du pays, n'a, pour attester de son antiquité, que les déductions géographiques de Strabon, de Varron, de Pomponius Méla, de Ptolémée et d'Antonin.

Nous ne nous occuperons pas des subdivisions politiques que firent subir les Romains à la Gaule, et nous nous contenterons de dire que la province *Narbonnaise* fut divisée en Narbonnaise première (seconde Viennaise), capitale Narbonne, et en Narbonnaise seconde (troisième Viennaise), ayant pour capitale Aix.

Clermont, compris dans le pays des *Lutevani*, faisait donc partie de la Narbonnaise première à l'époque des Romains.

En 412, les Wisigoths, établis en Italie depuis 340, passèrent les Alpes, et après s'être substitués aux Vandales et aux Romains, ils réussirent à fonder un empire dans le pays des Gaules.

L'invasion des Wisigoths dans la Narbonnaise indique une époque de terreur, de désolation et de dévastation, le règne d'Ataulphe surtout (1). Voici une traduction faite par les bénédictins sur cette époque.

« Quand tout l'Océan aurait inondé la Gaule, il n'y aurait pas fait de si
» horribles ravages ; notre bétail, nos fruits et nos grains ont été enlevés ; nos
» vignes, nos oliviers, désolés ; nos maisons de campagne ruinées ; à peine s'il
» reste encore quelque chose dans la campagne. Mais tout cela n'est que la
» plus petite partie de nos maux. Depuis dix ans, les Vandales et les Goths font
» de nous une horrible boucherie. Les châteaux bâtis sur des rochers, les villes les
» plus fortes, les bourgs situés sur les montagnes les plus élevées, n'ont pu
» garantir leurs habitants de la fureur de ces barbares ; et l'on a été partout
» exposé aux plus grandes calamités. Ils n'ont épargné ni le sacré ni le pro-
» fane, ni la faiblesse de l'âge ni celle du sexe. Les hommes et les enfants, les
» gens de la lie du peuple et les personnages les plus considérés, tous ont été
» sans distinction les victimes de leurs glaives. Ils ont brûlé les temples, dont
» ils ont pillé les vases sacrés, et n'ont respecté ni la sainteté des vierges ni
» la piété des veuves ; les solitaires n'ont point éprouvé un meilleur sort. C'est
» une tempête qui a emporté indifféremment les bons et les mauvais, les in-
» nocents et les coupables. Le respect dû à l'épiscopat et au sacerdoce n'a pas
» exempté ceux qui en étaient honorés ; ces barbares leur ont fait subir les mêmes
» indignités et les mêmes supplices ; ils les ont enchaînés, déchirés à coups de
» fouet et condamnés au feu comme les derniers des malheureux. »

Il est inutile, après de pareils documents, de nous appesantir sur les misères et les souffrances qu'endurèrent les habitants d'alors dans le pays lodèvois, soumis à la domination de ce peuple barbare, une première fois, de 412 à 507.

(1) *Histoire générale du Languedoc*, t. I, liv. IV, art. 12.

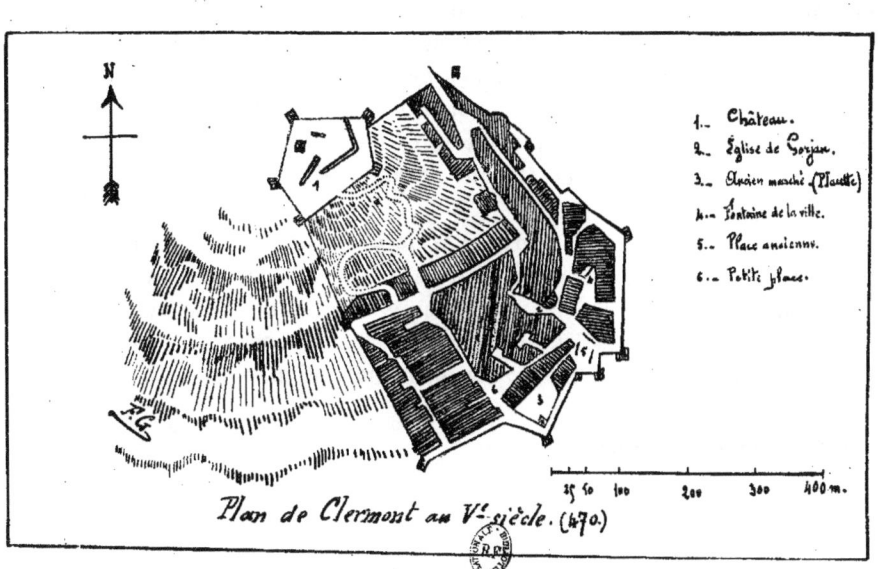

Plan de Clermont au Vᵉ siècle. (470.)

Lorsque les Wisigoths se répandirent dans la contrée et s'en rendirent définitivement maîtres, Clermont, qui existait alors avec son château appelé *Caput-Castri*, eut à souffrir aussi des horreurs de l'invasion. Mais les Wisigoths ne durent pas, dès le commencement, jouir tranquillement du fruit de leur conquête, car le roi de ces barbares, Evaric, ne devait pas croire Clermont à l'abri des ennemis ; les Auvergnats et les Aquitains pouvaient arriver d'un jour à l'autre ; aussi résolut-il de prévenir toute tentative hostile de leur part, en entourant la cité de remparts. En effet, des fortifications s'élevèrent bientôt, et Clermont fut entouré d'une enceinte de murailles flanquées de hautes tours carrées, formant le *Pioch* actuel (470) (1).

Ce fut la première fortification faite à notre localité, et dont il ne reste presque pas de vestiges ; cependant on voit facilement encore que ces remparts, partant du château et descendant par Gorjan, passaient par la Placette et allaient remonter, du côté opposé du château, par la place des Bœufs.

A l'époque où fut écrite l'*Histoire des Seigneurs* de notre ville, quatre de ces tours existaient encore, appropriées à divers usages : l'une servait aux magistrats du seigneur pour y tenir leurs audiences ; l'autre était enclavée dans le monastère des bénédictines ; les deux autres se trouvaient converties en maisons d'habitation.

(1) *Histoire des Seigneurs.*

CHAPITRE III

LES WISIGOTHS ET LES FRANCS

Clermont tremblait depuis un siècle sous la domination des Wisigoths, lorsqu'en 507, un nouveau maître se présenta : les Francs.

Conduits par leur premier chef, Pharamond, ils passèrent le Rhin en 418, et, en 420, ils commençaient déjà de disputer aux Romains affaiblis l'empire que ceux-ci possédaient depuis plus de quatre cents ans.

La fortune des Francs ne fit que grandir sous les successeurs de Pharamond ; bientôt Clovis, qui ne comptait ses marches que par des victoires, se rencontra près de Poitiers, à Vouillé (507), avec Alaric II, roi des Wisigoths. Clovis fut encore vainqueur. Alaric, tué, ne put voir son armée en déroute, fuyant en désordre jusqu'à Toulouse, où Clovis, enfin, se décida à s'arrêter. Peu s'en fallut que la conquête du royaume des Wisigoths ne fût achevée d'un seul coup.

Thierry, son fils, va prendre les armes et continuer avec succès ce que son père avait si bien commencé. Il soumit en peu de temps l'Auvergne, l'Albigeois, le Rouergue. Il était à Narbonne en 509 (1) ; il avait chassé le roi goth de Carcassonne et de Castelnaudary ; mais il restait le Lodèvois à soumettre, et ce n'était pas la partie la plus facile à conquérir.

Lorsqu'en 509, les Clermontais apprirent que les Francs avançaient pour s'emparer de leur ville, ils organisèrent leur défense (2). Ils avaient peur d'une nouvelle servitude, et ils préféraient maintenant

(1) *Histoire générale du Languedoc.*
(2) *Histoire des Seigneurs.*

la domination des Goths, qui avaient adouci leurs mœurs et leurs habitudes ; aussi, lorsque le fils de Clovis arriva sous nos murs, il dut commencer un siège dans toutes les règles... Un siège de Clermont !... aujourd'hui serait dérisoire, et il y aurait plus que de la témérité de vouloir fermer nos portes, même au plus infime de nos ennemis... Il n'en fut pas ainsi pourtant à l'époque dont nous écrivons l'histoire, et la résistance qu'opposèrent les Clermontais fut prise au sérieux par Thierry. Cela se comprend, dans ces temps où, l'artillerie n'étant pas inventée, les remparts rendaient tout accès difficile, si ce n'est impossible. Les localités tant soit peu fortifiées pouvaient résister indéfiniment. Or, indépendamment des fortifications faites par les Goths, Clermont, assis sur le sommet d'une colline, se trouvait naturellement dans une position fort avantageuse.

Ce siège traîna-t-il en longueur et fut-il difficile ? Thierry s'empara-t-il de la place par un assaut ou par la famine ? ou bien encore, les Clermontais, jugeant la résistance inutile, se rendirent-ils ?

Telles sont les questions auxquelles n'a pas encore répondu l'histoire. Tout porte à croire cependant que la ville se rendit à la force, si l'on considère la rage et la colère du vainqueur. Thierry, maître de la place, fit raser sans merci toutes les fortifications ; le travail des Goths fut anéanti en un seul jour, et il ne resta debout autour des habitations que quatre tours démantelées, meurtries et mutilées.

Clermont resta un an environ au pouvoir des Francs. L'année suivante (510), un engagement eut lieu dans les environs d'Arles ; les Francs, vaincus, se virent obligés d'évacuer la Gothie, et de faire, par la voix de Clovis, le serment solennel de renoncer à toutes les prétentions sur la province.

Les Goths rentrèrent dans Clermont, où ils régnèrent en maîtres pendant vingt-trois ans encore.

La mort de Clovis, survenue le 27 novembre 511, fut cause du partage du royaume des Francs entre ses quatre fils.

Thierry, que nous connaissons déjà, eut la partie la plus proche de la Gothie ; aussi convoita-t-il bientôt ces provinces, où il s'était naguère promené en victorieux, et il résolut, en effet, d'en entreprendre la conquête pour la seconde fois, décidé à ne pas la céder et à l'ajouter à ses Etats.

En peu de temps, il fut en possession du Rouergue et de

l'Auvergne ; mais notre pays ne devait être entièrement soumis qu'en 533, par son fils Théodebert.

Après s'être emparé du pays lodèvois, Théodebert entra dans Lodève, où il rassembla son armée, un peu dispersée, et de là rayonna dans les pays environnants pour les assujettir à ses lois. Deux places fortes, à cette époque, faisaient obstacle à ses desseins : Dio *(Deas)* et Cabrières *(Capraria)* ; la première à deux lieues sud-ouest de Lodève, dans les montagnes ; l'autre au midi, à trois heures de distance.

Dio ne tomba au pouvoir de Théodebert qu'après un assaut meurtrier et une résistance désespérée. L'histoire dit que cette localité fut livrée au pillage.

Bientôt après, l'armée victorieuse se mit en marche et arriva à peu de distance de Cabrières. Théodebert somma la place de se rendre, menaçant de la mettre à feu et à sang en cas de refus.

Les épées ne sortirent pas de leurs fourreaux, et voici comment D. Vaissette et D. de Vic racontent le singulier événement (1).

« A trois lieues de Lodève était un château extrêmement fort appelé Cabrières
» *(Capraria)*, qui subsiste encore aujourd'hui dans le diocèse de Béziers, de
» même que celui de Dio, et que Théodebert résolut de soumettre. Le gouver-
» neur, plus occupé du soin de s'assurer une retraite que de celui de se défendre,
» l'abandonna aux approches de ce prince, et se retira à Béziers, après avoir
» mis à sa place sa femme et sa fille. La première, nommée Deutérie, et
» Romaine, c'est-à-dire Gauloise de naissance, était d'une rare beauté et d'un
» esprit extrêmement adroit et insinuant ; elle s'en servit dans cette occasion.
» Théodebert ayant envoyé sommer la garnison de Cabrières de se rendre, sous
» la menace, en cas de refus, de mettre le feu à la place et de faire prisonniers
» tous ceux qui s'y trouveraient, cette dame, qui n'était pas en état de se
» défendre, le désarma par la manière dont elle se comporta à son égard. Elle
» l'envoya complimenter et l'assurer qu'elle n'était pas dans l'intention de
» résister à un prince contre lequel rien ne pouvait se défendre ; qu'elle se
» soumettait à son obéissance et le reconnaissait pour son seigneur; qu'en un
» mot, il n'avait qu'à commander et qu'il serait obéi. Théodebert, charmé de
» ce compliment, s'avança vers la place, y entra en ami, et reçut la soumission
» des habitants, auxquels il défendit de faire aucun mal. Deutérie s'étant
» ensuite présentée devant lui, il fut si épris de sa beauté que, sans respecter
» les sacrés liens du mariage qui l'attachaient à la reine Wisigarde, son épouse

(1) *Histoire gén. du Languedoc*, t. I de l'éd. gr. in-8°, Toulouse, 1840, p. 378.

» légitime, ni ceux qui liaient Deutérie à son époux, il en fit d'abord sa
» concubine et quelque temps après son épouse. »

Nous devons, nous, pour nous conformer à l'histoire, terminer cet épisode et ne pas taire la vérité.

Il y avait à peine un an que Vacon, roi des Lombards, avait donné sa fille Wisigarde en mariage à Théodebert (532), lorsque celui-ci, en 533, répudia Wisigarde pour se marier avec Deutérie, qu'il avait emmenée, ainsi que sa fille, dans sa cour, à Metz.

Thierry mourut quelque temps après (534), et Théodebert, son fils, lui succéda.

L'union de Théodebert avec Deutérie, qui dura six ans, ne fut pas heureuse. La fille du gouverneur de Cabrières, Ferréol, avait grandi et était d'une beauté plus remarquable encore que celle de sa mère. Le prince franc contemplait avec passion les charmes de la fille de son épouse, et bientôt il ne vit plus dans la mère qu'un obstacle au désir de posséder l'enfant.

Deutérie, qui s'en était aperçue, devint jalouse au point de tramer un attentat contre les jours de son enfant. Sous le prétexte futile d'une promenade d'agrément, elle fit placer sa fille sur un char attelé de taureaux sauvages, et, dirigé sur le pont de Verdun, l'équipage, excité, fut précipité dans la rivière de la Meuse, où la malheureuse infortunée trouva la mort... dure expiation des caprices immoraux d'une mère dénaturée qui avait oublié ses devoirs (1).

En 540, Théodebert, reconnaissant sa faute, peut-être trop tard, chassa Deutérie pour reprendre Wisigarde.

La soumission de Cabrières avait décidé de celle de tout le pays, et Clermont retomba au pouvoir des Francs, qui restèrent possesseurs de nos contrées pendant près de trente-huit ans.

La mort de Théodebert, survenue en 547, désigna pour successeur Théodebald, fils de Deutérie, parce que Wisigarde n'avait point laissé d'enfants.

Les partages incessants des fils de Clotaire Ier affaiblissaient leur domination en les divisant. Les Goths, profitant de ces troubles, en 572, s'emparèrent de nouveau du Lodèvois, et leur roi, Leuwigilde, successeur de Lieuva, rétablit l'ancienne province des Goths (*provincia*

---

(1) Vid. Grég. Turen, *Histoire de France*, lib. 3. — M. Paris. t. I, p. 56.

Gothorum), c'est-à-dire la Septimanie, après avoir conquis sur Sigebert, roi de Metz, toutes nos contrées.

Qu'on juge ce que souffrirent les Clermontais de ces changements de maîtres réitérés à de courts intervalles. Les Francs ravageaient le pays pour ne laisser que des ruines aux Goths, et Leuwigilde, furieux de ce que son fils Hermenigilde avait embrassé la foi catholique, gouvernait par le sabre et la terreur. Une peste affreuse vint s'ajouter aux calamités de l'invasion et jeter pendant longtemps le deuil sur les familles, qui ne demandaient plus que la tranquillité et le repos.

Enfin, Leuwigilde mourut, et son successeur, Reccarède Ier (586), fut plus doux et plus humain; on affirme même qu'il amena des temps plus heureux.

CHAPITRE IV

ÉTAT DE CLERMONT DE 587 A 694. — FONDATION DES TROIS PAROISSES

Les temps sont changés, et, avec Reccarède et ses successeurs, la ville de Clermont va jouir enfin de cette tranquillité troublée depuis si longtemps.

Pendant plus d'un siècle, de 587 à 694, les Clermontais purent se livrer aux travaux qu'encourage la paix ; quelques plantations s'élevèrent autour de la cité ; les pâturages verdirent, et la sécurité vint rendre un peu de bonheur.

Nous disons un peu de bonheur, hélas ! et nous avons bien raison, si l'on se reporte aux temps passés... et encore, si l'on peut appeler bonheur une domination étrangère et une distinction prononcée et fâcheuse entre les citoyens d'une même cité.

Les Gaulois n'existaient plus ; les Romains et les Goths, unis ensemble, formaient la majeure partie de la population clermontaise. Les mœurs et les habitudes s'étaient liées si intimement qu'on les confondait à tout jamais ; la langue latine, que parlaient les Romains, s'était mélangée avec l'idiome des Goths et était devenue, après d'autres altérations, le *patois* de nos jours.

Clermont subit, comme toutes les autres localités au VIIe siècle, un remaniement remarquable dans son état social, et présenta comme partout une grande inégalité entre les personnes.

Déjà, au traité d'*Andelot* (587), Gontran et Childebert résolurent de maintenir dans l'obéissance les *leudes* ou la *haute noblesse franque* ; plusieurs de ces nobles possédaient des terres à vie, qu'ils devaient transmettre à leurs héritiers.

Après les leudes venaient les *hommes libres,* puis les *colons* attachés à la *glèbe*; ceux-ci étaient libres de leurs personnes, mais ils ne pouvaient sous aucun prétexte quitter la terre qu'ils cultivaient; ils étaient soumis à toutes les exigences barbares de la féodalité et assujettis à des redevances fixes envers leurs seigneurs.

En dernier lieu étaient les *serfs*, dont la condition n'était guère meilleure que celle des esclaves; leurs maîtres avaient droit de vie et de mort sur eux.

Ainsi, on le voit, le plus fort allait régner sur le plus faible; désormais la société sera divisée en deux classes bien marquées : le *maître*, comblé d'honneurs et tyrannisant au mépris des lois; l'*esclave*, à la merci de tous, souffrant toutes les ignominies, les misères, les privations et les mauvais traitements (1).

De cette première noblesse dérivèrent bientôt une foule d'autres rameaux; les *ducs* et les *comtes*, qui avaient été créés seulement pour le commandement des provinces et la garde des frontières, donnèrent naissance, un peu plus tard, c'est vrai, à toute cette noblesse appelée à subjuguer les habitants paisibles des localités : les *marquis*, *vicomtes*, *barons*, *chevaliers*, *vidames*, *damoisels*, *châtelains*, *seigneurs*, tous avec ou sans fief, mais appelés par leur naissance à toutes les fonctions et à toutes les dignités.

A la noblesse, le bonheur et les honneurs; au peuple, la misère, le travail et l'esclavage !

Et cette distinction brutale, qui durera des siècles et fera beaucoup de victimes, s'écroulera avec fracas au jour de la Révolution, lorsque le peuple, fatigué, pressuré, viendra haut la tête demander un compte sévère.

A l'époque dont nous parlons, Clermont n'avait pas encore de seigneurs, mais il dépendait du comte de Lodève, chargé d'administrer la province. Outre le pouvoir temporel qu'exerçait ce comte dans notre contrée, il était chargé aussi de veiller au maintien des règlements ecclésiastiques et de punir avec une sévérité exemplaire les infracteurs.

Les profanateurs du dimanche étaient frappés sans pitié et sans merci; aussi, lorsque la cloche annonçait l'heure de la prière, on laissait, on abandonnait tout, dans la crainte d'une punition rigoureuse.

(1) *Histoire générale du Languedoc.*

Le clergé, exempt de tous impôts, ayant d'immenses richesses, augmentées chaque jour par les donations, possédant seul l'instruction d'alors, formait dans la nation un *ordre à part*. Plus favorisé encore que la noblesse, à qui il commandait et qu'il menaçait de l'excommunication, il percevait certains impôts assez onéreux pour ceux qui étaient obligés à les payer ; il commandait, et il était obéi. D'ailleurs, depuis 615, le clergé avait ses *tribunaux particuliers* et sa *juridiction ecclésiastique,* que lui avait cédés la *Constitution perpétuelle* ; il se gouvernait et il se jugeait donc lui-même, inspirant la crainte aux plus grands, par le seul mystère qui régnait sur ses décisions et sur ses affaires.

Tel était l'état social et politique au VIIe siècle dans toute la France, et Clermont, évidemment, devait bientôt, comme toutes les autres localités, en ressentir les effets.

Tout cela se fit paisiblement, peu à peu et pendant la domination nouvelle des Gots dans notre contrée, qui dura cette fois de 572 à 720, c'est-à-dire cent quarante-huit ans.

Les Francs, qui ne désespéraient pas de conquérir notre province, vinrent, en 612, dans le voisinage de Clermont, faire quelques conquêtes ; Gignac, entre autres, fut enlevé aux Goths. Troublés un instant encore en 673, les Goths se virent obligés de repousser une nouvelle attaque des Francs, commandés par le général Loup. Ceux-ci campaient déjà sur les bords de l'Hérault, à Aspiran (1), lorsqu'ils furent mis en fuite par Wamba, roi des Wisigoths. Ils se sauvèrent dans les montagnes, abandonnant leurs équipages et un grand nombre de prisonniers.

Les Francs ne firent plus désormais aucune tentative de conquête sur notre pays, et les Goths restèrent paisibles possesseurs de nos contrées.

Ervige, successeur de Wamba, règne en 683.

Egika, successeur d'Ervige, règne en 687, et le pays jouit du bonheur de la paix.

C'est de l'année 694 que l'*Histoire des Seigneurs* fait remonter la création des trois paroisses de Clermont: Saint-Paul, Saint-Etienne

---

(1) *Histoire générale du Languedoc.*

de Gorjan, et Saint-Etienne de Rougas, qui était encore debout au XIVᵉ siècle (1).

On ignore si notre ville n'en possédait qu'une avant cette époque, ou si, délabrées par toutes les guerres que nous avons vues, les Clermontais résolurent de les mettre sur le pied d'un fonctionnement régulier. Aujourd'hui, Saint-Paul, agrandie au XIIIᵉ siècle, est devenue, depuis cette époque, notre unique paroisse; Saint-Etienne de Gorjan n'est plus qu'une chapelle, et Saint-Etienne de Rougas a complètement disparu de l'endroit qu'elle occupait dans le quartier de la ville que nous appelons encore de ce nom.

(1) *Histoire des Seigneurs.*

CHAPITRE V

LES WISIGOTHS, LES SARRASINS ET LES ESPAGNOLS

Depuis l'adoucissement de leurs mœurs barbares, les Goths régnaient paisiblement sur nos contrées, et Clermont s'était habitué à ce peuple, qui lui donnait le repos.

Mais depuis la mort de Mahomet, survenue en 632, les Arabes avaient soumis la Perse, la Syrie, l'Égypte et tout le nord de l'Afrique. Commandés par l'émir Tarick, ils passèrent le détroit de Gibraltar et ruinèrent le royaume des Wisigoths d'Espagne à la bataille de Xérès, en 711.

Quarante-six ans après la dernière apparition des Francs, cet ennemi redoutable se présenta et vint disputer aux Wisigoths le pays que ceux-ci occupaient depuis déjà longtemps.

Dès l'année 719, ils franchirent les Pyrénées, conduits par Zama, et s'emparèrent de la Septimanie. Narbonne, Carcassonne, Béziers, Agde, Maguelone, Lodève, Nimes, se rendirent à de courts intervalles. Enhardis par ces succès, ils voulurent expulser les Francs de Toulouse; mais le comte d'Aquitaine, Eudes, vint au secours de cette ville, battit les Sarrasins, et Zama fut tué dans la mêlée (720) (1).

Ambiza, Jahic (725), Codiffa (728), Aïtham (729), successeurs de Zama, n'eurent aucun succès. Abdérame se fit battre et tuer à Poitiers en 732, et Abdelmeleck continua la guerre, mais sans succès.

Depuis Poitiers, la domination sarrasine diminua en Gaule, jusqu'à ce que Charles Martel, revenu en 739, les eût domptés pour toujours. Néanmoins, les Arabes se cantonnèrent dans la Septimanie, région comprise entre l'Hérault et les Pyrénées, et s'y maintinrent jusque

(1) *Histoire de Toulouse*, par Raymond, in-4°, p. 28.

sous Pépin le Bref. Enfin, en 759, eut lieu un traité entre les Goths et Pépin, concernant la cession définitive de notre province au royaume des Francs. Il paraîtrait même constant que Clermont aurait appartenu aux Francs dès l'année 738.

Il y avait près de quarante ans que les barbares Maures troublaient nos contrées, et notre ville n'espérait rien de bon de ces farouches conquérants, qui gouvernaient par le sabre ; de plus, on ne savait à quel maître obéir, et les succès et les revers des Arabes venaient augmenter l'inquiétude et l'incertitude des Clermontais.

Cependant, maîtres de notre cité, les Sarrasins respectèrent les mœurs et la religion des habitants, en montrant plus de modération qu'on n'avait pu en espérer. Clermont en fut quitte pour payer une forte rançon et d'accepter un gouverneur sarrasin appelé *vicaire* ou *viguier*, lieutenant du comte de Lodève, imposé par les vainqueurs.

Pépin était roi de France depuis 752 lorsqu'il acheva la soumission de notre pays. Rien ne fut changé à notre institution et à nos usages; le bien-être, qui commençait alors après tant de malheurs, fut la seule cause que ressentirent les Clermontais du changement opéré.

Incontestablement, la France doit à Pépin la réunion de la Septimanie à la couronne ; les Wisigoths, nous l'avons dit, par un traité fait en 759, concédèrent au roi des Francs notre province, afin d'avoir un secours, dans le cas où un nouveau coup de main de la part des Sarrasins les mettrait en danger. Les seigneurs goths continuèrent à y gouverner au nom du roi, et dans la suite, leurs titres furent convertis en comtes, ducs, etc., et leurs dignités en apanages héréditaires (1).

Pépin mourut le 24 septembre 768. Charlemagne, qui lui succéda, vint confirmer ce que son père avait fait et s'empara de la Septimanie, que les Sarrasins avaient conquise de nouveau depuis peu de temps.

Treize ans après, c'est-à-dire en 781, Charlemagne donna à son fils Louis tout le pays compris entre le Rhône et l'Océan, la Loire et l'Ebre. Ce fut le royaume d'Aquitaine. Le duché de Toulouse fut donné à Guillaume ou Guilhem, fondateur de l'abbaye de Gellone ou Saint-Guilhem le Désert.

Clermont appartint donc à un nouveau roi.

(1) *Annuaire de l'Hérault* de M. Thomas, 1818, p. 50.

Mais cet empire, ce royaume, se divisèrent, se morcelèrent, et la féodalité se trouva bientôt dans toute sa prospérité.

En 793, une grande disette surprit le pays et fit même des victimes. Benoît de Maguelone, fondateur du monastère d'Aniane (780), distribua des secours dans la contrée et adoucit quelques peines.

Depuis que les Sarrasins s'étaient emparés de l'Espagne, ils faisaient souffrir aux habitants de ce pays toutes les vexations et toutes les misères ; leur domination était lourde, et les Espagnols supportaient avec peine la tyrannie des sectateurs de Mahomet. Plusieurs familles s'expatrièrent et vinrent demander un asile dans le pays de Charlemagne ; toutes reçurent le meilleur accueil, et chacun participa à rendre meilleur le sort de ces malheureux.

La Septimanie reçut chaque année un certain nombre d'expatriés qui formèrent des colonies. Charlemagne, plaignant leur sort, leur donna des terres à défricher, les exempta de tous impôts et les recommanda à ses gouverneurs.

L'édit rendu à cet effet par Charlemagne est signé d'Aix-la-Chapelle, le 4 des nones d'avril 812, et parle même d'une concession faite quelques années auparavant.

Plusieurs de ces colonies s'établirent définitivement, en 816, dans les environs de Clermont, à Aspiran, qui n'était qu'une *villa*, et près de Pézenas, à Alignan. Quelquefois, les fruits et même les terres qu'ils défrichaient leur étaient disputés ; mais des ordres impérieux arrivaient immédiatement pour leur en garantir le maintien et les protéger.

Cependant, sur la demande d'une députation d'émigrés composée de Cicila, Ranemire, Aurifeuille et Elie, un nouvel édit fut rendu et délivré à Toulouse, le 14 des calendes de juin 844, par Charles le Chauve, qui confirma à ces Espagnols les terres données par son aïeul Charlemagne et par son père, Louis le Débonnaire ; de plus, il enjoignit à tous de les respecter (1). Enfin, en 881, Carloman donna Aspiran à un seigneur appelé Reynard, descendant des réfugiés espagnols, en récompense de ses services. Reynard fut plus tard vicomte de Béziers, en 897 (2).

(1) Les deux édits dont nous parlons sont en entier transcrits dans l'*Histoir générale du Languedoc*, t. II, de la nouvelle édit., p. 683.

(2) Voy. l'acte de cette donation, rapporté en entier dans les *Preuves de l'Histoire générale du Languedoc*, t. II, p. 683.

Le mois de juillet 897, Reynard céda, en échange d'autres privilèges, une partie de la seigneurie d'Aspiran à Fructuaire, évêque de Béziers, et plus tard, il donna le reste à Valker ou Vacheron, seigneur goth de la famille des Valkers de Narbonne.

D'autres Espagnols émigrés durent s'établir aussi dans plusieurs contrées aux environs de Clermont; il est probable que plusieurs d'entre eux pénétrèrent même dans notre ville, où ils s'unirent et se confondirent avec les habitants. Ainsi les Clermontais ajoutèrent le sang espagnol à celui des Gaulois, des Grecs, des Romains, des Wisigoths et des Sarrasins. A l'idiome, formé d'un mélange des langues de tous ces peuples, vint s'ajouter quelques termes espagnols qui subsistent encore dans notre patois.

C'est en 869 que le roi de France, Charles le Chauve, octroya d'une manière définitive et régulière les droits de *commune* à Clermont (1).

Cette institution, que les Romains apportèrent et pratiquèrent dès leur apparition dans le pays, était donc plus ancienne que la date dont nous parlons. Les droits de commune d'alors, régulièrement rétablis, disons-nous, consistaient en la nomination de *trois consuls* devant administrer la commune, et que chaque année les habitants nommaient au scrutin.

De plus, la ville avait la gestion des biens communaux et pouvait en répartir les revenus selon les besoins; il existait encore une maison consulaire, où les consuls se réunissaient pour délibérer et où l'on serrait aussi les archives de la ville.

(1) *Histoire des Seigneurs.*

CHAPITRE VI

ORIGINE DE CLERMONT

Les faits historiques, se succédant avec une aussi grande rapidité, nous faisaient un devoir de ne pas interrompre cette suite naturelle d'événements qui devaient précéder l'histoire particulière de notre cité.

Maintenant que le lecteur est suffisamment édifié sur l'histoire générale de notre contrée, nous allons commencer notre histoire locale.

On sait que les habitations des premiers hommes n'étaient autres que des cavernes plus ou moins profondes qu'ils étaient obligés de disputer aux bêtes sauvages. Plus tard, bien plus tard, nos ancêtres, les Celtes, qui étaient nomades, s'établissaient sous leurs tentes, dans les endroits où coulait une rivière, où se trouvaient de vastes et abondantes prairies, sur les confins d'une forêt. Peu à peu, ils s'habituèrent à aimer la terre qui les nourrissait, et bientôt des huttes grossières, faites de branchages ou de paille hachée et mélangée avec de l'argile, n'ayant qu'une seule ouverture, s'élevèrent dans les endroits qu'ils avaient choisis. Ces huttes devinrent des cabanes imparfaites, construites en bois et couvertes de chaume ou de pierres plates, dont la réunion s'appelait *clan*. Plus tard, le clan s'appela *burg* (bourg).

Le clan reposait d'ordinaire sur le penchant d'une colline, embrassant de sa vue une assez grande étendue de terrain.

Toutes ces dispositions étaient nécessaires, si l'on se porte aux temps dont nous parlons, et cela s'explique bien facilement; nos ancêtres, ne connaissant point l'agriculture, étaient forcés de vivre du produit de leurs troupeaux, de la pêche ou de la chasse ; de là donc, le besoin d'avoir autour de soi des pâturages, des cours d'eau poissonneux et des bois giboyeux.

Clermont, à l'époque que nous désignons ici, ne présentait pas l'aspect de notre ville moderne, et si les habitants de ces temps reculés pouvaient revenir, assurément, ils ne reconnaîtraient plus leur ville natale. Qu'on se figure quelques mauvaises cabanes posées çà et là sur la montagne ; quelques arpents de terre défrichés ou plutôt remués ; quelques sentiers sillonnant la colline ; les environs couverts de bois, de broussailles et de marécages où grouillaient un grand nombre d'animaux sauvages disparus presque tous aujourd'hui, et l'on aura un portrait approximatif de notre localité à l'époque de sa naissance.

Lodève, au nord, à l'égal de Clermont, n'était autre chose qu'un clan ; Nébian, Aspiran, Villeneuvette, Ceyras, Gignac même, n'existaient pas. Tout ce pays, couvert de genêts, de buis, de touffes d'yeuses, ne présentait pas ces campagnes luxuriantes d'aujourd'hui, avec ses belles routes et ses riches plantations, et il ne fallait rien moins que le travail de dix-huit siècles pour arriver à l'état actuel de perfection et de prospérité.

Notre cité était donc alors, comme toutes les autres, une réunion de huttes ; plus tard, de mauvaises cabanes s'élevèrent à cet endroit, et enfin, les Romains apprirent aux habitants de nos contrées l'art de se construire de confortables demeures.

Quoique les archives de notre ville ne possèdent rien qui puisse guider nos recherches, il nous semble utile de parler maintenant des conjectures qui existent relativement à l'origine de Clermont, et si nous ne pouvons préciser les temps de sa fondation, nous citerons du moins le passage de l'auteur de l'*Histoire des Seigneurs de Clermont-Lodève* ainsi conçu :

« J'ai lu, dans une vieille histoire de notre pays des Gaules, que les Romains
» faisaient grand cas de notre Clermont, non tant à cause de sa riche
» situation que pour les soldats intrépides et courageux qui en sortaient. »

Cet auteur assure bien ce qu'il avance, on le voit, mais nous regrettons de ne pouvoir nous en assurer par nous-même. Cependant, et sans dire que César soit venu en personne dans le *Lutevani*, nous savons que le général romain aimait beaucoup les petits fromages ronds (*froumageous*) de Mourèze et de Clermont, et qu'en outre, les Romains donnèrent à notre ville le nom de *Clarus-Mons*, qu'on peut traduire par *montagne célèbre*.

Clermont a donc existé du temps des Romains, et si l'on croit certains auteurs qui assurent même que notre ville était assez importante à cette époque, notre cité aurait au moins une existence de plus de dix-huit siècles, et sa fondation daterait de bien avant l'ère chrétienne.

Comment s'appelait Clermont avant les Romains, nous ne pourrions le dire, et vraiment, il y aurait de l'exigence à demander la certitude pour ces époques si reculées.

Plus tard, lorsque César eut soumis toute la Gaule à la domination romaine et qu'il l'eut divisée politiquement et administrativement, Clermont s'appela *Castrum-Clarimontis*.

Clarimontis, de *clarus mons* (montagne célèbre), et *castrum*, qui veut dire lieu fortifié (1), *camp* ou *quartier des troupes*, ou encore, *cavalerie* ; c'est, du moins, l'explication que donne l'*Histoire des Seigneurs*, et ceci pourrait bien venir se joindre à l'appui de ce que nous avons avancé tout à l'heure, et assurer, si c'était fondé, une certaine importance à notre ville à l'époque des Romains, puisqu'elle aurait été choisie comme quartier des troupes romaines.

D'un autre côté, le vallon situé au sud-est de Clermont, et qui porte encore le nom de *Cavalerie*, pourrait bien venir donner plus de certitude à cette croyance, si dans certaines parties de la France on n'appelait de ce nom les lieux où l'histoire montre que César n'est jamais venu.

Nous ne passerons pas sous silence une autre conjecture qui nous paraît très bizarre, pour ne pas dire incroyable.

Clermont se serait appelé *Clarus-Mons* (montagne célèbre), parce que saint Flour, premier évêque de Lodève (si saint Flour a été évêque de ce pays), aurait consacré à Dieu deux vierges de notre contrée qui auraient choisi pour leur retraite la montagne sur laquelle est assise notre localité, et où elles se fixèrent et moururent en versant leur sang pour la foi. Il est un peu vrai qu'à cette époque, on faisait cas

---

(1) Littré, vol. I, p. 575.

des martyrs chrétiens dans certains pays; mais comme dans d'autres contrées on ne connaissait pas encore le christianisme, Clermont, quoique rapproché de Lodève, dans ces temps où les communications étaient très difficiles et encore plus rares, Clermont, disons-nous, pouvait bien être dans ce dernier cas.

D'un autre côté aussi, comme il y a, entre Saint-Jean-de-la-Blaquière et Arboras, une montagne que nous appelons *roc dé las Viergeas* ou mont des *Deux-Vierges*, aujourd'hui pic de la *Vierge*, et qu'on dit avoir servi de retraite à deux autres néophytes qui étaient sœurs de saint Fulcran; que, plus loin, du côté de Saint-Guilhem-le-Désert, il se trouve les restes d'un ancien monastère fondé, dit-on, par deux sœurs de Saint-Guilhem ; qu'enfin, la fondation de l'église de Notre-Dame du Peyrou est encore attribuée à deux sœurs ; toutes ces ressemblances font une fable du sujet approprié à cet effet et concernant le nom de notre ville. Le lecteur a déjà fait la part des choses et donné à cette assertion invraisemblable le degré de confiance qu'elle mérite.

Enfin, d'autres auteurs disent que Clermont s'appelait autrefois *Clarus-Mons* (montagne claire, montagne de feu), à cause des volcans qui se trouvaient en éruption, il y a bien longtemps, dans notre pays. Nous sommes à nous demander si on aurait osé asseoir une ville sur une montagne qui aurait vomi le feu central, ou tout au moins qui aurait tremblé. De l'extinction des volcans à la fondation de notre cité, un temps immémorial se serait écoulé, et il eût été important de préciser au moins l'époque où ces volcans s'éteignirent. Il est vrai que la colline sur laquelle le village voisin de Lacoste se trouve construit est d'espèce volcanique ; mais comme cette colline est assez éloignée de Clermont, il pourrait bien se faire que cette assertion fût aussi erronée ; cependant, comme la même observation a été faite pour les autres localités du même nom que la nôtre, il pourrait y avoir là, peut-être, un peu de vérité.

De toutes ces conjectures, la plus vraisemblable, c'est-à-dire celle qui mérite le plus de crédit, est certainement la première : d'abord, nous posséderions une espèce de document rapporté par l'auteur de l'*Histoire des Seigneurs* ; ensuite, ce qui est certain, c'est que les Romains ont conquis notre pays et l'ont conservé pendant près de quatre cents ans.

Les écrits et les citations de l'auteur dont nous parlons laissent entrevoir qu'au dix-septième siècle, à l'époque où fut écrite l'*Histoire des Seigneurs*, la ville et les seigneurs possédaient dans leurs archives des documents précieux qui nous auraient aidé à débrouiller notre origine ; mais la Révolution arriva, et le peuple, voulant rompre avec les temps passés, anéantit de sa main vengeresse tout ce qui lui faisait peur et tout ce qui pouvait rester de ces temps de douleur et d'humiliation.

Nous éprouvons le plus vif regret, certainement, de la perte de tous ces documents précieux ; mais nous nous garderons bien d'en faire un crime à ce peuple, enivré pour la première fois de cette liberté qu'il avait gagnée au prix des plus rudes travaux. Aujourd'hui, on s'arrêterait plus facilement devant les dégats d'archives curieuses et anciennes, parce que l'instruction serait là, debout, pour reprocher la destruction ; mais à cette époque, où les privilégiés tenaient les peuples dans la plus complète ignorance, il ne faut pas trouver étonnants la disparition et l'anéantissement de nos archives.

C'est donc aux privilégiés seuls qu'incombe toute la responsabilité.

Plus tard, *Castrum-Clarimontis* s'appela seulement *Clarimontis* ou *Clair-Mont*, dont on a fait le nom actuel de *Clermont*.

A cause de la proximité de Lodève, il a été appelé aussi *Clermont-de-Lodève*, et enfin, depuis la division administrative de la Révolution, notre ville se nomme *Clermont-l'Hérault*.

CHAPITRE VII

LODÈVE. — CLERMONT. — FORUM-NERONIS

Avant d'aller plus loin dans l'histoire de notre ville, il est bon d'éclaircir autant qu'il est en notre pouvoir les points les plus obscurs et de scruter les moindres plis du voile dont s'entoure le *Forum-Neronis*.

Après avoir établi d'une manière presque certaine la fondation de notre cité, nous allons nous porter à l'époque où les Romains, maîtres de notre pays, embellissaient nos contrées de constructions qui existent pour la plupart aujourd'hui encore, c'est-à-dire en ces temps où Rome florissante étendait sur tout son empire sa sage administration.

Le mot *forum* désignait originairement chez les Romains un endroit découvert *(area)*, situé presque toujours devant un monument quelconque ; voilà pourquoi les étymologistes font dériver ce terme de l'adverbe *foras* (dehors). Plus tard, par extension, on s'en servit pour désigner toute place publique.

Un forum était presque toujours de forme rectangulaire, au milieu duquel se trouvait un espace nivelé ; il était entouré d'édifices publics, de temples, de portiques et même de maisons particulières ; c'est dans ces locaux que siégeaient les magistrats pour rendre la justice, et c'est dans l'enceinte qu'avaient lieu les marchés publics.

A l'exemple de Rome, toutes les villes importantes de l'empire se construisirent leurs forums, avec la différence cependant de ce qui existe entre les grandes choses et les petites ; ceux qui étaient destinés à remplir les fonctions de nos halles et de nos marchés étaient communément désignés par une épithète qui indiquait leur emploi ;

tels étaient, par exemple, les marchés aux légumes *(forum olitorium)*, aux poissons *(forum piscarium)*, aux porcs *(forum suarium)*, aux bestiaux *(forum boarium)*, etc.

Ceci établi, on comprend facilement pourquoi dans les grands centres forum signifiait *cour de justice*, tandis que dans les petites localités, ce mot désignait simplement une *foire*, un *marché*.

Nos recherches nous ont complètement édifié sur l'origine du mot *Forum-Neronis*, et nous sommes convaincu que ce nom vient de Néron (Claudius-Cæsar-Germanicus), fils de Cneius-Domitius-Ænobarbus et d'Agrippine, né le 15 décembre 37, et proclamé empereur en 54, après la mort de Caligula.

Malgré l'*Histoire critique de la Gaule narbonnaise*, imprimée en 1733, p. 410, dans laquelle on lit que le *Forum-Neronis* tire son nom de Tibère (Claude-Néron), mort à Caprée, le 16 mars 37, à l'âge de quatre-vingt-trois ans ; que plus loin, p. 446, l'auteur ajoute que les colonies d'Arles et de Narbonne furent établies par cet empereur en l'an 767 de Rome (14 ans depuis J.-C.), et que Tibère *pouvait* avoir rendu la justice à Lutève et à Carpentras, d'où ces deux villes auraient pris le nom de *Forum-Neronis*, nous persistons à croire avec M. Paris (1), et avec la plus intime conviction, que cette assertion, malgré le talent de l'écrivain, est peu fondée, parce que l'histoire n'a point consacré le nom des empereurs par leurs surnoms.

Pline, qui écrivait vers l'an 80 de Jésus-Christ, parle bien d'une ville appelée *Forum-Neronis* qui se trouvait dans le pays des *Lutevani;* mais en supposant qu'il affirmât que cette ville n'était autre que Lodève, ne serait-il pas permis de douter encore, si nous nous portons à une époque si reculée, où, quatre cents ans seulement avant Jésus-Christ, Hérodote, célèbre historien grec, surnommé le *Père de l'histoire*, prenait les Pyrénées pour une ville et y plaçait les sources du Danube ? Ceci nous montre suffisamment dans quelle ignorance vivait le monde antique sur la configuration de notre sol. Il est vrai que Pline écrivait cinq cents ans plus tard ; mais, d'un autre côté, la distance qui sépare Lodève de Clermont est petite, et, de plus, cette dernière localité se trouvait aussi dans le Lutevani.

Qui nous assure qu'à cette époque Lodève était un lieu plus

---

(1) *Histoire de Lodève*, t. II, p. 204.

important que Clermont, puisqu'il faut rapporter la véritable création des villes aux Romains ? quelles sont les preuves indiscutables sur lesquelles on s'appuie pour prouver que Lodève s'appela *Forum-Neronis* ?

D'après Pline, les Gaulois appelaient indifféremment Lodève *Luteva*, *Loteva* et *Lodeva*; puis, les Romains, arrivant, l'auraient appelée *Forum-Neronis*; enfin, cette ville aurait repris son nom en l'année 1225, du roi de France, Louis VIII : *Lodèva* (ville de Louis); mais jusqu'en l'année 1225, Lodève aurait donc été appelée *Forum-Neronis*. Cependant, rien ne nous le prouve.

Ensuite, on n'ignore pas que ce dernier fait se trouve énergiquement contesté ; on trouve, en effet, dans les chartes antérieures à Louis VIII, le nom de *Lodèva*.

De plus, les *Tables* de Peutinger, que l'on croit dater du IV° siècle de l'ère chrétienne, n'auraient pas fait mention de cette ville sous le nom de *Loteva*, mais plutôt sous la dénomination que les Romains lui auraient donnée, puisqu'à l'époque où furent faites ces tables, il y aurait eu plus de quatre cents ans que Lodève aurait porté le nom de *Forum-Neronis*.

D'après la *Statistique du département de l'Hérault* de M. Creuzé de Lesser fils, il est émis une conjecture (p. 222) que nous rapporterons ici. Tout en reconnaissant que *Forum-Neronis* se trouvait dans le pays des Lutévains, cet auteur croit que cette ville donna son nom aux peuples qui l'habitaient, et il l'indique par la qualification de *Foro-Neronienses* ; il croit encore que *Luteva* n'était pas la même ville que *Forum-Neronis*, et que cette dernière, devenue plus considérable que *Luteva*, le nom de *Foro-Neronienses* fut donné à ses habitants.

D'un autre côté, le docteur Rame a énoncé, à la page 2 de son *Essai*, qu'en l'an 708 de Rome, un lieutenant de César appelé Claude (Tibère-Néron) fonda une ville, qu'il peupla de vétérans et qu'il nomma *Forum-Neronis*, dans un lieu appelé *Peyra-Plantada* (pierre plantée), qui se trouve à l'est de notre ville.

Or, qui prouve que notre marché, puisque forum signifie aussi foire, marché, n'avait pas lieu en cet endroit ? N'est-il pas permis de croire que le *Forum-Neronis* n'était autre qu'un marché, et qu'il avait lieu à *Peyra-Plantada*? D'ailleurs, combien de localités, principalement dans le Midi, ne tenaient pas autrefois leurs foires à l'extérieur de la ville ? Notre marché hebdomadaire, et qui date de temps immémorial, était déjà florissant au IX⁰ siècle, dit l'*Histoire des Seigneurs*. Il existe encore des vieillards dans notre ville à qui leurs pères disaient souvent se rappeler avoir vu en cet endroit un tronçon de colonne, ce qui a donné lieu au nom de *Peyra-Plantada*.

Cette colonne était-elle d'origine romaine, nous ne pourrions l'affirmer, et nous voulons avant tout être sincère et ne rapporter ici que nos recherches. Cependant, tout le porte à croire, car M. Mazel, zélé archéologue de Pézenas, a recueilli sur ces lieux mêmes un certain nombre de médailles romaines et des débris d'amphores. A l'occasion des défrichements, on a remarqué beaucoup de tessons et de tuiles à rebord dont les Romains se servaient pour les sépultures; on a découvert aussi des parties assez considérables d'aqueducs souterrains et même un Néron en or.

Qui nous assure, d'ailleurs, sans pourtant vouloir le croire, puisque nous n'avons pas de preuves, que ce tronçon de bâtisse, naguère debout encore, n'était pas les restes des *rostres*, c'est-à-dire la tribune aux harangues, construite, comme il était d'usage, au milieu des forums ?

N'est-on pas en droit de croire, après toutes ces données, que le *Forum-Neronis* se trouvait situé à l'est de notre ville, dans le quartier appelé encore aujourd'hui *Peyra-Plantada* ? Cet endroit fut sans doute délaissé, lorsque les transactions commerciales qui avaient lieu tous les mercredis furent faites dans l'intérieur de la ville, peut-être à cause des guerres incessantes de ces temps-là. Ainsi abandonnés, les murs d'enceinte du forum durent tomber en désuétude ; plus tard, ces murs furent dévastés, ruinés, rasés, et après divers travaux, cet espace dut être livré à la culture.

Beaucoup d'auteurs estimés affirment que *Forum-Neronis* était une autre localité ; c'est possible, si l'on considère à cette époque l'espace assez vaste qu'occupait le forum ; et toutes les constructions réunies nécessaires à son fonctionnement régulier pouvaient recevoir cette qualification, si l'on pense encore que la création des véritables villes avait lieu à cette époque.

Nous persistons à croire, nous aussi, jusqu'à preuves du contraire, que le *Forum-Neronis* était autre chose que Lodève ou Clermont, une ville, un monument quelconque, et nous nous rangeons du côté des auteurs qui croient que le *Forum-Neronis* se trouvait dans le voisinage de Clermont, au lieu appelé encore *Peyra-Plantada ;* d'ailleurs, notre opinion se trouve appuyée par les restes romains assez importants découverts en cet endroit, surtout par notre antique marché, tandis qu'il n'existe pas même la trace d'aucun vestige dans les autres lieux où on s'efforce vainement à le placer.

Disons cependant en terminant que les Romains ouvrirent une route qui, se détachant de la grande voie *Domitia*, à Saint-Thibéry (*Cessero*), montait à Rodez (*Segodunum*), et que *Peyra-Plantada* aurait pu être une borne de cette route même.

Qu'on ne taxe pas notre chapitre d'érudition ; nous avons tenu avant tout à montrer l'origine de nos principales recherches et à essayer d'éclaircir un des points obscurs que les archéologues cherchent depuis bien longtemps; notre ambition n'était pas d'arriver au but ; nous nous sommes simplement borné à fournir certains documents et à émettre les conjectures qui nous ont paru les plus justes, afin d'aider de tout ce qui est en notre pouvoir des hommes plus compétents que nous.

CHAPITRE VIII

CHRONOLOGIE DES SEIGNEURS DE CLERMONT

Voici le point où Clermont va commencer son histoire particulière ; aussi croyons-nous utile de placer ici le tableau chronologique des seigneurs de notre ville.

Comme on le verra, l'histoire est muette sur les noms des successeurs du premier baron jusqu'à Béranger Ier ; quelques dates mêmes sont incertaines, mais nous avons cru néanmoins bien faire en les donnant :

Aymeri ou Théodoric, comte, proche parent de Pépin.

Guillaume ou Saint-Guilhem, duc de Toulouse, parent de Charlemagne.

Bernard Ier, duc de Septimanie.

Bernard II, marquis de Gothie. — Fulgald. (L'*Histoire du Languedoc* n'en fait pas mention.)

Guillaume de Guilhem, baron de Clermont.

1. Guillaume de Guilhem 880
2. Béranger Ier de Guilhem 985
3. Aymeri Ier . . . . 1100 — 1145
4. Béranger II . . . . 1145 — 1175
5. Aymeri II . . . . 1175 — 1216
6. Béranger III . . . . 1216 — 1238
7. Aymeri III . . . . 1238 — 1240
8. Béranger IV . . . . 1240 — 1250
9. Béranger V . . . . 1250 — 1285

10. Béranger VI.	1285	1324
11. Béranger VII	1324	1365
12. Déodé de Guilhem.	1365	1420
13. Arnaud de Guilhem	1420	1423
14. Tristan Ier de Guilhem	1423	1432
15. Raymond de Guilhem	1432	1432

Branche féminine des Guilhems

16. Pons de Castelnau de Clermont	1432	1473
17. Tristan II	1473	1500
18. Tristan III (Louis).	1500	1515
19. Tristan IV (Pierre)	1515	1536
20. Gui Ier.	1536	1550
21. Gui II.	1550	1597
22. Alexandre de Castelnau.	1597	1627
23. Alphonse de Castelnau.	1627	1644
24. Aldouce Gabriel.	1644	1657
25. Guilhem Louis de Castelnau de Seyssac.	1657	1711
26. Veuve Pélagie de Seyssac.	1711	1718

Branche étrangère

27. Louis de Lordat.	1718	1720

Autre branche étrangère

28. Castanié d'Auriac	1720	1771
29. Françoise de Pourpri, marquise.	1771	1789

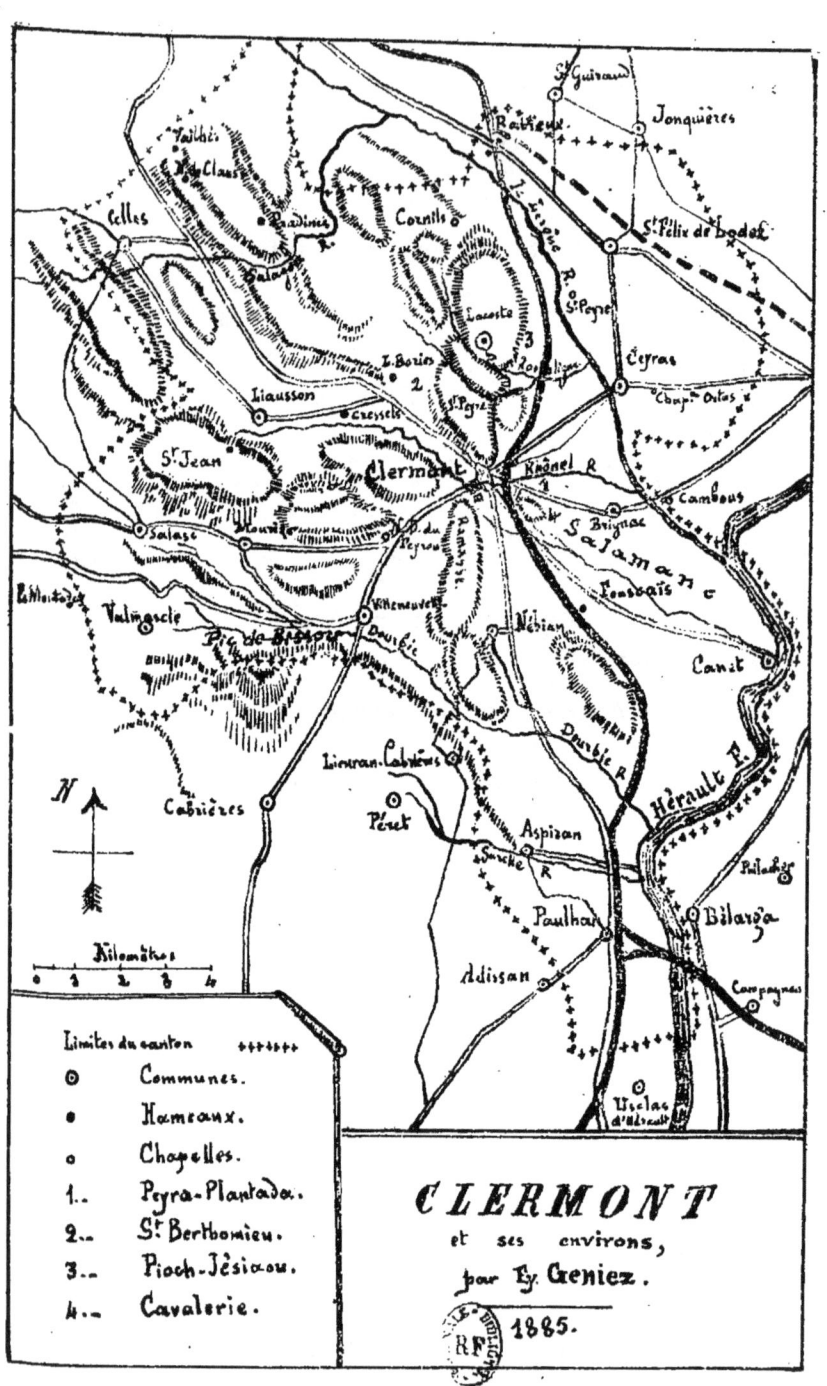

CHAPITRE IX

COMMENCEMENT DE LA BARONNIE CLERMONTAISE

Le grand empire de Charlemagne se divisait au traité de *Verdun*, en 843. Les fils de Louis le Débonnaire se partagèrent le royaume. Louis le Germanique eut le royaume de Germanie ou Allemagne ; Charles le Chauve fut roi de France, et Lothaire eut l'Italie. C'est, on le voit, de ce traité que sortirent les trois grandes puissances modernes

Nous avons vu que le traité d'*Andelot* (587) donnait à *titre viager*, c'est-à-dire pour toute la vie, les *bénéfices* ou *fiefs* (*fee*, récompense ; *od*, bien). Plus tard, les possesseurs de fiefs les transmirent à leurs héritiers ; plus tard encore, en 847, l'édit de *Mersen* reconnaissait l'hérédité des bénéfices et ordonnait à tous les seigneurs de se recommander, c'est-à-dire de choisir un seigneur qu'on ne devait plus quitter, et dont on devenait ainsi l'homme, le fidèle, le vassal. En 877, le capitulaire de *Kiersy-sur-Oise* étendit aux charges de comtes une hérédité semblable. L'hérédité des duchés, de comtés, des offices, de la magistrature, était établie.

La féodalité était constituée.

Les principales maisons féodales qui relevaient directement de la couronne et dont les seigneurs formaient la cour de justice, la cour des pairs du roi, étaient : le comté de Champagne et de Vermandois, le duché de Normandie, le duché de Bourgogne, le comté de Flandre, le duché d'Aquitaine et le comté de Toulouse, fondés sous Charlemagne.

Les possesseurs de fiefs avaient entre eux une hiérarchie rigoureuse. Après le suzerain étaient les vassaux, qui avaient eux-mêmes des arrière-vassaux. Tous portaient le nom d'une terre, car tous étaient nobles, seigneurs ou barons.

Nous ne parlerons pas des obligations morales et réciproques qui liaient le vassal au suzerain ; nous ne dirons rien non plus d'autres obligations bien définies par les lois ou les coutumes féodales ; tel n'est pas notre but, et nous sortirions du cadre que nous nous sommes tracé.

Les grands fiefs se morcelèrent à leur tour en une infinité de seigneuries qui donnèrent naissance aux barons, marquis, seigneurs, etc. Ce n'était plus l'idée d'hérédité qui était attachée à la possession d'un fief ; c'était maintenant celle de souveraineté. Les seigneurs suzerains avaient les droits *régaliens :* ils pouvaient faire la guerre, battre monnaie ; ils avaient le droit de haute, moyenne et basse justice, le droit de pêche, de chasse ; ils levaient des impôts et percevaient des péages ; en un mot, le seigneur n'était autre chose qu'un roi, qu'un maître dans son domaine.

Le comté de Toulouse, que nous avons cité plus haut, créé par Charlemagne pour son proche parent Aymeri, se divisa en trois duchés. L'un de ces duchés, celui de Septimanie, échut à Bernard Ier, fils de Guillaume ou Saint-Guillem, qui prit le titre de duc de Septimanie. Bientôt après, ce dernier fief se divisa encore en marquisat d'Espagne et en marquisat de Gothie. Le fils de Bernard Ier prit le titre de Bernard II, marquis de Gothie. Ces deux marquisats se morcelèrent à leur tour en un grand nombre de comtés, vicomtés, baronnies, seigneuries, etc., etc. Enfin, Fulgald, frère de Bernard II, aurait été le père de Guillaume de Guilhem, premier baron de notre ville, en 880 (1).

Il est vrai que l'*Histoire du Languedoc* ne fait aucune mention de ce Fulgald ; mais nous pouvons bien, jusqu'à preuve du contraire, nous en rapporter à l'écrivain de l'*Histoire des Seigneurs de Clermont-Lodève*, qui, plus heureux que nous, a pu consulter les archives du château ; il est à présumer qu'il y a vu ce nom, qu'il ne l'a point inventé, et qu'il le donne tel qu'il l'a trouvé.

Ainsi, on l'a vu au tableau chronologique, les seigneurs de notre ville descendaient de la grande famille des Pépins et des Charlemagnes.

---

(1) *Chronologie*, chap. VIII.

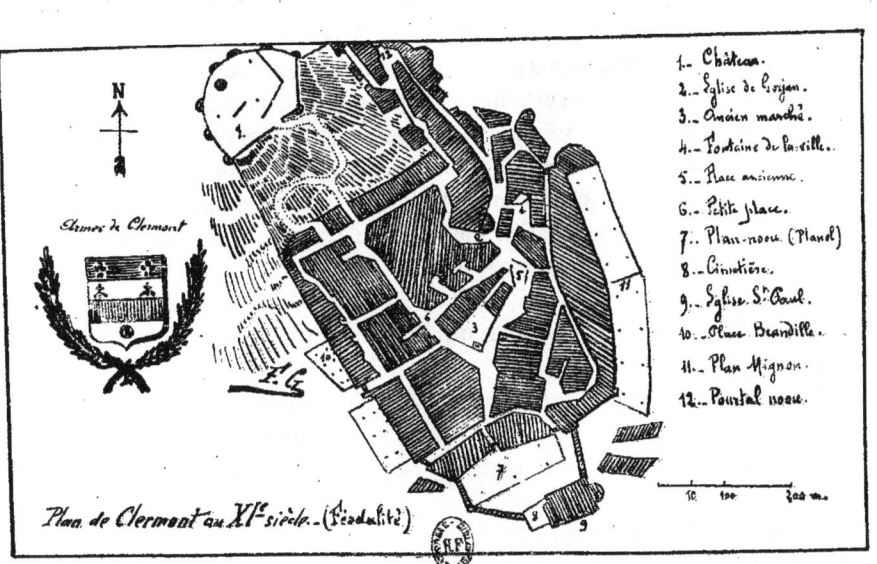

Le père de Bernard Ier, Guillaume, plus généralement connu sous le nom de Saint-Guilhem, fonda, en 804, dans la vallée de Gellone, l'abbaye qui prit son nom : Saint-Guilhem du Désert (1).

L'année de la fondation du couvent, Saint-Guilhem légua au monastère la villa de Ceyras, avec l'église de Saint-Saturnin et tout ce qu'il possédait dans le village de Canet (2).

Voilà donc notre ville érigée en baronnie dès l'année 880 et ayant pour premier seigneur le baron Guillaume de Guilhem (3).

Lorsque Guillaume arriva au pouvoir, il eut des ménagements à garder pour consolider son autorité dans notre ville. Déjà Clermont comptait un certain nombre de bourgeois et d'hommes libres ayant la qualification de nobles et jouissant de certains privilèges qui les faisaient échapper à l'autorité naissante du seigneur. Déjà aussi, en 869, nous l'avons vu, Charles le Chauve accordait à la ville les droits communaux. Clermont avait des consuls, espèce de magistrats choisis généralement parmi les bourgeois, qui s'occupaient de l'administration intérieure et de la défense des intérêts communs.

Cependant, les Clermontais eurent à reconnaître l'autorité d'un *bailli* institué par le seigneur, et qui s'occupa des causes majeures, civiles et criminelles (4).

Nous ne saurions désigner les autres droits stipulés entre les seigneurs et les Clermontais ; cependant, nous les verrons débattre plus tard avec chaleur et persévérance, jusqu'à ce qu'une transaction solennelle vienne enfin les fixer.

Malgré les difficultés que rencontra Guillaume de Guilhem pour asseoir une baronnie dans notre ville, il y réussit pleinement par sa sage administration, ses tolérances momentanées, la sagesse qu'il montra pour concilier ses droits avec ceux de ses vassaux. Il fit goûter les douceurs de la paix à nos aïeux, soit qu'il eût à cœur le bonheur de son peuple, soit qu'il ne fût pas prêt à prendre part aux guerres qui désolaient alors toute la France. On est heureux de

---

(1) *Légende de Nébridius*, 18me évêque. — *Vie de saint Guillaume*, dans Godescard.
(2) *Visite rétrospective à Saint-Guilhem*, par Vinas.
(3) *Histoire de l'Hérault*, par Bricu, p. 145.
(4) *Histoire des Seigneurs*.

voir qu'à cette époque d'anarchie, Clermont soit resté étranger à ces luttes sanglantes et meurtrières.

Les commencements du gouvernement des Guilhems, qui devait durer tant de siècles, furent d'un heureux augure ; aussi la confiance illimitée de la majeure partie des habitants fit donner à notre ville cette série de tyrans qui gouvernèrent notre cité jusqu'à la Révolution.

L'organisation intérieure de la baronnie nouvelle, qui demandait une attention sérieuse, se fit peu à peu, avec soin ; l'organisation extérieure consistait d'assurer le bon ordre d'abord, ensuite la sécurité dans ces temps d'anarchie. Notre baron s'assura l'appui des seigneurs voisins, et surtout la bonne volonté de tous ses vassaux, dans le cas d'un coup de main de la part des ennemis ; il ne fut pas jugé utile de relever les remparts, détruits en 509, soit parce que Clermont se trouvait éloigné de tout centre d'action, soit encore, et plus probablement, parce qu'il fut impossible de tout faire la première fois.

A l'avènement de Guillaume, c'est-à-dire dès l'année 880, dit l'auteur précité, la juridiction du seigneur de Clermont s'étendait déjà sur les dix-huit villages suivants : Nébian, Celles, Mourèze, Nisas, Fontès, Salasc, Bélarga, Paulhan, Liausson, Tressan, Caux, Puilacher, Ceyras, Brignac, Jonquières, Canet, Saint-Félix et Lacoste.

Le territoire de la baronnie se trouvait enclavé entre l'Hérault au levant et Salagou au couchant, la Dourbie au midi et la Lergue au nord (1).

Nous savons bien que l'*Histoire des Seigneurs* ne doit être adoptée qu'avec circonspection, et que plusieurs lecteurs seront peut-être étonnés de trouver une si grande puissance à l'époque où les petits fiefs commençaient à peine ; mais si l'on se porte à l'année 847, trois ans après l'avènement de la famille des Guilhems dans notre contrée, c'est-à-dire à l'époque où fut rendu l'édit de *Mersen*, qui ordonnait à tous les seigneurs de se choisir un suzerain ; si, d'un autre côté, on pense que la famille des Guilhems descendait de Charlemagne, et qu'en 880, il y avait déjà trente-trois ans que les Guilhems gouvernaient notre pays, on ne sera pas étonné que les villages

---

(1) *Histoire des Seigneurs.*

susnommés aient recherché l'alliance et la protection d'une famille aussi illustre et aussi ancienne.

Cette assertion garantirait à tous ces villages une antiquité de près de onze siècles, et prouverait qu'à cette époque, le pays était déjà assez peuplé. S'il faut en croire le même auteur, quelques-uns de ces villages auraient joui d'une certaine importance et joué un rôle plus ou moins actif dans notre baronnie : Mourèze aurait eu un seigneur nommé Ogier ; à Brignac gouvernait Rostaing ; à Nébian était un nommé Philippe.

En 889, Guillaume de Guilhem confirme les droits de commune octroyés en 869 par Charles le Chauve, se réservant néanmoins la connaissance des causes civiles et criminelles.

C'est la première atteinte portée aux droits communaux.

Cette même année, Guillaume distribue, en faveur de certains personnages distingués de sa baronnie, plusieurs fiefs à Rougas, Nébian, Gorjan, Mourèze et Brignac.

L'histoire n'a pas conservé le nom des seigneurs qui ont succédé à Guillaume de Guilhem; elle ne parle que de Béranger Ier, qui gouverna notre cité au Xe siècle, vers 985.

A l'avènement de Béranger, la France était désolée par la guerre civile occasionnée par le changement de dynastie. Les Capétiens arrivaient au pouvoir avec Hugues Capet, en 987, au détriment des Carolingiens, représentés par le dernier fils de Louis IV d'Outremer, Charles, duc de Basse-Lorraine. Deux partis se formèrent : les partisans de Hugues Capet et ceux de Charles.

Notre province, fidèle à la vieille tradition, donna beaucoup de partisans à Charles. Notre seigneur, cependant, fut un des premiers à embrasser la cause du nouveau roi. Toujours est-il qu'en prenant parti pour l'un ou pour l'autre, il ne dut pas se croire à l'abri d'une agression quelconque de la part du parti opposé au sien, puisque la même année, en 987, il fut décidé que la ville serait entourée de fortifications plus grandes, plus vastes et plus fortes que celles détruites en 509.

En effet, les remparts furent bientôt debout, et Béranger, qui en avait dressé le plan et surveillé les travaux, pouvait se croire en sûreté, lorsqu'on apprit la fin de la guerre civile (991). Les travaux furent un instant suspendus. Une lâche trahison avait mis fin à la querelle.

Charles s'était emparé de Laon, Soissons et Reims, lorsque l'évêque même de Laon, feignant d'être l'ami de Charles, l'attira chez lui et le livra à Hugues Capet ; celui-ci le fit enfermer à Orléans, où le dernier Carolingien mourut en 991.

Ces tours rondes et ces hauts murs démantelés qui dominent aujourd'hui encore notre ville sont les restes mêmes de ces remparts élevés à l'époque des guerres civiles de Charles et de Hugues Capet, sous le gouvernement de Béranger Ier, et datent donc du Xe siècle.

On peut facilement s'assurer de la direction de cette enceinte par les vestiges considérables qui existent encore ; en partant du château, les murs, flanqués de hautes tours rondes placées de distance à distance, arrivaient à l'hôtel de ville et le marché aux bestiaux, jusque sur le Planol (*Plan-Noou*) ; puis, passant par Rougas, rejoignaient le Portail-Neuf (*Pourtal-Noou*) (1) et allaient aboutir de l'autre côté du château.

(1) Ce portail fut appelé ainsi parce qu'il fut rebâti plus tard.

CHAPITRE X

SAINT FULCRAN. — LA CROISADE

Nous allons être obligé de faire quelques pas en arrière, parce que nous n'avons pas voulu interrompre la suite naturelle des faits qui se sont succédé à cette époque.

Nous voulons parler de saint Fulcran, évêque de Lodève, qui arriva à la tête du diocèse en l'an 949, et qui le gouverna pendant cinquante-sept ans, jusqu'à l'époque de sa mort, le 4 février 1006.

L'historien de l'*Histoire des Seigneurs* ferait sortir cet évêque de la famille des Guilhems de Clermont, en se basant sur ce qu'Eustorgie, mère du saint, mariée dans le diocèse de Lodève, avait dû épouser un seigneur de notre ville ; car, ajoute l'auteur, *il n'y avait, en tout le diocèse du Lodèvois, ni eu du depuis, aucune maison qui aye égalé celle des seigneurs de Clermont pour y trouver les proportions que les mariages demandent.*

Nous ne sommes pas de cet avis, et notre opinion est complètement opposée.

Nul n'ignore que la mère de saint Fulcran se nommait Eustorgie et qu'elle était la fille du cinquième comte de Maguelone et de Substantion, appelé Ernest, qui mourut en 898, laissant deux filles : Eustorgie, l'aînée ; Guillemette, la cadette. Eustorgie tenait donc de son père les comtés de Maguelone et de Substantion ; et puisque l'histoire fait mention d'un sixième comte de ces lieux, nommé Everard, il reste acquis qu'Eustorgie épousa celui-ci en 897 et qu'elle lui porta en dot les titres de ses domaines. Elle avait, à l'époque de son mariage, vingt et un ans.

D'ailleurs, le tableau suivant, que nous avons sous les yeux et que nous transcrivons ici, donnera une idée exacte relativement à la paternité de saint Fulcran.

1ᵉʳ Comte de Maguelone et de Substantion.........					Aigulfe,	en 736
2ᵐᵉ	—	—	—	—	son fils Amicus,	en 778
3ᵐᵉ	—	—	—	—	son fils Robert,	en 818
4ᵐᵉ	—	—	—	—	son fils Adolfe,	en 850
5ᵐᵉ	—	—	—	—	son fils Ernest,	en 878

Ernest mourut en 898, ne laissant que deux filles : Eustorgie et Guillemette (pas de descendants masculins).

6ᵐᵉ Comte de Maguelone et de Substantion.......... Everard, en 898

Everard, mort en 920, ne pouvait être que le gendre d'Ernest et l'époux d'Eustorgie, puisque celle-ci héritait des domaines de son père en qualité d'aînée.

Donc, Everard épouse Eustorgie, d'où naît saint Fulcran.

Le brouillard le plus intense et le plus difficile à expliquer existe sur la date et le lieu de naissance de Fulcran.

Un canon du concile d'Agde (506) menace d'anathème et d'excommunication quiconque élira un évêque avant l'âge de trente ans révolus. Fulcran ne devait en avoir guère plus lors de sa promotion à l'épiscopat de Lodève, quoique Théodoric, son prédécesseur, l'eût désigné pour le remplacer ; de plus, sa famille, qui était une des plus puissantes, devait évidemment faire peser la balance de son côté, d'autant plus qu'elle possédait des domaines dans le diocèse du Lodèvois. Et si, comme le supposent certains auteurs, il n'avait que trente ans lors de son élection, en 949, il était donc né en 919, c'est-à-dire vingt-deux ans après le mariage de ses parents.

M. Albert Fabre, dans son *Histoire de Mérifons*, nous dit qu'Everard, comte de Maguelone et de Substantion, se retira la même année de son mariage avec Eustorgie, c'est-à-dire en 897, dans la contrée de Malavieille, où la famille de sa femme possédait un château (1).

« Fulcran, leur fils, devenu plus tard évêque de Lodève, hérite de ce fief et
» l'inféode à son église cathédrale. Si le château de Malavieille eût existé à la
» mort de saint Fulcran, on aurait des renseignements plus détaillés que ceux

(1) *Gallia christiana*, t. VI, F° Pˡᵉ, Montpellier 1ᵉ, p. 318.

» que nous transmettent les documents que nous avons cités ; et si l'évêque de
» Lodève était né dans ce château, nul doute que la vénération des fidèles de
» ce diocèse, et surtout les successeurs du saint évêque, n'eussent restauré
» cette demeure seigneuriale.

» Il reste acquis que saint Fulcran n'est pas né sur le lieu où existent les
» ruines du Castelas, mais bien à Mérifons, auprès duquel se trouve l'église, et
» dont la famille possédait le fief (1). »

Nous ne finirons pas cette étude sans dire que nous trouvons étonnant que les auteurs qui se sont occupés de l'histoire de saint Fulcran n'aient pas indiqué d'une manière précise les dates que l'archéologie cherche encore aujourd'hui. Pourtant, Pierre de Millau, abbé de Mansiade, publiait la vie de saint Fulcran en prose et en vers latins en 1100, et devait connaître évidemment toutes les particularités de cette histoire. Bernard Guidonis (63me évêque) écrivait aussi une vie de saint Fulcran en latin en 1324. Guillaume de Brisonnet (84me évêque) abrégea l'œuvre du précédent en 1498. Plantavit de la Pauze fit sa *Chronologie* en 1634. François de Bousquet (103me évêque) reproduisait cette histoire pour la première fois en français en 1651. Loubeau, prêtre et secrétaire de l'évêché de Lodève, publiait en 1788 une édition de cette vie.

Tous ces livres sont muets ou à peu près sur la date, le lieu de naissance et le père de saint Fulcran.

On nous pardonnera de si longs détails relatifs à cette partie de notre histoire ; mais comme la vie de cet évêque aurait un certain rapport avec l'histoire de notre ville, nous avons voulu éclaircir ce point et prouver qu'on n'établit pas, comme le fait l'*Histoire des Seigneurs*, une généalogie en quelques mots, par des présomptions que rien n'appuie ou par des possibilités non raisonnées.

Il est évident que si quelques écrivains de l'époque avaient dit qu'Eustorgie se maria dans le diocèse de Lodève, le pays n'était pas si vaste pour qu'on négligeât d'énoncer que c'était avec le plus distingué et le plus noble des seigneurs, en un mot, avec le baron de Clermont (2).

Revenons à l'histoire de notre ville.

---

(1) *Histoire de Mérifons*, par A. Fabre, p. 12.
(2) M. Paris, t. I, p. 144.

L'an 1000 approchait, et avec l'an 1000 on s'attendait à la fin du monde. Chacun faisait, selon sa fortune, des dons aux églises, afin d'obtenir le pardon des fautes commises ; les couvents se peuplaient, des églises s'élevaient partout ; le travail était interrompu : on attendait tous les jours, en prières, l'archange Michel, arrivant pour annoncer la fin du monde.

Enfin l'an 1000 passa et tout sembla renaître ; chacun se crut au printemps de la vie. L'impulsion était donnée : les autels s'élevèrent plus nombreux encore ; les évêques tenaient fréquemment des conciles, entretenaient l'ardeur des fidèles par de longs et pénibles pèlerinages.

Plantavit nous dit que, sur la demande des habitants de Gignac, le pape Alexandre II donna ordre à Rostaing, 35me évêque de Lodève, l'évêché de Béziers étant vacant, de placer la première pierre de l'église qui était sur le point de se construire près de la porte de ce lieu, et de bénir le cimetière suivant le rit pontifical.

Comme la date de cet événement n'est point indiquée, on doit la placer entre l'avènement et la mort du pape Alexandre II (1061-1073).

Au concile de 1095, tenu à Clermont d'Auvergne par le pape Urbain II, une guerre sainte fut prêchée par Pierre l'Ermite ; elle entraîna en Orient une partie de l'Europe. Clermont se croisa, et notre baron, Aymeri Ier de Guilhem, suivi de ses gentilshommes et de son armée, alla se placer sous les ordres de son suzerain, Raymond de Saint-Gilles, alors comte de Toulouse. Aymeri assista au siège de Nicée ; puis il fut envoyé, avec Guillaume V de Montpellier, en reconnaissance à la place d'Antioche, dont l'évacuation avait été annoncée faussement (1).

Là se borne l'histoire d'Aymeri Ier, baron de notre ville. *L'Histoire des Seigneurs* lui attribue bien la succession dans le commandement des troupes de Raymond de Saint-Gilles ; l'historien parle aussi d'une dispute qu'il eut avec le fils de celui-ci, au sujet de la possession des places de Tripoli et de Tortose ; il raconte même la mort de notre baron, occasionnée par un coup de flèche ; mais, selon l'*Histoire du Languedoc*, tout cela regarde le comte de Cerdagne.

Ce qu'il y a de certain là dedans, c'est que notre baron Aymeri ne revint pas de ce pays, malgré la prise de Jérusalem, et qu'il mourut en Palestine, où il était allé combattre.

(1) *Histoire des Seigneurs.*

CHAPITRE XI

GUERRES DU ROUERGUE ET DU LODÈVOIS

Tout ce qui touche de près ou de loin à l'histoire de notre cité doit trouver place dans cet ouvrage, et nous ne craindrons pas d'abuser de la patience du lecteur en donnant ici les causes qui ont suscité les guerres du Rouergue, dans lesquelles Clermont s'est distingué.

La suzeraineté temporelle était attribuée aux comtes particuliers de Lodève ; l'autorité spirituelle regardait seule l'évêque de ce pays.

Odon II, vicomte de Lodève, mort en 1025, n'eut, de sa femme Chimberge, qu'une fille unique, héritière de ses domaines. Nobilie, c'était son nom, épousa, vers le milieu du XIe siècle, Gilbert II, vicomte de Carlat, et lui porta en dot la vicomté de Lodève, qui passa ainsi, avec celle de Carlat, dans la vicomté de Milhau (1056). La postérité masculine de la maison de Lodève était éteinte.

A la date de 1048, on trouve une donation faite par ces époux et par leur fils Bernard au monastère de Saint-Guilhem le Désert. Voici cette donation :

« Ego in Dei nomine, Gilbertus, vicecomes et uxor mea Nobilia et filius
» meus Bernardus... donamus sancto Salvatori Gellonensis cenobii, et ligno
» Christi, sancto Willelmo confessori Christi, unum mansum in valle quæ
» vocatur Sers, in loco qui dicitur Kalahe, et est ipsum mansum in suburbio
» castro Carlatense, etc. Facta donatio ista feria 4, 3 non. octobris, luna 23.
» Regnante Aianrico rege, etc. (1). »

C'est donc parmi les seigneurs du Rouergue que nous verrons

(1) *Histoire générale du Languedoc*, t. III, p. 514.

désormais la vicomté de Lodève, transportée, comme on le voit, par les femmes.

Nobilie et Gilbert laissèrent deux enfants : Bernard, qui mourut en bas âge, et Adèle, qui fut héritière, et qui transporta ses domaines dans la maison des vicomtes de Milhau, par son mariage, en 1080, avec Béranger, seigneur de ces lieux.

De Béranger et d'Adèle naquirent trois enfants : Richard, Gilbert et Raymond.

C'est à Richard Ier qu'échut la vicomté de Lodève dans le partage qui se fit, et c'est Raymond de Saint-Gilles, comte de Toulouse, et qui était aussi comte du Rouergue depuis 1088, qui vendit à ce même Richard, en 1096, lors de son départ pour la Terre-Sainte, le comté de Rodez, qui formait le tiers à peu près du comté du Rouergue.

Richard, comte de Rodez et vicomte de Lodève en 1120, eut, de sa femme Adélaïde, un fils qui lui succéda.

Hugues Ier succède à son père, Richard, en 1135, dans le comté de Rodez et les vicomtés de Carlat et de Lodève. Il meurt en 1156, laissant, de sa femme Ermangarde, trois enfants : Hugues II, Hugues, évêque de Rodez en 1164, et Richard.

Dans un nouveau partage, la vicomté de Lodève échut à Richard II.

C'est avec ces deux seigneurs surtout que les évêques de Lodève Pierre de Posquières, Gaucelin de Montpeyroux et Raymond de Madières eurent à lutter. Néanmoins, c'est Hugues II, comte de Rodez, qui vendit tous ses droits sur le Lodévois à Raymond de Madières, en 1188, moyennant 60,000 sols melgoriens, représentant 84,000 livres tournois.

Richard II, mourant sans postérité, laissa Hugues II, son frère, pour successeur, et c'est probablement pourquoi il put vendre ses droits sur le Lodévois.

Nous croyons utile de donner ici le tableau suivant des comtes de Lodève, afin de pouvoir suivre avec plus de facilité la guerre des Rouerguats.

Comtes de Lodève

Odon II, époux de Chimberge.
|
Nobilie, épouse de Gilbert II.
|
Bernard (mort).   Adèle, épouse de Béranger.
|
Raymond. Gilbert. Richard Ier, époux d'Adélaïde.
|
Hugues Ier, époux d'Ermangarde.
|
Hugues II. Hugues, évêque. Richard II.
|
Hugues II, frère de Richard II.

Nous allons maintenant voir aux prises les comtes du Rouergue et les évêques de Lodève.

Quoique les évêques de Lodève n'eussent pas encore toute la puissance temporelle du Lodévois, ils exerçaient une grande prépondérance sur le pays, d'abord par les nombreux domaines qu'ils y possédaient, ensuite par les munificences royales qu'ils obtenaient chaque jour. Ils exerçaient déjà dans la contrée les droits *régaliens*; ils percevaient certains impôts, levaient des taxes et rendaient la justice. Rien de plus naturel, on le conçoit, que les comtes du Rouergue, à qui appartenait par succession le comté lodévois, vinssent, les armes à la main, défendre les droits qu'ils avaient sur ce pays. Dans un pareil état de choses, une guerre était inévitable; elle fut décidée.

L'évêque de Lodève Pierre de Raymond commence par s'assurer l'appui et l'assistance des seigneurs de son diocèse; il fait appel au puissant seigneur de Clermont, Béranger II, qui s'empresse d'y répondre et d'aller, avec ses gentilshommes et tout ce qui pouvait combattre, se ranger sous la bannière épiscopale.

Pierre de Raymond, en état de défense, commande au comte de Rodez, Hugues Ier, de retirer sur l'heure sa garnison du château de Montbrun. Hugues, qui désirait en venir aux mains, refuse, et un engagement eut lieu. Il fut meurtrier. Les Rouerguats furent complètement défaits par les Lodévois et les Clermontais; ils abandonnèrent et la ville et le château, laissant sur le champ de bataille un grand nombre de morts et de blessés.

Lodève respira jusqu'à la mort de Raymond, qui arriva en 1154.

Cette mort releva le courage des Rouerguats, qui, sous la conduite du jeune et fougueux Richard II, fils de Hugues Ier, descendirent de leurs montagnes, à la faveur de l'interrègne épiscopal, qui dura près de trois ans.

Résolu de réparer l'échec éprouvé par son père et de s'emparer de Montbrun, de Lodève et de tout le comté lodèvois, Richard arrive sous les murs du château et entreprend un siège qu'il pousse avec vigueur.

Il devenait urgent de porter secours à la place, car, cédant aux attaques des Rouerguats, elle aurait donné la clef à tout le comté lodèvois. Pierre de Posquières, élevé à l'épiscopat en 1157, s'empressa de préparer la défense. Notre baron, Béranger II, répond encore à son appel; mais moins confiant, cette fois, sur le résultat de l'expédition, il fait reprendre, avant de partir, l'œuvre commencée par son aïeul Béranger Ier, qui avait entrepris, comme nous l'avons vu, une enceinte de fortifications autour de notre ville; puis, lorsque les travaux furent assez avancés, il monta à Lodève (1). L'évêque et le baron, réunissant leurs forces, marchent à la rencontre de Richard. Cette fois aussi, les Rouerguats sont battus, et, poursuivis, ils reprennent à la hâte et en désordre le chemin du Rouergue. L'évêque et notre seigneur, victorieux, rentrent chacun dans leurs foyers, couverts de gloire et de lauriers, salués par des acclamations (2).

Notre baron venait de se donner un maître. En combattant pour la cause de l'évêque de Lodève, il se déclarait son vassal; voilà pourquoi, sans doute, et pour se soustraire à cette vassalité, il embrassa, avec la noblesse du pays lodèvois, l'hérésie des albigeois, quoique cette hérésie eût été condamnée quarante ans auparavant dans un concile, à Toulouse, et plus tard, à Lombers. Les Anglais arrivaient aussi aux portes de Toulouse, soutenus par plusieurs seigneurs de la province, entre autres par notre baron, Béranger II.

La division et l'anarchie règnent dans la contrée. Richard de Rodez veut profiter de ces divisions et hasarder une seconde tentative contre le château de Montbrun. Il réussit, appuyé qu'il était par Béranger de Clermont. La ville de Lodève capitule et le château de Montbrun est pris. L'évêque, Gaucelin de Montpeyroux, est obligé de signer un traité, en 1165, avec Richard, attribuant la

---

(1) *Histoire des Seigneurs*.
(2) *Chronologie* de Plantavit.

possession de la tour Montbrun pendant six mois à chacun alternativement.

On croit que notre baron, revenant de son erreur et le repentir dans le cœur, fut pour beaucoup dans cet accommodement :

> « Faisant réflexion, dit l'*Histoire des Seigneurs*, sur l'assistance qu'il a
> ci-devant donnée au comte de Commenge (Pierre de Raymond) et à son suc-
> cesseur, Pierre de Posquières, évêque de Lodève, contre le comte de Rodez, et
> sur le délaissement qu'il fait de Gaucelin en faveur dudit comte en cette
> dernière expédition ; non seulement il procure la paix publique entre les deux
> contestants, mais encore il restitue audit Gaucelin les dommages qu'il a
> soufferts en cette rencontre, lesquels il fait monter à la somme de deux mille
> sols melgoriens, qu'il débourse tout à l'heure entre les mains de l'évêque. »

Nous voyons, en effet, dans le *Registre des hommages*, qu'en 1172, Béranger II de Clermont jure fidélité d'honneur et sûreté de sa vie et des siens à Gaucelin de Montpeyroux (41me évêque, en 1162), lui rend hommage et s'oblige à lui payer la somme de 2,000 sols melgoriens à la Pâques prochaine, en compensation des objets qu'il lui avait enlevés, et lui donne même des cautions.

Lorsque, quelque temps après, Hugues II succéda à Richard II, son frère, et qu'il voulut élever des prétentions sur la possession intégrale du château de Montbrun, notre baron procura le maintien du traité conclu précédemment.

La réconciliation était achevée.

En 1173, Hugues emprunta au chapitre et à la ville de Lodève 18,000 sols melgoriens, promettant qu'ils ne seraient molestés de sa part que quarante jours après la restitution de cette somme. Il fut obligé de tenir ses promesses, car le pape Alexandre III le fit menacer, par l'archevêque de Narbonne, d'une sentence d'excommunication, avec interdit sur ses Etats s'il s'y montrait infidèle.

Enfin, en 1188, Raymond de Madières, alors évêque, acheta, pour se débarrasser à tout jamais des comtes de Rodez, les droits et les prétentions de ceux-ci sur le comté de Lodève, moyennant une somme de 60,000 sols melgoriens.

Ce fut là la fin des guerres du Rouergue et de Lodève.

CHAPITRE XII

COMMANDERIE DE NÉBIAN. —. ALLIANCE ILLUSTRE DES GUILHEMS. — CORNILS

La guerre du Rouergue nous a trop intéressé pour que nous ayons pensé un seul instant à en interrompre le récit ; nous reviendrons donc en arrière encore pour un instant.

Si des églises s'élevaient partout, les couvents d'hommes ou de femmes se multipliaient aussi ; les dernières guerres n'avaient pas altéré cette soif religieuse d'alors.

L'évêque de Lodève Pierre de Posquières et le baron de Clermont Béranger II se concertèrent, pour la fondation d'une commanderie d'hospitaliers de Saint-Jean de Jérusalem, à Nébian.

Le seigneur de Clermont, qui possédait à cette époque la plus grande partie du fief, donna aux hospitaliers plusieurs pièces de terre de cette seigneurie. L'évêque de Lodève, qui jouissait de tous les droits féodaux attachés aux églises de Saint-Vincent et de Saint-Julien, céda cette dernière avec tous ses revenus, moins deux redevances peu considérables, il est vrai, appelées *quartons* et *tierces*. Cette double libéralité, acceptée par le grand-maître de l'ordre, fut cause de la nomination d'un commandeur, qui prit possession de la commanderie en 1157, et s'installa avec plusieurs *chevaliers* et *servants*.

Le commandeur fit construire un local en face l'église ; cette église fut agrandie, et il présenta enfin à l'évêque un *chapelain* pour recevoir les pouvoirs spirituels.

La commanderie s'enrichit plus tard de plusieurs fiefs considérables, entre autres de la seigneurie de Liausson.

On voit encore à Nébian cette maison, située en face la porte d'entrée de l'église ; elle sert de presbytère ; seulement, pour ouvrir un passage à une rue, les murs qui la liaient à l'église ont été abattus.

Cet ordre de Saint-Jean avait pris naissance en Palestine, et, appelé depuis ordre de Malte, il fut à la fois religieux et militaire.

Lorsque Aymeri II de Guilhem succéda, en 1173, à son père, Béranger II, la guerre avec le Rouergue était comme terminée ; aussi trouva-t-il le pays tranquille.

C'est Aymeri II qui, en 1182, épousa Marie de Montpellier, fille de Guillaume VII, seigneur de ces lieux. On voit que le château de Puilacher, qui se trouvait encore dans le domaine de notre seigneurie, fut désigné comme douaire à la nouvelle épouse, qui apportait, de son côté, comme dot, 100 marcs d'argent fin. De ce mariage naquit un fils, que nous verrons succéder à son père sous le nom de Béranger III, et une fille, nommée Marquise, qui épousa le seigneur de Lauran, petit-fils de Pierre Roger de Cabaret (1).

L'auteur de l'*Histoire des Seigneurs* se trompe, lorsqu'il dit qu'Aymeri avait épousé Marie, fille de Guillaume VIII et petite-fille de l'empereur de Constantinople. Cette Marie épousa le vicomte de Marseille, Barral ; puis, en secondes noces, Bernard, comte de Comminges ; et enfin, en troisièmes noces, Pierre, roi d'Aragon.

Du côté de Lacoste et un peu au nord, au sommet d'un monticule cultivé au pied duquel coule la rivière de la Lergue, se trouvent les ruines d'un ancien monastère ; ce lieu s'appelle aujourd'hui Cornils, mot dont la traduction viendrait de celui de *Cornelius*, nom d'un solitaire qui fonda cet ermitage.

En 1154, une bulle du pape Adrien IV mettait à la disposition de l'évêque de Lodève, Pierre de Raymond, l'ermitage de Cornils, pour qu'il en fît, selon son choix, un couvent de religieuses ou de réguliers.

En 1162, le pape Alexandre III confirma cette même donation à l'évêque Gaucelin de Montpeyroux.

En 1190, l'évêque Raymond de Madières le donna à l'abbesse du couvent de Nonnenques, qui se nommait alors Bélixpende, pour qu'elle en fît un couvent de religieuses de son ordre, c'est-à-dire de Cîteaux, fondé par saint Bernard ; de là vient le nom de *bernardines*. Afin de subvenir aux besoins de subsistance des religieuses,

---

(1) *Histoire générale du Languedoc*.

Raymond de Madières inféoda au monastère tous les revenus de l'église de Saint-Etienne de Rougas, avec les chapellenies et oratoires qui en dépendaient. La prieure de Cornils put, dès lors, toucher toutes les redevances que l'évêque avait perçues désormais sur tous ces lieux, celui-ci ne s'étant réservé que la juridiction et la nomination spirituelles. Le prieur de l'église de Rougas ne porta plus que le nom de *vicaire perpétuel de Saint-Etienne* (1). Bientôt les constructions anciennes furent agrandies, l'église réparée, et lorsque les religieuses vinrent s'y établir définitivement, l'évêque de Lodève défendit de venir les troubler. Il ne paraît pas que ces religieuses y soient restées longtemps, car, dans la suite, à partir de 1203, toutes les fois que Plantavit de la Pauze en fait mention dans sa *Chronologie*, ce lieu n'est cité que comme chapelle. Néanmoins, Cornils appartint au couvent de Nonnenques jusqu'à nos jours, quoique cependant l'église de Rougas et les oratoires de Saint-Pierre et de Fouscaïs en fussent détachés depuis 1375.

Délaissé, ce monastère se dépérit, et il ne tarda pas à tomber en ruines (2).

(1) *Chronologie* de Plantavit
(2) Voir, pour plus de détails, le *Mémoire historique et archéologique de Cornils*, par M. Fleury-Geniez, 1885.

CHAPITRE XIII

GOUVERNEMENT D'AYMERI II DE GUILHEM

Nous avons vu déjà qu'Aymeri succéda à son père en l'an 1175 et qu'il se maria avec la fille du puissant seigneur de Montpellier.

En 1184, Aymeri de Guilhem donna à l'évêque Gaucelin de Montpeyroux, son suzerain, en franc-alleu, ce qu'il possédait en haut du Bosc, quoi que ce pût être ; à Esparrou, aux Plans et à Saint-Privat en leur entier, à l'exception cependant de la bâtisse du château de Parlatges, mais non excepté ce qui était dépendant de son terroir. Afin que foi y fût ajoutée par tous, il lui en rendit hommage (1).

L'hérésie albigeoise, dont nous avons déjà parlé, faisait de rapides progrès. Pierre III de Froter, évêque et successeur de Raymond de Madières, en 1198, gouvernait à peine depuis un an que l'hérésie lui suscita des embarras fort graves ; des troubles eurent lieu dans la ville même de Lodève, et déjà on commençait à murmurer ouvertement contre son autorité ; il se trama des complots pour réduire les pouvoirs temporels de l'évêque, que l'on trouvait trop tyranniques.

En 1201, les factieux se portent au palais épiscopal ; ils enfoncent les portes, brisent tout ce qui tombe sous leurs mains et font souscrire l'évêque et les chanoines à une série de statuts préparés à l'avance. L'évêque et les siens signèrent et jurèrent tout ce qu'on voulut ; mais dès que l'orage eut cessé, Froter demanda à l'autorité compétente l'absolution de tous ses serments, enlevés, disait-il, par la force et la violence. Comme on le pense, la dispense fut accordée, et le

---

(1) *Registre des hommages.*

pape Innocent III prononça l'excommunication contre les rebelles, au mois de juin 1202 (1).

En 1202, aux calendes de juin, et du consentement de tout le chapitre, Pierre de Froter mit sous la protection d'Aymeri de Clermont certains biens, à la charge d'hommage, de serment de fidélité et de restitution de fortifications. Aymeri s'exécuta aussitôt envers Pierre (2).

Depuis 1202, tout était resté tranquille en apparence, et Froter put s'assurer l'appui de ses vassaux, dans le cas d'une nouvelle attaque imprévue. On se mit en état de défense, afin de n'être pas pris à l'improviste. Rien n'y fit, et, en 1206, le palais de l'évêque fut repris par les factieux et pillé. En un clin d'œil les appartements du prélat sont envahis ; refusant de signer, Froter tombe sous le couteau des assassins.

Dès que la nouvelle de cette mort arrive à Clermont, Aymeri de Guilhem, tant comme vassal fidèle de Pierre qu'irrité de ce crime, marche rapidement sur Lodève, afin d'en tirer vengeance.

L'*Histoire du Languedoc* fait mention de deux gentilshommes de cette époque qui accompagnèrent notre baron : c'étaient Pierre de Clermont et Raymond de Nébian. Arrivé à Lodève, Aymeri fait fermer les portes, et là, avec les magistrats de la ville, il procède aux informations. Seize rebelles des plus coupables sont vite reconnus, arrêtés et condamnés au dernier supplice ; le bannissement est même prononcé contre leurs enfants jusqu'à la quatrième génération. D'autres, moins coupables, furent pris et jetés dans les fers, jusqu'à ce que, l'élection du nouvel évêque étant faite, la rigueur des lois leur fût appliquée. Philippe II, roi de France, confirma, par un arrêt signé à Vincennes et daté de 1208, la sentence d'Aymeri.

En 1209, Pierre IV de Lodève, évêque et successeur de Froter, donna à Aymeri de Clermont, avec pouvoir d'y construire des fortifications, le village de Salasc, moyennant le serment habituel de fidélité, d'obéissance et d'hommage. Aymeri et ses successeurs furent tenus de rendre ces fortifications à l'évêque de Lodève pour un temps déterminé, toutes les fois qu'ils en seraient requis (3).

(1) *Chronologie* de Plantavit.
(2) Reproduction des documents.
(3) Du même répertoire.

L'hérésie albigeoise faisait toujours des progrès. Raymond, comte de Toulouse, et Roger, vicomte de Béziers, s'en étaient déclarés les protecteurs et les partisans. Bientôt Aymeri de Clermont se laissa gagner par les promesses de Raymond et de Roger, et il embrassa, lui aussi, la cause albigeoise ; notre baron s'unit à eux et prit une part active dans la guerre qu'ils soutinrent contre les catholiques.

La même année, 1209, la soumission de Raymond, comte de Toulouse, épargna peut-être l'effusion de beaucoup de sang, et Roger, assiégé dans sa ville, fut forcé de se rendre. Béziers fut mis à feu et à sang ; on commit les atrocités les plus révoltantes ; le pillage dura plusieurs jours, et les morts jonchèrent le champ du combat.

Aymeri de Guilhem, terrifié, s'enfuit dans son château et y resta tranquille ; la conduite sage et prudente qu'il montra lui valut la cession de Gignac, qu'il acheta, moyennant 200,000 sols melgoriens, à Simon de Montfort, vainqueur et héritier des domaines du vicomte Roger de Béziers.

Cette attitude ne fut que momentanée ; déjà, avant la guerre, Aymeri avait encouru une sentence d'excommunication majeure, méritée par l'usurpation des biens ecclésiastiques dont il s'était rendu l'auteur. Le danger passé, il donna un libre cours à ses idées et à ses penchants : il pilla les églises de la baronnie, qu'il transforma en forteresses, et il rançonna ses vassaux, qu'il contraignit à lui payer des sommes assez fortes ; la ville de Clermont elle-même, accablée de lourds et onéreux impôts, était sur le point de se soulever contre son seigneur.

Le fils d'Aymeri, qui lui succéda sous le nom de Béranger III, ne put voir sans douleur et indignation la conduite de son père ; il s'arma contre lui et s'empara du château. Bientôt après, Béranger, espérant fléchir son père par la voie de la conciliation, lui ouvrit les portes, et, aidé de Pierre IV, il l'exhorta à revenir à ses premiers sentiments. Le vieux Aymeri fut docile aux conseils de son fils et de l'évêque ; il promit de laver l'injure qu'il avait faite à la famille des Guilhems, par une conversion publique ; il reconnut sa faute et promit satisfaction (1).

Aymeri, converti, se rendit auprès du légat du pape, alors à Narbonne, pour recevoir l'absolution de ses censures et de ses fautes ; il

---

(1) *Chronologie* de Plantavit.

jura devant les légats de *s'en référer à leur sentence, et de satisfaire pour tout ce qui lui avait attiré l'excommunication dont il avait été lié;* et après avoir fourni valable caution, il fut absous. Peu de temps après, les mêmes légats, étant alors à Montpellier, enjoignirent qu'*Aymeri restituerait à ses vassaux les sommes qu'il en avait injustement extorquées, et à l'évêque de Lodève les dîmes qu'il s'était appropriées, avec les églises qu'il avait changées en forteresses. De plus, qu'il irait combattre les Maures en Espagne pendant trente jours, non compris le temps nécessaire pour le voyage* (1).

Aymeri fut, en effet, combattre les Sarrasins, et, à son retour, une maladie grave le conduisit au tombeau. Son testament portait que les rentes du château de Canet seraient à perpétuité réservées à des œuvres pies (2).

L'année de la mort d'Aymeri de Guilhem, survenue en 1216, le roi de France, Philippe II, fit connaître aux seigneurs de Clermont, de Montpeyroux, du Bosc, de Faugères et de tous autres barons, aux militaires et aux clers du diocèse du Lodèvois, la confiance que Pierre IV lui avait inspirée, et comment il lui avait confirmé les droits régaliens de l'épiscopat; il leur ordonna, en outre, de lui obéir, en tout ce qui concernait les régales, avec la même fidélité qu'envers lui-même et de lui en faire le serment (3).

(1) Du même répertoire.
(2) *Histoire des Seigneurs.*
(3) *Registre des privilèges royaux.*

CHAPITRE XIV

RÉVOLTE DES CLERMONTAIS. — SUPPRESSION DU CONSULAT
ET DES FRANCHISES

Le gouvernement de Béranger III, qui dura vingt-deux ans, fut une époque de paix ; tous les soins de notre baron furent concentrés sur un seul point : celui d'empêcher l'hérésie albigeoise, qui n'était pas complètement exterminée et qui avait encore dans nos contrées un grand nombre de partisans, d'arriver jusque chez nous.

Il vécut tout le temps dans une union parfaite avec l'évêque de Lodève, Pierre IV.

En 1226, le roi de France, Louis VIII, vint faire le siège d'Avignon, et notre baron fut du nombre des seigneurs de la province qui allèrent en personne jurer foi et hommage au monarque français, en s'obligeant à ne pas reconnaître Raymond VII, comte de Toulouse, qui, hérétique et les armes à la main, réclamait les domaines de son père.

En 1229, Raymond de Saint-Amans, recteur de l'église de Clermont, délaissa à Pierre IV le notariat de Lodève, qui lui avait été confié. L'évêque le transmit aussitôt à Jean d'Aspre à vie, avec la faculté de faire toutes sortes d'actes publics sans qu'aucun autre, sans sa permission, pût en faire ni dans la ville ni dans les faubourgs (1).

La *Chronologie* de Plantavit nomme, en outre, le nom du vicaire qui desservait la paroisse de Saint-Etienne de Rougas ; il s'appelait Béranger.

En 1233, il fut ordonné par saint Louis à l'évêque d'Uzès, que, s'il

---

(1) D'un acte séparé.

découvrait qu'Aymeri de Guilhem élevât des contestations contre son père, il les appelât légalement devant son tribunal ; qu'il les entendît et leur rendît définitivement justice ; que, dans le cas où il serait interjeté appel de sa sentence, il en fût déféré, sans autre, à Pierre, alors évêque de Lodève (1).

La même année, le 11 mai 1233, sur un différend entre Pierre, évêque de Lodève, et le commandeur de la maison de Saint-Jean de Jérusalem de Nébian, fut prononcée à Lodève une sentence d'arbitres qui décida que toutes les dîmes du froment, du vin et d'autres denrées, que l'évêque avait perçues jusqu'alors dans la paroisse de Salvergues, et les dîmes de toutes les olives, qu'il percevait dans la paroisse de Nébian, appartiendraient au commandeur ; tandis que les dîmes de la paroisse de Canet, perçues jusqu'à cette époque par le commandeur, appartiendraient dorénavant à l'évêque (2).

Le 19 des calendes de septembre, en 1236, Pierre IV fit confirmer, pour lui et ses successeurs, toutes les donations faites jadis au chapitre de Saint-Fulcran des revenus épiscopaux appelés *tierces*, afin que les prieurs des églises fussent tenus de payer régulièrement, annuellement et à perpétuité, audit chapitre, et d'après un tarif proportionné suivant, tiré d'un acte ancien :

« L'église de St-André de Sangonis doit 20 setiers de froment, 20 d'orge et 20
» de vin.
» . . . .
» L'église de St-Julien de Nébian, 16 setiers de froment, 16 d'orge et 32 de vin.
» . . . .
» L'église de St-Paul de Clermont, 20 setiers de froment, 20 d'orge et 20 de vin.
» . . . .
» L'église de St-Saturnin de Ceyras, 10 setiers de froment, 40 d'orge et 40 de vin.
» . . . .
» L'église de St-Etienne de Gorjan, 15 setiers de froment, 15 d'orge et 30 de vin.
» L'église de St-Etienne de Rougas, 20 setiers de froment, 20 d'orge et 20 de vin.
» . . . . »

C'est parmi les notes du notaire de Lodève Jean d'Aspre que cet acte a été trouvé. Plus tard, ce tarif fut diminué, par la diminution

(1) Du même répertoire.
(2) *France pontificale.*

surtout du nombre des prieurs. Nous avons extrait de cet acte, on le conçoit, ce qui est relatif seulement à l'histoire de Clermont.

La mort de Béranger III, en 1238, laissa le gouvernement de la baronnie à son fils, qui lui succéda sous le nom d'Aymeri III.

Bientôt notre nouveau baron se laissa gagner par les promesses de Raymond, comte de Toulouse, et il embrassa sa cause, qui était aussi celle des albigeois ; un agent de Raymond l'assistait dans tous ses exploits et entretenait l'ardeur et la fougue d'Aymeri.

L'étendard de la révolte est donc levé encore ; la terreur est dans le pays : les châteaux sont pris, les églises pillées, les voyageurs et les vassaux rançonnés. En vain l'évêque Bertrand de Mornay somma-t-il notre baron de lui prêter hommage.

En 1239, Bertrand (45me évêque) sépara de la communion des fidèles Aymeri de Guilhem, seigneur de Clermont, parce que celui-ci se refusait de reconnaître tenir de l'évêque de Lodève le château de Clermont ; parce qu'il refusait de repousser de sa protection l'agent du comte de Toulouse, qui occupait des biens contre les droits de l'Eglise et troublait le repos des ecclésiastiques, quoique le roi de France, saint Louis, eût ordonné au sénéchal de Carcassonne, Jean de Fricampe, de prescrire, en son nom, audit seigneur de Clermont, de rendre à Bertrand, évêque élu, l'hommage et tous les autres droits à lui dus. Craignant cependant que, pour quelque chose, une autre personne ne relevât Aymeri de l'excommunication, Bertrand mit son église et lui-même sous la protection du cardinal de Preneste, légat à *latere* du siège apostolique, et en appela à celui de Narbonne alors existant (1).

L'anathème lancé par l'évêque de Lodève fut, comme on le pense bien, confirmé par le légat du pape résidant à Narbonne (2).

Aymeri méprisa tout : il se laissa excommunier.

Cependant, en 1240, le sénéchal de Carcassonne, Jean de Fricampe, sur l'ordre de saint Louis, contraignit le seigneur de Clermont à rendre hommage à Bertrand, évêque de Lodève, et de lui faire toutes les soumissions de droit (3).

---

(1) Du même répertoire.
(2) *Chronologie des Évêques.*
(3) *Registre des privilèges royaux.*

En effet, Aymeri, comprenant sans doute tout ce que sa conduite pouvait avoir de funeste pour lui et ses successeurs, abandonna le parti du comte de Toulouse, qui venait d'ailleurs d'être soumis, et, se réconciliant avec son évêque, il vint lui jurer, selon la coutume, foi, hommage et fidélité (1).

Béranger IV succéda à son père, Aymeri III, en 1240.

Il fut contraint par saint Louis, dès le début de son gouvernement, et à l'égal de son père, de prêter à l'évêque de Lodève l'hommage prescrit par la prise de possession.

La guerre albigeoise venait d'être reprise avec vigueur par Raymond, comte de Toulouse, qui, les armes à la main, résistait avec succès contre les forces réunies de saint Louis et du comte de Provence. Béranger resta fidèle aux vieilles traditions catholiques de ses aïeux. Cependant, quelques villes se soulevèrent en faveur du comte de Toulouse, et Clermont voulut imiter leur exemple. Raymond entretenait dans la place quelques agents occultes qui attisèrent la révolte ; les principaux étaient : François Métuel, Jeanc Salasc, Denis Douet, Mathieu Brun, Jeanc Puech, Antoine Fayet, Bernard Mallet, Isaac Barthélemy, François Cavalier. Ces chefs n'eurent pas de peine à faire comprendre aux Clermontais toutes les menées tyranniques du seigneur ; aussi fut-il résolu de secouer le joug odieux qui les tenait courbés. Les droits de commune et de consulat dont la ville jouissait devenaient insuffisants. On demandait, et à l'égal des autres villes, on devait obtenir plus de libertés. En effet, un soulèvement a lieu ; des groupes se forment dans les divers quartiers de la ville ; puis, se réunissant, bientôt une foule nombreuse et menaçante s'achemine vers le château, dont quelques hommes commençaient à ébranler les portes.

Béranger ne jugea pas prudent d'opposer une résistance quelconque ; il fit sortir par une issue secrète tous ses gens par le derrière du château, et lui-même, prenant la fuite, se réfugia chez un seigneur voisin. La demeure seigneuriale fut prise par la populace en fureur, saccagée et pillée. Ne trouvant pas le seigneur, la foule redescendit dans la ville, où une anarchie complète régna pendant quelques jours.

(1) *Chronologie* de Plantavit.

Lorsque tout fut calmé, le châtiment ne se fit pas attendre.

Béranger, rentré dans ses droits, se mit en mesure de se venger contre les rebelles ; cette vengeance fut cruelle et inhumaine, et les innocents furent au même taux que les coupables ; les cachots furent peuplés et les oubliettes se remplirent d'ossements et de débris de créatures humaines.

Notre baron n'en demeura pas là ; il eut recours au sénéchal de Carcassonne et demanda une sévère et prompte justice contre cet acte d'insubordination.

Béranger, comme on s'y attendait, eut gain de cause. La suppression des privilèges et des franchises communales dont jouissaient les Clermontais depuis l'avènement des Guilhems fut le résultat de cette révolte. L'arrêt du sénéchal, publié en 1242, est conçu en ces termes :

« Sont à perpétuité, les habitants du lieu de Clermont, et demeurent privés
» du consulat, de consuls, droit d'assemblée et de communauté, et tous autres
» droits et libertés, desquelles ont ci-devant joui (1). »

En 1243, il fut encore besoin d'un ordre du roi pour faire prêter serment de fidélité et d'hommage au seigneur de Clermont, Béranger IV, vis-à-vis Guillaume de Casouls, élu évêque en 1241. On voit par là que cet acte de soumission répugnait déjà assez aux puissants barons de notre ville ; il commençait à être pénible pour leur amour-propre de se soumettre si souvent à cette exigence. Enfin, en 1243, la veille des calendes de juin, par ordre de saint Louis et en présence de la reine-mère, Blanche, Béranger de Guilhem, les mains jointes, les genoux fléchis, après avoir reçu le baiser de paix et de réconciliation, prête à Guillaume de Casouls l'hommage dû à l'église de Lodève pour la ville de Clermont, Canet, Brignac, Nébian et autres lieux (Ceyras excepté) ; cela fait, le roi voulut bien et librement, au même évêque, rendre hommage pour Ceyras, dont il avait le domaine immédiat depuis la mort de son seigneur Pierre Bremond (2).

En 1246, le pape Innocent IV ordonne à Guillaume de Casouls de rendre justice, afin que le recteur de l'hôpital de Clermont

---

(1) *Histoire des Seigneurs.*
(2) D'un vieux cartulaire.

recouvrât les biens dont Béranger de Guilhem l'avait dépouillé, à la condition cependant de ne porter contre ledit Béranger aucune sentence d'excommunication ni d'interdiction, sans en avoir reçu un ordre spécial du saint-siège (1).

En 1247, Ginalfred, seigneur de Faugères, et noble Guillaume de Lodève, militaire, sont chargés par saint Louis d'être arbitres-compositeurs, à l'effet de terminer un différend entre Guillaume de Casouls, évêque, et Béranger de Guilhem, seigneur de Clermont. *(Fait à Pézenas au mois de février.)*

La même année (1247), et le 6 avril, Béranger, seigneur de Clermont, assiste comme témoin à la cession que fit, devant la grande porte de l'église Saint-Félix, à Béziers, Trancavel, vicomte de Béziers, au roi Louis IX (2).

(1) *Registre des bulles.*
(2) *Histoire de Béziers*, par Sabatier.

CHAPITRE XV

NÉGOCIATIONS ET RECOUVREMENT DES FRANCHISES

A l'époque où Clermont fut privé de ses franchises, toutes les villes se montraient jalouses de conquérir ces droits ; c'est dire si la punition fut exemplaire et pénible. De plus, la position fâcheuse dans laquelle se trouvait à ce moment notre cité, c'est-à-dire à la merci et aux caprices d'un seul homme, sans une administration intermédiaire quelconque qui s'occupât des intérêts communs, était bien faite pour provoquer une révolte.

Les premiers moments de stupeur passés, on ne craignit pas de demander hautement et de montrer qu'on était bien décidé de reprendre de force ce que l'arrêt du sénéchal avait enlevé. Bientôt, quelques syndics sont nommés pour remplacer les consuls ; mais Béranger, surveillant de plus en plus et d'une manière rigoureuse l'application de l'arrêt de 1242, cassa les syndics et déclara qu'il était résolu à punir sévèrement les factieux. Béranger ne relâcha rien de sa sévérité pendant les sept années suivantes ; mais, en 1249, le seigneur de Faugères, Ginalfred, et l'évêque de Béziers, Raymond, se rendirent à Clermont, afin d'arriver à un accommodement. Il fut décidé que les habitants paieraient à Béranger 13,000 sols melgoriens, et que, pour les cas d'urgence seulement, ils seraient autorisés par le seigneur à nommer des syndics provisoires, dont les pouvoirs cesseraient immédiatement que la cause qui aurait rendu leur élection nécessaire.

On s'aperçut vite qu'on était encore sous la tutelle immédiate du seigneur, car, outre les lenteurs des formalités qu'exigeaient chaque nomination, il y avait encore l'autorisation du baron.

Cette liberté, on le voit, n'était que fictive.

La mort de Béranger IV et l'élévation du jeune Béranger V au gouvernement de notre ville, en 1250, rendit l'espérance aux Clermontais ; une pétition fut aussitôt formulée, et, dans les termes les plus respectueux, on supplia le nouveau baron qu'*il lui plût permettre une assemblée de ses vassaux de Clermont, assemblée présidée par lui, et qui nommerait pendant l'année un ou plusieurs syndics pour gérer les affaires de la ville*. Béranger V, se montrant aussi rigoureux que son père, rejeta la requête.

L'assemblée demandée eut lieu quand même, au mépris des remontrances du baron, et des syndics y furent nommés. La captivité du roi à Damiette et la révolte des pastoureaux jetaient la France dans l'anarchie, malgré la sagesse de la reine-mère, régente. Le moment n'était pas opportun pour Béranger, afin de demander justice ; il laissa faire.

Bientôt après, Béranger lutta contre la plus grande partie de ses vassaux. Guillaume de Casouls venait d'excommunier Béranger à cause du différend élevé entre celui-ci et le prieur de Gorjan. Notre baron répondit en s'emparant de l'évêque même et en le retenant prisonnier. Alors, en 1253, le pape Innocent IV commanda l'abbé de Saint-Paul de Narbonne, afin de renouveler de plus fort l'excommunication prononcée par l'évêque de Lodève, Guillaume de Casouls, contre Béranger de Clermont, qui ne voulait pas permettre au recteur de Gorjan d'enfermer la vendange de l'église Saint-Etienne de Gorjan dans le cellier que le recteur possédait dans l'intérieur du château de Clermont (1).

La même année, mais un peu plus tard, et sur l'ordre de saint Louis, Béranger, seigneur de Clermont, rendit hommage à Guillaume de Casouls. Mais avant qu'il engageât sa foi pour la ville de Clermont, et dans le cas où, pour cause de sa paternité, il dût en être privé, il fut averti solennellement qu'il serait excommunié, ainsi que son frère Pierre, interdit de la possession de tous lieux (Ceyras excepté), s'il négligeait d'être fidèle au roi.

Alexandre III avait ordonné à l'évêque de Narbonne de retrancher de la communion des fidèles Béranger et ses complices, parce qu'il

(1) *Registre des bulles.*

avait ouï dire que celui-ci avait fait prisonnier l'évêque, de les priver et interdire de tous lieux jusqu'à ce qu'ils se repentissent, et que, comparaissant devant le pape, ils eussent fourni bonne et valable caution.

L'année suivante, c'est-à-dire en 1254, Guillaume de Casouls déclara, par acte public, que Béranger et son frère Pierre étaient absous de la censure d'excommunication, parce qu'ils lui avaient donné caution et avaient, en outre, rendu l'hommage dû en 1253 (1).

C'est pendant cette même année (1254) qu'un gentilhomme de la baronnie de Clermont appelé Pons Gazel fonda l'ermitage de Saint-Jean de Liausson.

En 1255, Béranger, seigneur de Clermont, invita Guillaume de Cambis, juge de la temporalité de Béziers, et Guillaume de Silly, vicaire, à venir visiter le village de Celles, afin de s'enquérir si, commodément, on pouvait instituer un péage sur la voie publique de ce lieu ; ce que Guillaume de Casouls, évêque, apprenant, leur envoya l'official de Lodève, Hugues, tant comme son procureur que pour s'opposer à cette enquête. Hugues protesta, au nom de l'évêque, contre Béranger, parce que celui-ci ne pouvait exiger aucun péage dans le diocèse, attendu que les droits régaliens du sol appartenaient seuls à l'évêque (2).

En 1261, Raymond III d'Astolfe, évêque, élu en 1259, transmit, à perpétuité et à titre de domaine bénéficiaire, à Béranger V de Guilhem, seigneur de Clermont, et sous la réserve du domaine direct, tout le patrimoine que Raymond Bonniol de Clermont tenait de lui, évêque, dans les paroisses de Saint-Julien, de Saint-Saturnin et de Ceyras (3).

En 1264, Béranger de Guilhem reconnut tenir en fonds bénéficiaires, de l'évêque Raymond III, le château de Clermont, qu'il possédait dans le diocèse de Lodève (Ceyras excepté), et lui prêta serment d'obéissance, les genoux fléchis et les mains jointes.

Les troubles cessèrent dès que saint Louis fut revenu de sa captivité, c'est-à-dire après qu'il eut repris les rênes du gouvernement

(1) *Registre des hommages.*
(2) Du même répertoire.
(3) Du même répertoire.

et qu'il eut étendu de nouveau sur tout son royaume le pouvoir de sa sage administration. Béranger s'empressa de demander justice, relativement à l'administration illégale des syndics qui s'étaient établis malgré l'arrêt de 1242 et la convention de 1249. Saint Louis ordonna aussitôt au sénéchal de Carcassonne, Guillaume de Cohardon, de casser les syndics et de veiller sévèrement au maintien de l'arrêt publié en 1242, c'est-à-dire à celui qui privait complètement Clermont de ses franchises. Tel fut le second résultat obtenu par les Clermontais. Cet acte est de l'année 1268; aussi, lorsque, l'année suivante, il se tint une assemblée générale des Etats dans la sénéchaussée, notre ville n'y fut point représentée par des consuls, quoiqu'ils soient mentionnés, probablement pour la forme, dans la lettre de convocation. Le procès-verbal de la séance ne les nomme pas, et on n'y trouve que le nom de Béranger de Guilhem (1).

Les Clermontais s'étaient soumis devant la force, mais ils ne désespéraient pas et luttèrent encore. Ils adressèrent, cette fois, une supplique fort respectueuse au viguier de Béziers ; aussi, lorsqu'en 1270, il se tint dans cette ville une assemblée, les habitants de notre cité purent déléguer six notables de la ville, qui assistèrent à la séance, où se trouvaient le sénéchal de Carcassonne, un conseiller du roi, plusieurs évêques et seigneurs et le baron de Clermont. L'affaire des franchises clermontaises y fut longuement et chaudement discutée ; mais on ne put décider que : *lorsqu'une affaire d'intérêt public se présenterait, cinq ou six habitants iraient supplier le seigneur de convoquer une assemblée pour l'élection de trois syndics provisoires, et que le baron serait tenu de faire droit immédiatement à leur requête* (2).

C'était ni plus ni moins la convention de 1249, avec cette différence : *serait tenu*, ce qui n'était pas une obligation pour le seigneur, car lorsque, l'année suivante, en 1271, on demanda pour la première fois l'autorisation de s'assembler, le baron répondit négativement, après avoir fait traîner l'affaire en longueur.

En 1270, et le 3 des calendes de février, Béranger de Guilhem reconnut à l'évêque Raymond les droits régaliens ; que les chemins publics lui appartenaient et qu'il lui devait soumission ; il déclara, en

---

(1) *Histoire générale du Languedoc.*
(2) *Histoire générale du Languedoc.*

outre, tenir de lui tout ce qu'il possédait dans les lieux de Clermont, Mourèze, Brignac, Canet, Liausson, Nébian, Salasc, Foncasse, et tout ce qu'il avait ou pouvait avoir dans le diocèse en biens, personnes, tours, clefs, portes, serrures et barreaux, vallées et fossés. Pour tous ces objets, il lui rendit hommage. Il promit encore, en cas de guerre, de lui remettre le château et les autres lieux sus-énoncés le dixième jour après qu'il en aurait été averti; l'évêque serait tenu, dans ce cas, de protéger le château ou les châteaux à ses propres dépens; il s'obligea à suivre l'évêque avec ses feudataires pour la défense des droits épiscopaux; enfin, il promit de comparaître devant la cour de l'évêque toutes les fois qu'il en serait requis (1).

La même année (1270) Aymeri de Clermont, seigneur de Lacoste, fils d'autre Aymeri et cousin germain de Béranger V, reconnaît, du consentement de son curateur, Bernard Roger, militaire, tenir de l'évêque Raymond, en fonds de patronage, tout ce qu'il avait dans le diocèse de haute et moyenne justice, et nommément dans les lieux de Lacoste, Leneyrac, dans le tènement de l'Alverne, sur les châteaux de Saint-Guiraud, de Saint-Félix, de Jonquières, de Nizas, de Ceyras et de Saint-Privat, sur toutes sortes de domaines, landes, cens, usages, quart, quint, prestations, chasses, pacages, fiefs, arrière-fiefs, remparts, tours, forts, clefs, portes et barreaux, pour lesquels il lui rendit l'hommage dû avec serment et se déclara feudataire de l'église de Lodève. (*Fait à Lodève, le 11 des calendes de décembre.*) (2).

La même année, et avec le consentement du chapitre, l'évêque Raymond restitua à Béranger de Guilhem l'universalité et chacun des biens bénéficiaires du château de Clermont que lui ou ses prédécesseurs en avaient reçu. Il fut transmis audit seigneur tous les droits afférents à l'évêque de Lodève sur ces biens, afin que Béranger les tînt en fiefs dudit évêque, sous la réserve encore des droits que l'évêque avait sur les domaines bénéficiaires de la maison et hospice de Saint-Jean de Jérusalem, à Nébian, et qu'il tenait de lui dans ledit diocèse (3).

---

(1) *Registre des hommages.*
(2) *Registre des hommages.*
(3) Du même répertoire.

En 1271, il fut décidé par le sénéchal de Carcassonne que Béranger de Guilhem, seigneur de Clermont, rendrait à l'évêque de Lodève son château et ses dépendances (Ceyras excepté), et d'observer surtout l'obéissance due par les vassaux à leurs suzerains, suivant l'usage et les coutumes. *(Fait au palais de Béziers, le roi Philippe régnant la même année que ci-dessus.)*

Le seigneur de Montpellier était alors Jacques Ier, roi d'Aragon. La proximité de cette ville avec la nôtre valut aux Clermontais la visite de ce puissant personnage. Les habitants de Clermont ne tardèrent pas à comprendre que la médiation de ce seigneur ne leur fût favorable pour le recouvrement des franchises. En effet, les Clermontais durent bientôt à l'influence du roi aragonais la nomination de trois syndics : Durand Laurens, Bertrand Eblon, Bonniol Raymond (1). Dès lors Béranger se montre plus doux, et trois ans après, en 1274, sur une requête de ses vassaux, il publia ses lettres de grâce en ces termes :

« Très haut et très puissant seigneur Béranger de Guilhem, seigneur de
» Clermont en Languedoc, voulant traiter favorablement ses vassaux, leur
» donne la faculté d'élire tous les ans douze conseillers, lesquels procéderont à
» la création de trois *recteurs*, qui auront même puissance que les anciens
» consuls ; leur accorde mêmes franchises et libertés que ci-devant ils ont pos-
» sédées ; une maison consulaire, un sceau et un coffre commun pour enfermer
» les documents de la ville (2). »

Clermont recouvrait enfin ses franchises à force de courage, de persévérance, et après une lutte inégale qui avait durée de 1242 à 1274, c'est-à-dire près de trente-deux ans.

(1) *Histoire des Seigneurs.*
(2) *Histoire des Seigneurs.*

Eglise St Paul.

CHAPITRE XVI

FUSION DES TROIS PAROISSES

Après un mûr examen, les nouveaux magistrats décidèrent que Clermont, à l'avenir, ne formerait plus qu'une paroisse.

Les églises de Saint-Etienne de Rougas et de Gorjan étaient délaissées depuis quelque temps, parce qu'à cette époque de crainte et de danger, on ne se croyait à l'abri de toute surprise qu'au pied d'une tour ou d'une forteresse féodale ; aussi les habitants étaient-ils venus se grouper presque tous dans l'enceinte des remparts.

Mais combien de difficultés ne s'élevait-il pas. La principale de ces difficultés était le peu d'espace qu'occupait l'église de Saint-Paul ; elle était, en effet, trop petite pour une ville qui comptait déjà près de 4,000 âmes, surtout en ces temps où l'esprit religieux poussait les populations entières vers les lieux saints.

L'église de Saint-Paul n'avait, à l'époque dont nous parlons, qu'une nef unique et quelques misérables chapelles sur les côtés ; elle était à peu près d'une longueur égale à la largeur de l'édifice d'aujourd'hui ; le maître-autel était vers le midi, du côté de la petite porte (*la portetta*), et l'on entrait du côté du clocher.

Le parti que l'on prit fut, on le conçoit, l'agrandissement de cette église, et le plan adopté devait donner une basilique à trois nefs, grande et digne d'être placée parmi les beaux monuments architecturaux de la province. L'évêque de Lodève approuva la fusion, et le baron, réconcilié avec ses vassaux, encouragea l'entreprise (1).

Aujourd'hui, ce beau monument se trouve au centre de la ville, et

(1) *Histoire des Seigneurs.*

les connaisseurs de belles constructions viennent admirer la coupe élégante et gracieuse et la hardiesse des minces piliers qui soutiennent à une grande hauteur la voûte de la grande nef. Les lancettes de cette grande nef, et surtout la magnifique rosace du côté de l'ouest, font aussi l'admiration des connaisseurs, car s'il a fallu des ouvriers habiles pour ce travail délicat, il a fallu aussi que l'architecte qui en dressa le plan fût un homme ayant une profonde connaissance des ressources de son art ; le temps a montré qu'il était habile et non téméraire. Il est vrai qu'à une époque, on a vu les piliers fléchir ; mais la faute doit retomber sur ceux qui, au seizième siècle, sous prétexte de soutenir une toiture, imposèrent un poids énorme à ces piliers mêmes, en élevant et en construisant des murs en guise de charpente.

Il ne reste rien de l'ancienne église, si ce n'est un bas-relief à demi brisé et mutilé paraissant représenter un *Christ aux Apôtres,* et qui se trouve sur la petite porte méridionale.

Il paraîtrait que la maçonnerie du monument aurait été faite par des ouvriers étrangers ; nous ne savons jusqu'à quel point cela peut être vrai ; ce qu'il y a de certain, c'est que les Anglais couvraient à cette époque une grande partie de notre sol.

Les Clermontais poussaient avec activité l'édification de leur église cathédrale, et certainement elle devait s'achever en peu de temps, lorsque de nouveaux troubles, que nous allons voir tout à l'heure, vinrent en faire languir les travaux, qui durèrent ainsi près de cinquante ans.

En 1279, un nouvel évêque était sur le trône épiscopal, et, en 1280, Béranger fut obligé de renouveler l'hommage de fidélité.

Cette année donc (1280) Béranger de Guilhem reconnut à Béranger de Boussagues, évêque et successeur de Raymond d'Astolfe, tout ce qu'il avait : le château de Clermont, les fortifications, les tours, etc., suivant la reconnaissance faite dix ans avant à Raymond. Béranger de Clermont fut mis à l'instant en possession de ses biens et du château de Clermont par la tradition des clefs, par l'érection de l'étendard épiscopal, et par les proclamations du précon, à trois reprises différentes, au son de la trompette, du haut de la tour. Il fut décidé, en ce qui concerne la reddition du château de Mourèze, que, lorsque l'évêque requerrait le seigneur de Clermont de le lui rendre, il le recevrait des coseigneurs pour les parties les concernant (1).

En 1285, Béranger du Puy et Auger de Mourèze, seigneurs du château de Mourèze, pour leurs portions, reconnurent à Béranger de Guilhem tenir en clientèle inféodée ledit château, et l'en mirent aussitôt en possession. Puis, Béranger de Guilhem reconnut le tenir de Béranger, évêque, auquel il prêta le serment de fidélité. Quelques jours après, notre baron en fit de même pour les châteaux de Clermont, de Brignac, Canet, Nébian et tous autres lieux qu'il possédait dans l'entier diocèse de Lodève (2).

La même année (1285) un échange eut lieu, fait par voie d'arbitres nommés de part et d'autre, entre l'évêque et le seigneur de Clermont, par lequel l'évêque fut mis en possession des leudes, usages, quart, quint, fromages, fruits, subventions, et de tous les autres droits sur le blé ou en argent, qui jusqu'alors avaient appartenu au seigneur de Clermont, dans la manse de Margaussas et son tènement.

Béranger de Guilhem fut pourvu d'une maison qui avait appartenu à Guillaume de Darse, et que l'évêque avait aujourd'hui ; il eut, en outre, la haute et moyenne justice et certains droits dans la manse de Margaussas ; cependant, le droit épiscopal était réservé à l'évêque, que celui-ci entendait retenir et conserver (3).

(1) *Registre des hommages.*
(2) *Registre des hommages.*
(3) Du même répertoire.

CHAPITRE XVII

DEUXIÈME PÉRIODE. — SUPPRESSION ET RECOUVREMENT DES FRANCHISES

Nous avons vu comment Clermont avait recouvré ses franchises ; nous allons en voir une deuxième fois la suppression.

Le rétablissement des droits de commune fut pour Clermont le commencement d'une ère nouvelle; tout le monde brigua l'honneur du *rectorat*, et des haines, des jalousies se firent jour lors des élections. A peine l'irritation avait-elle le temps de se calmer d'une nomination à l'autre ; la ville était un véritable foyer de discordes, de désordres, et le jour même des élections, des rixes sanglantes avaient lieu. L'honorable place de recteur était réservée désormais au plus intrigant, au plus avide, ce qui ne donne jamais une garantie suffisante de la capacité de l'élu. Chaque année, la ville se voyait gouvernée par trois autoritaires toujours prêts à assouvir leurs haines personnelles ; des concussions inouïes et des vexations de tout genre avaient lieu tous les ans (1).

Il n'en fallait pas tant au seigneur, qui n'avait accordé les franchises qu'à contre-cœur et au préjudice de l'autorité supérieure, pour se repentir de son indulgence.

Il révoqua donc ses lettres de grâce de 1274.

Si les Clermontais avaient à cette époque demandé la nomination des recteurs à l'autorité qui l'avait enlevée, il eût été plus difficile au baron de faire retirer un ordre émanant de haut ; mais, on l'a vu, les habitants de la ville et le seigneur lui-même oublièrent ce point essentiellement obligatoire ; aussi, dès que Béranger se plaignit, les

(1) *Histoire des Seigneurs.*

franchises furent bien supprimées, mais le seigneur ne put se soustraire à une amende de 400 livres, imposée par le commissaire royal ; et les vassaux, en perdant les droits de rectorat, eurent aussi à supporter une amende de 3,000 livres (1).

Béranger V mourut cette même année (1285), mais son fils, qui lui succéda sous le nom de Béranger VI, fut obligé, par une ordonnance arrivée de Paris, de s'acquitter rigoureusement de la dette de son père.

Les amendes furent donc payées. Certes, ce n'était pas un encouragement pour les ouvriers qui travaillaient à la construction de l'église paroissiale ; dès ce moment, les travaux languirent, et c'est bien assez si l'on empêcha, par ces temps de discordes, le dépérissement des constructions déjà commencées.

En 1286, Béranger, évêque, unit la chapelle de Saint-Jean de Lacoste à l'église de Saint-Etienne de Rougas, avec la chapelle de Saint-Barthélemy. Avec le consentement du recteur de l'église de Saint-Xist, il transféra à l'église de Saint-Etienne les droits provinciaux, excepté cependant les dîmes, les possessions, les leudes et les prémices, que le recteur de Saint-Xist percevrait encore ; les offrandes faites à la chapelle de Saint-Jean la veille et le jour de la Saint-Jean-Baptiste appartiendraient audit recteur de Saint-Xist, tandis que les oblations de la fête de Saint-Xist appartiendraient à Rougas. En raison de l'union dont il s'agit, l'évêque n'entend point augmenter le droit de procuration. *(Fait à Lodève, dans le palais épiscopal, le 4 des nones de novembre.)*

En 1289, Béranger II de Gérard, évêque et successeur de Béranger de Boussagues, institua, pour desservir et officier chaque jour, un collège de quatre chapelains dans l'église de Saint-Etienne de Gorjan, près du château de Clermont (2).

En 1292, Béranger VI de Guilhem, seigneur de Clermont, prêta hommage et serment de fidélité à l'évêque Gaucelin II de la Garde, pour le château de Clermont et tout ce qu'il possédait dans le diocèse, sauf les biens qu'il avait à Maduron, provenant de l'infirmerie de Saint-Agnan (3).

(1) *Histoire des Seigneurs.*
(2) *France pontificale.*
(3) *Registre des hommages.*

Est-ce Saint-Chinian ou Saint-Anian d'où s'est formé le nom de la ville d'Aniane ? Notre opinion est pour ce dernier, la ville d'Aniane s'étant appelée aussi Anian. Le couvent de Saint-Chinian a été longtemps connu sous le nom de Saint-Aignian.

Clermont s'était soumis encore lors de la suppression des franchises ; cependant, à l'insu du seigneur, les Clermontais firent des démarches qui aboutirent à un heureux résultat. Après bien des sollicitations à la cour de Philippe IV le Bel, ils surprirent au roi un arrêt de grâce, avec l'autorisation d'élire des consuls et de reprendre les droits de commune dont ils avaient joui précédemment (1).

L'arrêt de grâce de Philippe le Bel est de 1294, c'est-à-dire neuf ans après la révocation publiée par Béranger V.

Dès que la nouvelle de cet arrêt arriva à Clermont, une assemblée générale eut lieu pour procéder à la nomination des consuls, bien que le seigneur ne dût pas se montrer favorable à cette élection. Cette fois, les Clermontais procédèrent sagement et avec beaucoup de calme. Les trois élus dignes de la confiance publique furent : Asset Guillaume, Brémond Bernard, Raymond Saturnin.

Les nouveaux consuls allèrent, en grande pompe et solennité, suivis de toute la population, à la messe qui devait se célébrer en leur honneur; puis, à l'issue de la cérémonie, ils montèrent au château pour se faire agréer du seigneur. Après avoir été introduits, ils s'obligèrent à prêter secours, en cas de besoin, pour la défense du baron, et surtout de ne rien faire qui pût porter atteinte à son autorité. Cette démarche satisfit pleinement le seigneur, et la bonne harmonie entre celui-ci et ses vassaux, jadis si compromise, fut rétablie, à la joie de tout le monde (2).

Pendant un certain temps, tout alla bien ; mais ce qui fut la cause de l'interdiction de 1285 devait se renouveler et amener une troisième suppression des franchises, comme nous verrons tout à l'heure.

En 1296, Yther, évêque, oblige Béranger de Guilhem, jeune seigneur de Clermont, par la volonté de son père, encore vivant, à lui prêter l'hommage de fidèle sujet (3).

En 1302, Elis, abbesse du couvent de Nonnenques, dans le diocèse

(1) *Histoire des Seigneurs.*
(2) *Histoire des Seigneurs.*
(3) *Registre des hommages.*

de Vabres, rendit l'hommage, en la forme ordinaire et à l'égal des deux abbesses qui l'avaient précédée immédiatement, à l'évêque Dieudonné II de Boussagues, pour les prestations dues à l'évêque de Lodève et concernant l'église de Rougas ensemble avec le mont Cornils (1).

En 1306, il fut ordonné au sénéchal de Carcassonne, par le roi de France, Philippe le Bel, d'empêcher l'évêque de Lodève de percevoir le moindre péage des juifs pour leurs personnes, comme l'usage s'en était établi quelques années auparavant ; d'empêcher encore qu'aucun juif de la baronnie de Clermont ne fût puni par l'évêque. Il lui ordonna en outre de veiller à la conservation des droits légitimes que l'évêque avait sur les juifs, soit que ces droits fussent d'origine, soit qu'ils provinssent de don ou d'achat. Il lui ordonna en même temps de contraindre Béranger de Guilhem, seigneur de Clermont, à prêter à l'évêque de Lodève l'hommage dû (2).

(1) *Registre des hommages.*
(2) Du même répertoire.

CHAPITRE XVIII

TROISIÈME PÉRIODE. — SUPPRESSION DES FRANCHISES

Les élections consulaires étaient devenues bruyantes et désordonnées ; les candidats employaient toutes sortes de manœuvres et de machinations pour se soustraire à l'autorité du seigneur, qui ne manquait pas d'attiser les révoltes, afin d'avoir un prétexte pour supprimer les franchises.

Un consul, Pierre de Graves, eut le bonheur de se voir acclamé plusieurs années de suite comme premier consul.

Vainement le seigneur chercha à renverser cet homme, dont la popularité augmentait tous les jours et diminuait la puissance personnelle du baron.

Pierre de Graves lutta avec autant de fermeté que de courage contre Béranger. Aussi, sans apparat, Béranger VI se rendit avec son fils, qui devait lui succéder, à la cour de Philippe le Bel. Ils plaidèrent en faveur de la suppression des franchises, alléguant pour raison les excès, les abus et les désordres, et obtinrent un arrêt du prince conforme à leurs désirs, l'an 1306.

Clermont se voyait retirer ses droits de commune pour la troisième fois, et il ne fallait plus espérer pouvoir en jouir d'une manière définitive. Ce temps arriva cependant, mais il fallut attendre près de quarante et un ans, c'est-à-dire jusqu'en 1347.

En 1309, Aymeri de Guilhem, frère de notre baron, Béranger, est nommé seigneur de Ceyras.

Sept ans après l'interdiction des franchises communales, en 1313, eut lieu l'inauguration de l'église paroissiale de Saint-Paul. Cet édifice, qui n'était pas complètement achevé, pouvait néanmoins servir à la célébration des offices. L'évêque, Bernard IV, malade en ce moment, ne put qu'envoyer un délégué pour la bénédiction de la cathédrale et une autorisation écrite pour la bénédiction du cimetière, relatée dans la *Chronologie* de Plantavit, et que nous transcrivons ici :

« Bernard, par la grâce divine, évêque et seigneur de Lodève, comte de » Montbrun, à notre cher fils en Jésus-Christ, prieur de notre église de Cler- » mont, salut en notre Seigneur. Lorsque vous aurez obtenu d'un évêque » catholique et du siège apostolique la grâce de bénir le cimetière d'une église, » observez les cérémonies en tel cas ordonnées ; comme aussi dans les assem- » blées solennelles qui auront lieu par les prédicateurs approuvées par nous » ou par nos vicaires, nous vous autorisons à accorder quarante jours d'indul- » gence à tous les véritables pénitents confessés et présents auxdites assem- » blées, vous en donnant le pouvoir par notre grâce spéciale et par la teneur » des présentes. *(Donné à Lodève, dans notre château de Montbrun, sous notre* » *sceau, le 4 mars de l'Incarnation, jour de dimanche, 1343.)* (1). »

A partir de cette époque, l'église de Saint-Paul fut l'unique église cathédrale de Clermont, et Saint-Etienne de Gorjan et Saint-Etienne de Rougas cessèrent de porter désormais le titre de paroisse.

En 1314, le roi, Louis X, autorise la nomination des consuls. Le baron fait opposition, et l'élection ne peut avoir lieu pour ce motif.

En 1315, Clermont est taxé onéreusement comme le reste de la province.

Lorsque Guillaume III de Mandagot fut élu évêque de Lodève, en 1316, il ordonna que tous ses vassaux lui rendissent hommage et fissent reconnaissance de leurs devoirs envers lui, selon la coutume.

Comme on le voit, chaque fois qu'un nouvel évêque arrivait à l'épiscopat, son premier soin était de faire prêter l'hommage dû par tous les seigneurs du diocèse. Clermont étant du nombre, était obligé de se plier à cette exigence.

On ne s'étonnera donc pas de voir plusieurs de nos barons se montrer récalcitrants aux prestations d'hommages réitérés quelquefois à de courts intervalles ; d'un autre côté, la puissance du seigneur de Clermont et l'ancienneté de sa famille, qui comptait près de cinq siècles d'existence, rendaient cette obligation fort humiliante

(1) M. Paris, t. I, p. 287.

relativement à leur amour-propre. Néanmoins, Béranger VI, bien qu'il eût déjà prêté serment de fidélité à dix évêques différents qu'il avait vus se succéder pendant son gouvernement, se vit obligé de le renouveler envers Guillaume de Mandagot dans toutes les formes voulues.

Cet acte, écrit par le secrétaire dans un grand livre en parchemin et conservé intact jusqu'à nos jours, servit de modèle à tous les autres ; nous nous faisons un plaisir de le transcrire ici à titre de curieux document.

« Béranger de Guilhem, seigneur de Clermont, a rendu le château de Cler-
» mont au seigneur Guillaume, évêque de Lodève, comme vassal, ce qu'il a
» témoigné en lui livrant les clefs des tours et des portes, ainsi que les barrières ;
» il l'en a mis en possession en l'introduisant corporellement en la supérieure
» et souveraine dominité, en lui délaissant ainsi ledit château. Lui et sa
» famille se sont constitués de toute manière ses vassaux ; et monseigneur
» l'évêque, en recevant le château avec la famille du seigneur, sa femme, ses
» enfants, ses serviteurs, ayant fait le tour dudit château, est entré dans les parties
» inférieures avec la famille, et il a ordonné d'en fermer les issues. Ensuite, on a
» élevé son étendard et son écu sur plusieurs endroits autour dudit château ;
» on a crié souvent à haute voix : *Clermont, Clermont pour le Seigneur*
» *Évêque de Lodève, et pour Saint-Genès !* Cela fait, l'évêque a rendu le
» château et les clefs au noble seigneur, lequel, reconnaissant que le roi Phi-
» lippe avait donné à Pierre, évêque de Lodève, et à ses successeurs tous les
» droits régaliens du Lodèvois, a déclaré : que l'évêque de Lodève avait le droit
» de battre monnaie qui devait avoir cours dans tout le diocèse ; que tous les
» chemins publics le concernaient, ainsi que tous leurs alleux, et qu'il lui
» devait la fidélité comme au roi. Ledit seigneur a encore reconnu qu'il tenait
» en fiefs de l'évêque et de ses successeurs tout ce qu'il avait dans le château de
» Clermont, avec ses appartenances, qui furent de tout temps dans son ter-
» ritoire, dans les châteaux, communautés, forts et remparts de Liausson,
» Mourèze, Brignac, Canet, Nébian, et Fontcasse, et généralement tout ce qu'il
» possédait ou était censé posséder dans l'entier diocèse de Lodève, en biens,
» actions, personnes, cours, murs, portes, clefs, serrures, barrières, vallées,
» fossés et vallats, pour tous lesquels objets il lui a rendu hommage et lui a
» prêté serment de fidélité. Il a confessé aussi devoir lui rendre les châteaux, en
» cas de guerre, dix jours après en avoir été requis par lui ou par son envoyé.
» L'évêque, de son côté, doit les retenir et conserver à ses propres dépens, sous
» condition, néanmoins, qu'il ne donnerait aucune partie du château de Cler-
» mont et de ses dépendances au seigneur de Faugères, ou au seigneur de
» Boussagues, ou à leurs héritiers, quand même, par droit de commission ou
» à tout autre titre, ils l'acquerraient ou pourraient l'acquérir de lui, sous

» l'exprès consentement dudit Béranger, sauf toutefois par droit de commis-
» sion ; que d'ailleurs, avant la restitution desdits châteaux de la part de
» l'évêque, Béranger et les siens promettaient sur leur foi de les recevoir et
» d'observer tout ce-dessus ; qu'en outre, l'évêque ne pourrait exiger, sous
» prétexte de régale, aucun service en argent ; enfin, que ledit Béranger et sa
» famille pourraient habiter les maisons qui sont au dehors du pourtour supé-
» rieur des murs, lorsque l'évêque occuperait, en cas de guerre, la partie
» supérieure ; et que la famille de Béranger serait tenue de prêter serment de
» fidélité à l'évêque ; que l'évêque ne recevrait dans ledit château aucun ennemi
» capital du seigneur de Clermont ; que le même Béranger serait également tenu
» de secourir l'évêque contre ses propres feudataires, à moins que dans les quinze
» jours de l'avertissement lesdits feudataires ne voulussent y satisfaire ; que si à
» l'avenir on ouvrait quelque mine dans ledit fief, l'évêque en aurait sa por-
» tion, comme il l'avait dans les autres mines de son diocèse. Béranger promet
» aussi de suivre, avec les hommes ses feudataires, armés, l'étendard de l'évêque
» pour la défense de sa juridiction et de celle de son église ; il s'oblige enfin à
» se rendre devant la cour de l'évêque lorsqu'il y sera cité, et, dans ce cas, d'y
» procéder de droit ; il promet aussi de décliner tout autre tribunal s'il y était
» attiré. (Fait à Lodève, le 8 des ides de décembre 1316.) (1). »

En 1319, Aymeri de Guilhem de Ceyras prête l'hommage dû à l'évêque de Lodève.

La même année, le roi de France, Philippe V, donna ordre au sénéchal de Carcassonne de reconnaître si l'hommage de Béranger de Clermont prêté aux gens du roi était préjudiciable à l'évêque de Lodève, Jacques de Concossio, et d'en finir par un jugement, excepté l'article des finances, des fiefs, auxquels l'évêque disait n'être nullement soumis, lui et les siens, en vertu des régales ; ce que le roi voulut être examiné à Paris (2).

En 1320, les juifs, très nombreux alors, furent bannis de tout le Lodèvois, probablement pour la raison dérisoire qu'ils n'étaient pas catholiques. A Clermont, les juifs avaient une synagogue dans le quartier de Rougas ; la maison se distingue encore par sa belle façade en pierre de taille et de grandes portes de forme ogivale. M. Mazel, de Pézenas, a cru que le cimetière des juifs était près de Lacoste, au lieu appelé *Pioch-Jésiaou* (Puy-des-Juifs). Pendant ses recherches archéologiques dans la contrée, il a vu en cet endroit des cercueils en pierre de taille à demi enfouis, provenant évidemment de l'ancien cimetière des juifs.

(1) M. Paris, t. I, p. 292.
(2) *Registre des hommages.*

CHAPITRE XIX

LE PREMIER DES CITOYENS CLERMONTAIS

C'est en 1321 que fut décidée la construction d'un couvent de dominicains dans le territoire de Clermont pour combattre l'hérésie albigeoise, toujours renaissante. Saint Dominique, chanoine d'Osma, fondateur de cet ordre, avait établi déjà, en 1215, un premier couvent à Toulouse, auquel il donna la règle de Prémontré et de saint Augustin. Ces religieux, qui se répandirent en grand nombre, étaient connus sous le nom de *frères prêcheurs*, et c'est encore parmi eux que furent choisis pendant longtemps les membres du tribunal de l'inquisition.

Nul n'ignore les souvenirs terribles qu'évoquent les procédés inquisitoriaux, et ce nom sert encore à flétrir les procédures qui s'appuient sur la délation, la terreur et le secret. Nous ne redirons pas ici l'odieux abus que commit ce tribunal dans ses procédures secrètes, ni les tortures ni l'appui qu'il demanda aux gouvernements, pour mettre à mort et brûler ses victimes, parce que nous sortirions du cadre que nous nous sommes tracé.

Clermont, donc, eut un couvent de dominicains. On lit, en effet, dans le *Cartulaire*, que Béranger VI de Guilhem, seigneur et commandant de Clermont, donna le sol sur lequel fut construit le couvent des frères prêcheurs, en 1321, le 15 des calendes de mai ; rien ne devait manquer : église, cloître, maison, jardin et enclos assez vastes. Le cimetière occupait le plan sur lequel est construite aujourd'hui l'école laïque communale de garçons.

Il est impossible de savoir, à cause de la perte des documents, si cette construction fut faite au dépens de Jacques de Concossio, évêque, ou de Vide, son successeur, qui était du même ordre, ou de Béranger de Guilhem, ou même du seigneur de Lauzières, dont on a vu les armoiries dans l'église du couvent, puis dans les fours, où elles furent placées après la destruction de ce couvent, en 1551, par les protestants.

Eloignés à cette époque, ces religieux reparurent bientôt après, pour subsister jusqu'en 1790, époque de la suppression des ordres religieux.

L'église, qui se trouve encore debout, et qu'on ne peut voir sans en admirer la beauté, se compose d'une nef unique très vaste, avec deux rangs de grandes chapelles sur les côtés. C'est le second monument d'architecture qui attire dans notre ville l'attention des curieux et des amateurs. Lors des réparations à l'église Saint-Paul, elle a servi plusieurs fois de paroisse provisoire ; et, en effet, elle peut contenir presque autant de personnes que la cathédrale.

A la voûte de l'édifice sont trois écussons armoriés : le premier, en entrant, est celui de la ville ; le second, celui de l'évêque (Jacques de Concossio, qui occupait le siège de Lodève à l'époque de la construction); le troisième est celui du seigneur de la ville, à en juger par les hermines qu'il porte en tête.

Le groupe de maisons construites dans les environs de cette église porte le nom de faubourg Saint-Dominique, tiré du nom de ce couvent.

Le fils de notre baron épousa, l'année 1321, une des filles du chancelier Guillaume de Nogaret.

Clermont, qui comptait parmi ses habitants un nombre assez grand d'albigeois, vit, non seulement par la construction de ce couvent, mais encore par les prédications et les obsessions répétées des frères prêcheurs, sa liberté de conscience outragée, et quoique l'esprit religieux dominât à cette époque, les Clermontais ne se soumirent qu'en murmurant contre les exigences d'une taxe onéreuse destinée à couvrir plusieurs frais de cette construction ; d'ailleurs, le terrible tribunal de l'inquisition était là pour étouffer dans l'ombre et le secret les justes réclamations.

Mais heureusement, il s'est toujours trouvé en tout temps, au péril de sa vie, quelqu'un qui a osé demander à haute voix, franchement et sans se cacher, les choses qu'on est en droit de demander.

A Clermont, ce quelqu'un fut Antoine Martin, surnommé Allègre.

Depuis la dernière suppression des franchises, neuf ans s'étaient à peine écoulés, en 1315, que Clermont eut à subir et à payer une rude taxe. Beaucoup de villes purent s'y soustraire en défendant leurs intérêts par la voix des syndics ou des consuls. Clermont, n'ayant point de défenseurs, fut taxé sans merci, et notre ville eut à s'acquitter rigoureusement de l'impôt prélevé par les commissaires.

L'utilité des franchises se faisant de plus en plus sentir, une nouvelle supplique fut adressée au roi, Louis X, qui autorisa les Clermontais à se pourvoir contre les arrêts qui en défendaient le fonctionnement; une requête fut présentée au sénéchal de Carcassonne, qui les autorisa à se donner des consuls. Bientôt Béranger VI fit opposition, et l'autorisation du sénéchal ne put avoir de suite; au contraire, revenant sur ce qu'il avait accordé, il confirma formellement, à deux reprises différentes, en 1316 et en 1317, les arrêts que nous connaissons. Le parlement de Paris conclut de même sur cette affaire en 1322 et en 1324.

Alors, autour d'Allègre vinrent se grouper des hommes énergiques, et bientôt, ce nombre augmentant, fut assez fort pour essayer de tenir tête au seigneur et blâmer hautement sa tyrannie.

Béranger VI mourut en 1324, et son fils, qui avait été d'abord vicomte de Nébozon, lui succéda sous le nom de Béranger VII.

On crut le moment favorable pour entrer en négociations en vue de reconquérir les franchises; mais, hélas! Béranger VII fit arrêter et emprisonner Allègre, pour le seul motif, disait-il, de sauver sa dignité et d'empêcher une révolte qui était sur le point d'éclater.

L'arrestation du chef du parti irrita fortement toute la population; on s'agita en tout sens pour organiser une émeute, et l'on se prépara à monter au château, pour demander la liberté d'Allègre, de ce citoyen courageux qu'il ne convenait pas de laisser languir ou peut-être périr, comme le dernier des criminels, dans les humides cachots du seigneur. Quelques attroupements se formèrent, en effet, et l'on proféra des menaces contre le baron; mais, soit qu'il n'y eût pas d'entente, soit la peur ou toute autre chose, on ne monta pas au château, et on s'abandonna à la clémence du seigneur. Mais celui-ci, comprenant trop bien l'importance de sa capture, surveilla de plus près son prisonnier, et un soir, sans bruit, sous bonne escorte, il le fit partir pour Carcassonne, où le sénéchal avait à décider sur son sort. Après avoir pris des informations, et sur les désirs du baron de Clermont, le sénéchal l'envoya à Avignon, où le pape Jean XXII résidait alors. Il fut déféré au tribunal de l'inquisition, qui trouva le moyen de le condamner, comme hérétique dangereux, à la détention perpétuelle dans la prison du pontife; tous ses biens furent confisqués et attribués au fisc du 62me évêque de Lodève, Jean de Texandrie (1).

Vécut-il longtemps dans ces nouveaux cachots ou un homme couvert d'un masque le tua-t-il, à la nuit tombante, dans sa prison ? Nul n'a pu le savoir ; mais il est à croire, connaissant les *procédés inquisitoriaux*, qu'il ne tarda pas longtemps à payer de sa vie le dévoûment qu'il avait montré pour le bien et le bonheur de ses concitoyens.

Ainsi finit Antoine Martin, surnommé Allègre, celui qui avait le premier osé demander en face un droit au puissant seigneur de Clermont.

Puisse l'histoire d'Allègre être racontée souvent à nos jeunes enfants, afin qu'ils sachent que l'arrêt d'un pape a fait mourir l'homme généreux qui se dévouait pour eux.

Il était temps que la mémoire de ce courageux citoyen fût réhabilitée ; nous le faisons avec bonheur :

Allègre !... je salue en toi *le premier des citoyens clermontais !*

(1) *France pontificale*, p. 379.

CHAPITRE XX

CHARTE COMMUNALE DE 1347

La mort d'Allègre ne suffit pas encore à la vengeance du seigneur; un grand nombre de citoyens languirent pendant longtemps dans les noirs cachots du baron. L'autorité seigneuriale détourna le véritable sens et la cause de demande des Clermontais; on fit croire aux habitants que notre ville était désignée comme un centre et un foyer d'hérésie albigeoise, et que les populations voisines s'armaient pour venir anéantir la ville et en massacrer les habitants.

Une assemblée générale eut lieu dans l'église Saint-Paul, où l'on prouva le zèle pour la foi et la haine de l'hérésie. Ce ne fut pas suffisant : il fut décidé qu'une députation irait à Lodève pour prêter serment de fidélité à la religion catholique entre les mains de l'évêque, Jean de Texandrie. Ce ne fut pas assez encore, et, chose dérisoire, on obligea en outre tous les Clermontais à prêter individuellement serment entre les mains de Béranger; et pour perpétuer le souvenir de cet acte, il fut décidé qu'au centre de la rosace de l'église, à laquelle on travaillait encore, on figurerait un calice surmonté d'une hostie (1).

En mars 1323, Bernard V Guidonis avait été élu évêque de Lodève, et son premier soin fut d'exiger les hommages et les serments de fidélité de ses vassaux. Il unit à perpétuité les dîmes des lieux de Saint-Maurice, de Saint-Privat, de Saint-Sixt, de Saint-Saturnin, de Sainte-Brigitte, de Montpeyroux, de Clermont, de Rouvignac, de

---

(1) *Histoire des Seigneurs.*

Ceyras, de Fontcasse et des chapelles de la manse épiscopale, par autorisation du pape Jean XXII.

En 1326, il fut terminé une contestation qui avait été soulevée par Rousse, abbesse de Nonnenques, sur la juridiction du mont Cornils. Rousse devait avoir sur ce mont le droit d'institution de bans, de percevoir des gages, de contraindre les censitaires et les usagers, voire même leurs familles, jusqu'à l'incarcération des délinquants, après toutefois que la condamnation serait imposée par l'évêque ou par sa cour (1).

En 1327, le roi de France, Charles le Bel, défend de lever des finances dans le diocèse de Lodève, à cause des droits régaliens, qui appartenaient à l'évêque.

En 1328, il fut reconnu à Bernard, évêque, par la marquise de Roquefeuil, abbesse du monastère de Nonnenques, le mont Cornils, comme l'avait reconnu l'année d'avant la précédente abbesse, Braïde (2).

En 1340, Rostang de Clermont devient seigneur de Ceyras.

Cette année, Anglézian d'Elzer, plus connu sous le nom de Lauzières, fonda, à ses propres dépens et après une permission du pape Clément VI et de l'évêque de Lodève, Bertrand II de Mans, le couvent des bénédictines dans le territoire de Gorjan ; il dota ce couvent de revenus considérables pour l'époque, afin que huit religieuses et deux servantes pussent y vivre convenablement et honorablement, avec la condition, cependant, que lui et ses successeurs auraient le droit d'en élire l'abbesse à perpétuité. En effet, dès que le couvent fut achevé, Lauzières présenta à l'évêque Robert, successeur de Bertrand, Elisabeth de Mourèze ou Isabeau de Guilhem de Mourèze pour être instituée la première abbesse, laquelle fut, avec pompe solennelle et en la forme usitée, bénite dans la chapelle du monastère, en présence d'Arnaud de Guilhem, issu d'un cadet de Clermont, abbé de Saint-André près d'Avignon, et de Béranger de Mourèze, moine du même couvent, prieur de Roquefort, frère consanguin d'Elisabeth.

Voici les noms des huit premières religieuses : Alemande de Guilhem

---

(1) Du même répertoire.
(2) *Registre des hommages*.

de Mourèze, Béatrix de Sévérac, Imberte de Conas, Guillaumette de Lauzières, Philippe Jouve, Aymable Maurelle, Bérangère Anebœuf, Astrugue de Vernède (1).

Voici les noms des neufs abbesses qui se sont succédé jusqu'au XVI° siècle : Isabeau de Mourèze, Imberte de Conas, Guillelme Ire, Guillelme II, Bertrande, Egline de Vissecq, Félice Bérangère de Gerly, Vaurie de Roquefeuil (2).

Marthe del Pech, qui succéda à cette dernière, vit le triomphe du protestantisme à Clermont, la dispersion et la ruine du couvent.

Liette de Pradines ne put s'asseoir que sur des ruines.

Le couvent, rétabli pourtant, occupa, dans l'intérieur de la ville, une maison au-dessus de la Fontaine.

Louise de Gras succéda à Liette ; puis vinrent Françoise de Lauzières, Gabrielle de Lavergne, Louise de Lavergne, Catherine de Drouillet, la dame de Nisas, Anne Polinié, la dame de Murviel, Mme Gallifet.

Le couvent était en décadence en 1738 ; puis il se releva en 1774.

Mme de Castellan fut la dernière abbesse du couvent, qui se transforma en une maison d'éducation pour les jeunes filles. Les lois de la Révolution expulsèrent enfin les religieuses et firent fermer le monastère.

Seize ans s'étaient écoulés depuis l'incarcération d'Allègre, lorsque les négociations relatives aux franchises furent reprises, en 1339.

Le baron, comprenant enfin qu'il devait appuyer la demande des Clermontais, tant pour sa tranquillité que pour éviter des retours fâcheux, se joignit à ses vassaux pour demander au sénéchal de Carcassonne l'autorisation d'une assemblée provisoire qui nommerait des syndics devant faire auprès du roi les démarches nécessaires.

Cette assemblée, présidée par le bailli du seigneur, Pons de Brignac, eut lieu, en effet, et elle fut nombreuse : sept à huit cents Clermontais y assistaient. Les noms des syndics qui sortirent de l'urne furent : Dardé Maffre, Paul Brémond et Raymond Bresson, qui furent chargés d'aller offrir au roi la somme de 4,000 livres et de formuler la demande en vue d'avoir un consulat.

(1) *Histoire des Seigneurs*. — *Chronologie* de Plantavit.
(2) *Gallia christiana*.

Philippe VI accepta l'offre, et on languit encore deux ans pour prélever non pas la somme entière, mais une faible partie.

Clermont, on le conçoit, était épuisé, pressuré par les nombreuses taxes qu'on avait à payer ; de plus, on craignait qu'une fois les franchises données, elles ne fussent encore retirées sous un prétexte quelconque, comme il était arrivé si souvent déjà.

Le 14 avril 1341, le sénéchal et le juge-mage arrivèrent à Clermont pour donner connaissance des lettres du roi portant *Octroi des droits de commune*, à la condition du versement de la somme de 4,000 livres, offerte par les syndics.

On languit encore six ans sans pouvoir compléter cette somme, et il ne fallut rien moins que la rigueur du commissaire royal pour forcer à payer ceux qui ne voulaient rien donner.

Enfin, en 1347, Clermont recouvra définitivement ses droits de commune ; une *transaction* réglant les droits du seigneur et des habitants fut passée dans les formes voulues. Un double de cette transaction existe dans les archives de la ville, signé de sept cent dix pères de famille, dont une vingtaine de nobles seulement. Les noms que l'on rencontre encore, malgré les variations que la population clermontaise a dû subir, sont : Olivier, Genieis, Fabre, Durand, Audran, Bouissin, Graves, Guiraudou, Planque, Martin, Ricard, Lautier, Bernard, Mestre, Bonniol, André, Bories, Pastre, Bringuier, Roques, Valette, Boyer, Suquet, Delmas, Blanc, Pioch, Granier, Coste, Maury, Robert, Mathieu, Lautard, Rey, etc.

Les noms des nobles dont il est fait mention sont : Béranger de Guilhem, seigneur de Bélarga ; Déodé de Guilhem, seigneur de Brusque ; Reynaud de Bourianne ; Jean de Clermont, seigneur de Lacoste ; Bernard de Pouzols, bailli ; Pons de Rougas, assesseur ; Raymond de Guilhem, frère du baron ; Béranger, neveu ; Guillaume de Brignac (1).

Lorsque, plus tard, elle fut imprimée, plusieurs personnes purent se la procurer ; la bibliothèque Nationale en possède aussi un exemplaire ; en voici un extrait :

---

(1) *Transaction*.

CHARTE COMMUNALE DE 1347

L'an du Seigneur mille trois cent quarante sept et le vingtième de juillet, régnant Philippe, par la grâce de Dieu Roy de France :

Sachent tous présents et à venir que, au lieu de Clermont, diocèse de Lodève, dans la maison de Guillaume Quentin, du dit lieu : Béranger Boyer, Pierre Trappes et Jean de Clonchis, syndics du dit lieu, au nom du dit lieu et de la Communauté, comparaissant devant Me Pierre Vaysse, docteur ès-droit, clerc et procureur du Roy en la sénéchaussée de Carcassonne et Béziers ; présent, Me Bernard Pousol, bailli, pour *Noble Béranger de Guilhem*, seigneur du dit lieu de Clermont ; au nom que dessus, présentèrent au dit sieur, procureur du Roy, les lettres ci-dessous écrites, scellées de cire et soie verte, lesquelles ils requirent être lues et desquelles la teneur suit :

Philippe, par la grâce de Dieu Roy de France, au sénéchal de Carcassonne, ou viguier de Béziers............ ayant par nos précédentes lettres, scellées en cire et soie verte, par grâce spéciale et certaine science et moyennant certaine somme d'argent pour cet effet payée, et aux termes futurs payables, confirme, et en temps que besoin sera concédé, aux *Habitants de la ville de Clermont*, l'octroi du *Consulat, des Conseillers et serviteurs, pour assembler les dits Consuls et Conseillers et faire toutes autres choses qui appartiendront à cet office*. Octroi aussi d'une *Maison Consulaire et de plusieurs autres choses appartenantes au dit Consulat* contenues en nos dites lettres.
....

Art. I. — .... Consentant que *Sa Majesté* octroi aux *Habitants de Clermont, qui sont maintenant et qui seront à l'avenir, et à perpétuité, Droit de Communauté, de Corps d'Assemblée, de Consulat, Maison Commune, et trois Consuls annuels*, qui seront élus et créés tous les ans au dit lieu de Clermont, en la manière ci-dessous écrite :

Que ces trois Consuls annuels régiront et gouverneront comme Consuls et en qualité de Consuls, chaque année, le *Consulat et la Communauté de Clermont*............... Se réservant aussi, le dit Seigneur de Clermont, que les Consuls ne pourront se mêler ni connaitre des informations, enquêtes civiles et criminelles, appartenantes à la Juridiction du dit Seigneur, tant sur les personnes du dit lieu que autres, la connaissance desquelles lui appartient et à ses successeurs héritiers, Seigneurs du même lieu....

La nomination, élection et création des trois premiers Consuls, qui le seront après en avoir obtenu l'octroi de Sa Majesté, et l'approbation et confirmation de toutes les choses contenues en ce présent instrument sera faite le jour de la *Fête de la Toussaint*, par vingt quatre hommes du dit lieu, nommés et élus par les syndics ci-devant désignés. Et dès lors, en avant la dite élection, nomination et création des trois Consuls annuels élisables et treize créables au dit lieu se fera tous les ans, dans quinze jours après la *Fête de la Toussaint* inclusivement, par douze prud'hommes choisis et élus par les trois Consuls chacune année, à la fin de leur Consulat............... lesquels Consuls nouvellement élus seront présentés au Seigneur du dit lieu ou à son bailli ou lieutenant d'icelui..

Art. II. — Convenu et accordé entre parties au nom que dessus. Que les Consuls anciens présenteront les nouveaux élus, en la forme que dessus, au *Seigneur de Clermont* ou à son bailli ou lieutenant dans l'espace d'un mois, comptant du jour de la nomination, pour prêter le serment entre les mains du dit Seigneur ou son bailli ou lieutenant, de bien fidèlement et avec vigilance exercer la charge de *Consul*, de conserver les droits du Roy, notre sire, du Seigneur de Clermont, et de défendre en tout et partout et en bonne conscience les droits et biens du *Consulat et de la Communauté* de la présente ville de Clermont.................. lequel serment doit le Seigneur de Clermont, son bailli ou lieutenant recevoir des Consuls nouveaux, à l'instant même que les anciens leur en feront la présentation, sauf qu'il y ait cause légitime, laquelle le Seigneur, son bailli ou lieutenant doit alléguer et prouver un mois après avoir été appelé en jugement devant son supérieur, autrement, si dans le mois ils n'ont pas prouvé la dite cause légitime, on doit procéder à la réception du jugement. Ne retardant pas néanmoins la réception du serment des Consuls contre lesquels on n'allègue aucune cause légitime, et que l'opposition contre les autres ne fasse pas différer la réception de serment de ceux-ci. ....

Art. IV. — .... Que les nouveaux Consuls, élus selon les formes prescrites, admis et leur serment prêté, nommeront ou éliront douze citoyens ou habitants taillables du dit lieu pour *Conseillers*, qui seront présentés par les Consuls nouveaux au Seigneur de Clermont ou son bailli ou lieutenant, entre les mains desquels ils jureront de donner aux dits Consuls bon et fidèle conseil, en saine conscience, et de se porter diligemment à la *Maison Consulaire* pour cet effet, toutes les fois qu'ils en seront requis de la part des dits Consuls ; lequel jurement le Seigneur de Clermont, son bailli ou lieutenant sera tenu de recevoir incontinent, s'il n'y a cause légitime de refus. ....

Art. VI. — La Communauté de Clermont pourra avoir, bâtir et édifier une *Maison Consulaire* en lieu propre et convenable, avec un jardin et basse-cour, et ce d'un commun consentement du Seigneur, Habitants de Clermont et de M. le Juge-Mage de Carcassonne et de son lieutenant ; dans laquelle Maison Consulaire se pourront assembler impunément les dits Consuls et Conseillers toutes les fois et quand ils voudront, et le temps le requéra, tant pour prendre avis de leurs Conseillers que pour traiter et négocier les affaires de la dite Communauté, sauf qu'on ne pourra bâtir aucune *Tour* ou *Forteresse* en la dite *Maison Consulaire* ni l'entourer de murailles.

Art. VII. — .... Les Consuls de Clermont auront un sceau propre, en la forme qui s'ensuit, scavoir : qu'en chef ou en la partie supérieure de l'écusson et dans la circonférence de celui-ci soient mises deux fleurs de lis, au milieu de l'écusson deux barres avec deux hermines, et en pointe ou partie inférieure, un Mont............ la dite Communauté ou Consuls auront un ou plusieurs coffres communs pour enfermer l'argent ou instruments et autres documents appartenants à la dite Communauté, selon que bon leur semblera.

Art. VIII. — .... Les Consuls pourront imposer aux habitants de la Communauté, Tailles, Tallion et autres subventions, soit en argent, portion de fruits, revenus et profits des dits habitants..

Art. IX. — .... les Consuls de Clermont et leurs successeurs auront et pourront avoir et établir en la dite ville des *charitadiers*..... pour administrer les biens et droits de la charité..... des *Marguillers* ou *Bassiniers*, pour les œuvres pies.

Art. XIII. — ...... *Carrieiriés*, pour l'entretien des rues et des chemins.....

Art. XV. — ...... *Bandiers* ou gardiens des terres, fruits et pâturages, nommés tous les ans par les Consuls de la Communauté.....

Art. XVI. — Convenu et accordé entre parties que les Gardes-terres institués par les Consuls ou Régens pourront prendre gages sur ceux qui feront mal au dit terroir ; lesquels gages ils apporteront entre les mains des Consuls dans la Maison Consulaire pour vendre à l'Inquant public, comme les Consuls jugeront être faisable.

Art. XIX. — ...... le Seigneur de Clermont, ses héritiers et ses successeurs pourront, à perpétuité et d'ores et déjà, faire construire et édifier des boutiques et tabliers au dit lieu : depuis la carrière qui va de la Tour à la Place jusqu'à la maison de Guillaume Adam inclusivement.................................

Art. XXI. — .... Monseigneur Béranger de Guilhem, seigneur de Clermont, ou ses héritiers à l'avenir successeurs, ne pourront dorénavant donner permission à personne, par aucune sorte de titre, de bâtir ou faire aucun Porche ou avance de maison, autrement tout sera tenu comme invalide.

Art. XXIII. — Convenu et accordé entre parties que les Fours qui appartiennent dès à présent au dit Béranger, Seigneur de Clermont, avec toutes leurs appartenances, et le droit d'en faire bâtir plusieurs en la dite ville, seront de la Communauté dès le jour de la fête de Pâques prochain en avant, après qu'on aura obtenu la confirmation de Sa Majesté. Lesquels fours la dite communauté de Clermont tiendra du dit seigneur et ses successeurs à perpétuité sous l'usage annuel de Cent soixante livres tournoises, monnaie courante, payables chaque année au dit Seigneur et à ses successeurs par la Communauté et Consuls à certains termes, savoir: à la fête de l'Assomption de la Ste Vierge, au mois d'août, Cinquante trois livres, six sols, huit deniers ; en la fête de la Nativité de Notre Seigneur, autres Cinquante trois livres, six sols, huit deniers, et en la fête de Pentecôte, autres Cinquante trois livres, six sols, huit deniers tournois......

.... Accordé par pacte solennel et valide, que la Communauté, Consuls et autres........ seront obligés en tout temps, et ce à perpétuité, en cuisant le pain des habitants de la dite Ville, de faire cuire aussi le pain, gâteaux, pâtés, flauxones et autres choses semblables pour l'usage et la nécessité de la maison et famille du Seigneur de Clermont et de ses héritiers successeurs, tant que le dit Seigneur se tiendra dans la baronnie de Clermont, sans espérance ni prétention d'aucun droit ou autre sorte de récompense pour cet effet.

.... Sauf que, pourra le dit Seigneur de Clermont et ses successeurs, s'ils veulent avoir en la dite ville un seul four pour le service de leur maison et famille, tant seulement pour y faire cuire pâtés, gâteaux et choses semblables ; l'usage étant néanmoins interdit aux autres personnes quelconques qu'elles soient. Permis aux consuls par pacte exprès de pouvoir diminuer ou augmenter le droit de fournage..

Art. XXIV. — Convenu et accordé entre parties, que les Forêts de la Bruguière, de Monier, de Caylus, de Agasse, de Agassonnet et tous leurs droits et libertés, appartenants au Seigneur de Clermont, seront dorénavant de la Communauté et des Consuls, sauf la juridiction et seigneurie haute et basse et le droit de chasser aux dits lieux ; et jouiront, les dits Consuls et Communauté, des sus-dits bois à perpétuité comme de leur propre pour le chauffage de leurs fours et pour leurs autres usages et commodités quelques qu'elles soient ou puissent être, les dites forêts leur appartenant de plein droit, excepté (comme dit est) la juridiction haute, moyenne et basse, et l'exercice de la chasse et le droit de banderage et gardiage pour la chasse, laquelle esdicts lieux et forêts appartiendra au Seigneur du dit Clermont, et pourra, le dit Seigneur et ses successeurs, s'ils veulent, y mettre pour cet effet des gardes et bandiers........

Art. XXVI. — Convenu et accordé entre parties et par exprès, que tous et chacun, les habitants de la Ville de Clermont et tous autres, de quelle part qu'ils puissent être, voulant peser les marchandises avec les poids du Seigneur de Clermont, seront obligés de donner au dit Seigneur ou à ceux qui en auront la charge ; savoir, pour demi quintal et en descendant jusqu'à trois livres, une obole, et pour le poids de cinq quarterons de quintal et en descendant jusqu'à demi quintal exclusivement, un denier, et pour chacun quintal, un denier monnaie courante. — Accordé par exprès, qu'aucun étranger ne pourra peser ses denrées, quand il les vendra au dit lieu, avec autres poids que ceux du Seigneur ; permis aux habitants de peser leurs marchandises avec leurs propres poids, sans fraude, ou non, que s'ils commettent tromperie en leurs poids, il appartiendra au Seigneur du dit lieu d'en prendre connaissance.

. . . .

Art. XXXI. — Et afin que la paix et union soient inviolablement observées entre les parties, conformément à leur désir, il a été accordé, arrêté et convenu ensemble, sciemment et par pacte solennel et à perpétuité valable, que sur les questions et affaires civiles qui peuvent arriver entre parties ou entre le dit Seigneur Béranger de Guilhem, Seigneur du dit lieu, et leurs héritiers, Seigneurs de Clermont, d'une part, et les Consuls et Communauté du dit lieu, d'autre : s'ils ne peuvent s'accorder entre eux immédiatement, le dit Béranger et ses successeurs seront tenus de prendre un Arbitre et les Consuls ou Communauté un autre, toutes les fois que ce cas arrivera, avant que l'une des deux parties ait appelé l'autre en jugement. Lesquels arbitres, dans huit jours continus, résoudront et mettront fin à tous les différents survenus. Que si ces Traitants ne peuvent par cette voie pacifier les affaires, les parties seront renvoyées devant les Sieurs Justiciers Royaux de la Cour Royale de Béziers et à leur Conseil.....

ART. XXXII. — ..... que le dit Seigneur et ses héritiers successeurs au dit lieu pourront et leur sera permis de mettre et faire entrer dans la dite ville de Clermont le vin et la vendange provenant de leurs propres vignes et possessions, à cause du droit domaine, ou à eux appartenantes de quelque autre façon qu'elles leur puissent appartenir, pourvu qu'icelles vignes et possessions soient situées dans la juridiction de la Baronnie de Clermont ou autres Châteaux et lieux de sa terre tant seulement, et non d'ailleurs. Et que les habitants de la dite Ville pourront mettre et faire entrer dans la dite Ville le vin et la vendange de leurs propres vignes et possessions tant seulement, en quelque part qu'elles soient situées, et non d'autres. Arrêté aussi entre parties transigeantes, qu'aucun étranger, quel qu'il soit, ne pourra mettre ni faire entrer dans la dite Ville le vin ou la vendange, de quelque part qu'elle provienne, sinon que cela procède du commun consentement du Seigneur de Clermont, ses héritiers et successeurs et des Consuls de la dite Ville, et par un spécial privilège et octroi du Roy notre Sire, et non autrement.

ART. XXXIII. — D'autant que le terroir de Clermont n'est pas beaucoup fertile ni abondant en bois, et que les Fours du plâtre qui sont dans son terroir en consomment beaucoup et avec excès. Il a été convenu et arrêté par exprès entre parties (retenu sur ceci, néanmoins le bon plaisir du Roy) qu'aucun étranger non habitant ni manant de Clermont ne pourra faire sortir du terroir de Clermont aucun plâtre cuit pour le transporter ailleurs en quelle façon que ce soit. Pourra le Seigneur de Clermont sus-dit, ses héritiers et ses successeurs, prendre, quand bon lui semblera, et faire transporter hors du terroir de la dite Ville, de plâtre cuit pour reparer, bâtir de nouveau ou construire ses Châteaux, lieux, places, maisons et autres édifices à lui appartenants, et non autres à lui non appartenants.

DISPOSITIONS TRANSITOIRES

Les Consuls nomment eux-mêmes leur Conseil, composé de douze citoyens pour les cas ordinaires et de vingt pour les cas extraordinaires. (Art. IV.)

L'administration des hospices appartient et est confiée aux Consuls. (Art. XVIII.)

Les droits établis relatifs au mesurage du vin sont et restent au profit de la Communauté. (Art. XXX.)

Le Seigneur de Clermont, ses héritiers et successeurs ont le droit de chasse exclusif dans le pré dit *Val-lausette* et sur le coteau dit d'*Engailhac*. (Art. XXIV.)

La personne et les biens du seigneur seront toujours et sont exempts de tous droits et actions de la part de la Commune, sauf la réparation des dommages commis. (Art. XV.)

On comprendra qu'il nous est impossible de donner la charte en entier, c'est-à-dire un in-quarto de cent soixante-dix pages ; nous en avons extrait seulement les principaux passages.

En 1351, Arnaud Guillaume, de la famille des seigneurs de notre ville, fut élu évêque d'Albi.

Fontaine de la Coutellerie. — « L'an mil trois cent cinquante six, régnant
» Jean, par la grâce de Dieu roy de France, et le quatorziedme iour du mois de
» juin, sachent tous présens et advenir que Nous Bérenguier de Guilhem,
» Seigneur de la ville de Clermont et de toute la baronnie, certifions de nostre
» propre volonté et serement presté sur les quatre Saincts Evangiles, que nous
» sommes maieurs de vingt cinq ans sans estre soubs la puissance d'aucun
» Cusateur, et par exprez consentement et conseil Noble Seigneur Pierre de
» l'Isle, Chevalier et Seigneur d'Avène, et le dit Nostre Frère, icy présent, consi-
» derant et désirant la décoration et utilité de nostre dite Ville de Clermont et
» de la chose publique, pour nous et nos héritiers successeurs présens et
» advenir, tout vol et fraude cessant, tout droit canon et sivil, subtiliter et
» présomptions et autres choses qu'il pourrait causer en tout ou en partie la
» procession ou rétractation des présentes ; donnons, louons, sidons et concédons,
» par titre de peure, parfaicte, gracieuze et irrévocable donation simple qui est
» dite entre les vivans, avons, mes bien-aymés, Mre Pierre Graves et André
» Villaret, premier et second consuls de la ville de Clermont, présens pour tous
» et pour Pierre del Poine, troizième consul, absent ; et conjoinctement à vous,
» M^{res} Bringuier Maffre et Pierre Rigaud, notaires publics à Clermont, pour
» le dits cousuls, absent et tous autres, qu'il appartiendra, qui ont et auront à
» l'advenir intérêts, stipulans et acceptant comme personnes publiques, pour
» le décorement, utilité et commodité de la dite Ville. Sçavoir l'usage, exple-
» tation et aqueduc de la fontaine située en lieu public vulgairement appelée *do
» sarat*, au chemin public et droict qui va droictement dud' Clermont à nostre
» lieu de Nébian, à ce pacte que vous ditz Consuls présens et vos successeurs à
» l'advenir, au nom de la dicte Communauté de Clermont, puissiez et fassiez et
» vous soit permis, sans nostre licence et authorité ny des nostres, faire édiffier
» à l'honneur et décoration et utilité publique un grif-foul et abreuvage, l'eau
» de la fontaine y soit conduite et y entre par des canaux, tuilles, conduitz ou
» autre moyen qu'il plaira à la ditte communauté, présentement et à l'advenir
» de faire faire au nom de la ditte communauté et à l'ornement de la Ville, si
» vous voulez faire conduire lad. eau vers l'entrée au portail dud. Clermont,
» sçavoir : Jusques à la Croix qui est proche du champ qui est vulgairement
» appelé *La Bissane*, ou iusques au puits qui est près de la dite Croix.

» Voulons et entendons et concédons, en vertu de présente donation, qu'il
» vous soit permis à vous, Consulz, à vos successeurs à l'advenir, au nom de

» lad. Communauté, de plain droict, de faire conduire l'heau au suz dit lieu par
» canalz, et y faire dresser des grif-fouls, abreuvatoires, pour l'utilité de lad.
» Communauté et décoration de la Ville, et d'autant que l'ad. heau est assez
» cappable pour arrouser des prés, sy à l'advenir ou en faict aud. Champ. Et
» pour l'utilité dud. Champ ou des prés qu'on y pourrait faire, y sera permis de
» faire ce que vous trouverez mieux, et vos subcesseurs, à l'advenir, sauf réserve
» que les heaux qui s'évaderont dud. prés ou des abreuvages et endeors relévera
» de nostre directe, ce que nous, dicts Consulz, avons accordé, et ainsi le voulons
» et accordons ; et nous, dit Seigneur, faisons la présente donation à vous,
» Consulz, stipulans et abceptans pour l'honneur et dilection affectueuze que
» nous vous portons continuellement et à toute la Communauté, laquelle nous
» chérissons, et pour l'utilité et décoration de la République, qui doilt estre
» préfférée à tout droict particulier ; voulons et concédons, nous, dit Seigneur
» de Clermont, à vous, dits Consulz, pour vous et vos subcesseurs Consulz et à
» toute la communauté, puissance et licence et authorité de prendre pos-
» session corporelle de tout ce dessus quand il vous plaira, et de prendre lad.
» fontaine et la faire conduire comme cy dessus, conformement à ce dessus, le
» retenant pour vous au nom de protaire, nous en divertissant totalement pour
» nous et nos subcesseurs, sauf et retenue à nous le droict de directe : renon-
» çant, nous, d. Seigneur de Clermont, à tout droict et action contraire ; voulant
» de surplus vous prefférer et lad. Communauté à tous autres ; promettant,
» nous, d. Seigneur de Clermont, à vous, ditz Consulz, stipulantz comme dessus,
» que nous ne viendrons, ny ne consentirons, ny ne permettrons pour nous ny
» par personne interposée de droict et de faict, promettant irrévocablement
» d'observer tout ce dessus ; de toutes lesquelles choses sus-dites les Consulz
» ont requis leur estre, fait expédié instrument public par nous, notaire soubs
» escrit.

» Fait et escript dans led. Clermont, maison d'habitation de Guillaume
» Rouvière, de Clermont, tesmoings, M^{tre} Jean de Rouméry, docteur ez droictz,
» Jacques Boissery, de Lodève, Pierre Gaves, seigneur directe de Picherguicr,
» diocèze de Béziers, Bertrand Brun, habitant de Clermont, Fabry, notaire
» d'Avène, M^{tre} Pierre Rigaud, notaire public de Clermont, M^{tre} Brenguier Maffre,
» notaire de Clermont, et moi, Raymond Peyrolayre, notaire dudit Clermont,
» qui ay pris en note et en escript fidèlement le présent instrument. »

Ce précieux document et celui qui va suivre, copiés sur un manuscrit de M. Bertrand Bayle, de Clermont, sont dus à la bienveillante sollicitude de M. Souvier aîné, qui a bien voulu nous les communiquer.

Qu'il reçoive ici nos plus sincères remercîments.

Malgré la date de la pièce qui va suivre, nous avons cru utile de la placer ici.

» L'an mil six cent cinquante cinq, ce lundy, troisième jour du mois de May
» dix heures du matin, dans la maison consulle de Clermont, assemblés pour
» tenir le conseil, y convoquez : Messieurs Raymond Mathieu, Jean Salax,
» consuls, avec M^{rss} André Laurans, Antoine Bouissin, Jean de Todois,
» Anthoine Baumes, Georges Mathieu, Jacques Chinion, Pierre Boissière, prieux,
» Jean Chavebal, Jean Revel, leurs conseillers.
» Sur ce qui est représenté que le chemin qui est hors la porte de la rue
» des faubourgs de la Coutellerie iusques à la Croix qui est près le jardin des
» hoirs, est tellement incomodé que, pendant l'hiver, il est presque impossible
» que les habitans y puissent passer, tant pour l'eau qui vient de la fontaine
» que pour celle qui sort des fossez qui sont du coust des Qualquières. Le
» s. Guillaume Baille a fait offre de faire paver à ses despans le d. chemin,
» depuis lad. porte iusques à la Croix, et de faire rabiller aussi le pavé ansien
» iusques à l'antrée de son jardin, et de faire accomoder les fossez quy sont
» du coust des dites Qualquières, et que l'eau ne puisse fère préjudice audit
» chemin, à la charge que par les Consuls luy sera fourni le charroi de la pierre
» seulement. Et tout le reste, il fera faire à ses frais et despans. A esté arresté
» que l'offre dudit Baille sera approuvée, qu'il fera paver le chemin, fera faire
» le fossé du coust de Qualquières d'un pas et demi de largeur et un pas de
» profondeur, pavé par le dedans, et basti par le dehors à pierre, à chaux et
» sable, sus que l'eau de la fontaine ne puisse préjudicier aud. chemin et ceux
» des Qualquières, se pouvoir servir comme ils ont accoutumé de le faire, et
» que les dits Consuls lui fourniront le charroi des pierres nécessaires pour
» led. pavement.
» Attendu que c'est l'embellissement de la ville, et pour se fère, les sieurs
» Consuls commanderont les habitants de la d. Ville qui auront de bestail pour
» faire led. charroi et passer par tour. Ainsi délibéré.

» Thomas SALLES, *greffier consulaire.* »

On a déjà compris que nous avons rigoureusement conservé l'orthographe de ces documents.

En 1361, l'évêque de Lodève, Aymeri Hugon, achetait de ses propres deniers une grande partie des dîmes épiscopales de la ville de Clermont.

CHAPITRE XXI

RÉVOLTES ET TERRIBLES PUNITIONS DES CLERMONTAIS

Le roi de France Jean le Bon avait été fait prisonnier à Poitiers, en 1356, et lorsqu'il voulut revenir en France, il fut obligé d'accepter un traité imposé par les Anglais, qu'il signa à Brétigny, près de Chartres, en 1360. Jean cédait à Edouard III, roi d'Angleterre, l'Agenois, le Bigorre, la Guyenne, l'Aunis, la Saintonge, le Poitou, l'Angoumois, le Limousin, le Périgord, le Quercy, le Rouergue, le Penthièvre, avec Calais, Guines et Montreuil; de plus, il s'engageait à payer trois millions d'écus d'or pour sa rançon.

Les Anglais, on le voit, étaient maîtres d'une grande partie de notre territoire; de plus, en possédant le Rouergue, ils étaient près de chez nous et touchaient à notre pays, qu'ils convoitaient. Il leur fut facile de se ménager des intelligences jusque dans notre ville, en promettant beaucoup plus qu'ils ne comptaient tenir.

Déodé de Guilhem venait de succéder à son père, Béranger VII, en 1365, et il avait demandé déjà des secours à Thibaud de Barbezan, sénéchal de Carcassonne, qui venait en personne, commandant une garnison de troupes royales, occuper notre ville. Aussitôt que les Clermontais apprennent l'arrivée du sénéchal avec ses troupes, des murmures de mécontentement se font entendre; les habitants se soulèvent; on s'empare des portes, on les ferme. Force fut au sénéchal de s'arrêter devant nos épaisses et hautes murailles. En vain, le seigneur d'un côté et le sénéchal de l'autre, sommèrent-ils les Clermontais à recevoir les gens du roi.

Comme on le pense bien, les uns voulaient se rendre et les autres résister. Des rixes sanglantes eurent lieu; mais tout cessa, et force fut d'ouvrir les portes lorsque, le lendemain, le lieutenant du roi, Arnould d'Audenehan, venant de Pézenas, arriva sous nos murs avec plus de forces qu'il n'en fallait pour soumettre une ville comme la nôtre.

Clermont, occupé par les troupes royales, attendit avec anxiété l'arrêt fatal fixant la punition de cette révolte. Dans ces temps où les droits de commune étaient mis à un si haut prix, la punition était facile à trouver ; mais, soit la crainte d'occasionner un soulèvement général par l'abolition des franchises, soit toute autre chose, on décida que tous les Clermontais seraient solidaires du crime, et que la punition devait atteindre toute la population, c'est-à-dire les coupables comme les innocents.

On ne perdit pas de temps dans les lenteurs d'une procédure ; on conclut à une amende de 1,300 florins d'or, que l'on réduisit, à force de prières, à 800. Cette somme était encore énorme pour Clermont, surtout à cette époque, où les habitants payaient, pour le seul bon plaisir du seigneur, différentes taxes onéreuses.

Notre ville paya donc cette somme, et sa grâce, publiée dans tous les environs, portait désormais que : *la ville et les habitants de Clermont, consuls et conseillers, étaient mis sous la sauvegarde du roi de France, comme ennemis de l'Anglais et autres mal-affectionnés de l'Etat* (1).

En 1365, le pape Urbain V, sur la demande d'Aymery, évêque de Lodève, ordonna aux habitants de Clermont que les dîmes de toutes les récoltes lui fussent payées, ainsi qu'à ses successeurs ; les habitants de Lodève, de Saint-Martin, d'Avène, de Saint-Sixt, de Saint-Etienne-de-Rougas, de Fontcasse et de la Dalmarié furent requis de même (2).

Lorsque le frère du roi, Louis, duc d'Anjou, vint prendre le gouvernement de la province, Clermont était tranquille ; aussi ne crut-il pas déroger en plaçant entre les mains des consuls la garde des tours et des fortifications de la ville. De plus, les consuls devaient nommer trois *intendants* qui auraient ce même droit, avec l'inspection des fortifications du château. Déodé réclama bien contre le droit des intendants ; mais comme le duc pria, insista, puis commanda, force fut au baron de se soumettre ; d'ailleurs, la politique du moment

---

(1) *Histoire des Seigneurs.*
(2) *Registre des bulles.*

exigeait une amitié resserrée avec le duc, car les Anglais étaient à nos portes ; déjà ils avaient été vainqueurs à Pomerols, à Alignan et à Cabrières, et les petits souverains de la province avaient donc tous besoin d'un appui, et cet appui était le duc d'Anjou.

Cependant, sous le prétexte de la guerre aux Anglais, le duc imposait, taxait à merci les populations, à tel point que plusieurs villes, comme Nîmes, Montpellier, se soulevèrent, lorsque les commissaires spéciaux vinrent pour lever les sommes imposées par le duc.

L'*Histoire du Languedoc* met Clermont au nombre des localités qui se soulevèrent pour cette raison ; mais il est certain que la nouvelle révolte des habitants de notre ville avait un autre but.

Depuis la création des trois intendants, Déodé de Guilhem cherchait, par tous les moyens les plus vexatoires, à rattraper ce que la transaction de 1347 accordait à la communauté de Clermont. Les élections consulaires de 1380 approchaient, et déjà les successeurs de ceux qui avaient occupé le siège de 1379 étaient désignés par le seigneur. C'étaient donc des créatures de celui-ci ; la ville n'en voulait pas. Heureusement, Pierre de Royre et Jean Cayrel, deux des membres du triumvirat consulaire, découvrirent que les futurs consuls étaient de connivence avec le seigneur. Royre et Cayrel ne cachèrent rien au peuple.

En effet, le dimanche avant la Toussaint, la foule sortant de l'église Saint-Paul, après les offices du soir, murmure contre les traîtres ; on se groupe, on s'exalte, on s'irrite, on crie, on jure de les faire mourir. On court aux armes, et, Royre et Cayrel en tête, on monte dans la ville pour aller assaillir la maison d'un des prétendants ; de toutes parts on entend ces cris : *Moridoou, moridoou, lous traytés que vouliou remettré Clermount dins las mans dés tyrans!* (Ils mourront, ils mourront, les traîtres qui voulaient remettre Clermont entre les mains des tyrans !) La foule, qui grossit, arrive furieuse devant la porte, qu'on ébranle à coups redoublés ; on pénètre bientôt dans l'intérieur, et avant que la victime désignée à la fureur populaire ait appris le sort qui lui est réservé et essayé de prendre la fuite, elle tombe percée de coups et meurt étouffée dans le sang qui coulait de ses blessures. Ce meurtre accompli, on court à la maison de l'autre prétendant, qui tombe également sous le couteau des assassins. Le troisième, prévenu à temps, s'enfuit par le toit de sa maison, et lorsque la foule en délire pénétra chez lui, il était sauvé. Présumant qu'il se sera retiré chez le baron, on se dirige vers le château, aux cris mille fois répétés de : *Al castel ! al castel !* (Au château ! au château !) On arrive devant la porte seigneuriale, que l'on salue d'une grêle de pierres, qu'on frappe ensuite avec des troncs d'arbres pour l'ébranler. Le seigneur, effrayé, envoie son bailli pour s'entendre avec les assaillants et savoir ce qu'on voulait.

— Quel est tout ce tumulte ? crie le bailli à travers un créneau d'une tour voisine ; que signifie et quel est le but de tout ce fracas ?

— Nous voulons le traître, lui crie-t-on de tous les côtés.

— A qui en voulez-vous donc ? répond le bailli ; il n'y a ici que Monseigneur le baron, Madame son épouse, Messieurs ses fils et les domestiques.

— Il nous faut le traître, répète-t-on de toutes parts.

— Si vous ne finissez bientôt, je vous préviens, par ma voix, que Monseigneur fera justice sévère de vos coups et de vos clameurs !

C'était suffisant : la foule continua le siège ; on fut prendre des leviers pour soulever la porte.

Le seigneur, pourtant, ainsi que tous les habitants du château, s'évadèrent par une issue secrète, craignant qu'il ne leur fût réservé un sort pareil aux futurs consuls, si les assaillants pénétraient dans l'intérieur de la demeure seigneuriale.

Après des efforts inouïs tentés contre cette porte qui la séparait de sa proie, et reconnaissant l'impossibilité de la briser, la foule redescend plus furieuse dans la ville, et, se répandant dans les divers quartiers, va assaillir les maisons de ceux qui sont désignés comme traîtres et partisans des futurs consuls. Comme on le pense, nul n'a attendu l'arrivée des assassins ; mais bientôt on se venge de ce départ par le pillage, la dévastation et l'incendie. Lorsque ces scènes de désolation cessèrent, le seigneur rentra dans son château ; il convoqua immédiatement un conseil de noblesse, où procédure, jugement et exécution furent faits avec célérité ; la sentence fut secrète, terrible autant qu'inhumaine.

Le lendemain matin, on trouva pendus devant leurs portes les cadavres de dix-huit Clermontais, y compris les deux consuls, que le vent balançait capricieusement (1).

(1) *Histoire des Seigneurs.*

CHAPITRE XXII

EXTINCTION DE LA BRANCHE MASCULINE DES GUILHEMS

En 1380, il fut fait, selon l'*Histoire des Seigneurs*, un recensement qui fit monter le nombre des feux à seize cent cinquante, ce qui donnerait en moyenne une population de 8,000 habitants. Selon l'*Histoire du Languedoc*, Lodève comptait, en 1314, mille sept feux, soit 5,000 habitants environ, et Pézenas aurait été, à cette époque-là, moitié plus petit.

Clermont ne fut pas la seule ville qui, en se soulevant, paya chèrement sa révolte ; toutes les localités de la province étaient agitées. Cette agitation, ce malaise, qui provenaient en partie du voisinage des Anglais, étaient aggravés encore par le gouvernement tyrannique du duc d'Anjou, qui continuait à percevoir des sommes énormes, et qui entretenait ainsi l'effervescence ; toutes les villes révoltées voyaient leurs habitants mourir emprisonnés ou payer de grosses indemnités.

Clermont, en 1380, avait presque tous ses coffres vides ; de plus, criblée sous le poids d'énormes dettes, notre ville devait, en outre, 800 florins à un juif de Béziers et 400 livres tournois au seigneur d'Avène. Quoiqu'elle dût payer encore un subside considérable, les fortifications demandaient des réparations devenues urgentes par la proximité des Anglais de Cabrières. Pourtant, en 1380, le consul Bringuier Salvanès insista auprès du duc pour obtenir une remise de la somme qu'il demandait ; il fit si bien, en alléguant la situation malheureuse de la ville et son état de détresse, que le duc consentit enfin à une remise d'un sixième (1).

On travailla donc aux remparts, pendant que le duc d'Anjou se disposait à chasser les Anglais de Cabrières ; mais son rappel, arrivé en même temps que son remplaçant, le comte de Foix, laissa les Anglais tranquilles ; d'ailleurs, le duc de Berry, envoyé par le roi, Charles VI, pour disputer le gouvernement de la province au comte, vint ajouter aux calamités existantes les malheurs d'une nouvelle lutte. Deux partis se formèrent : les partisans du nouveau duc et ceux du comte.

Le duc finit par triompher ; mais son gouvernement tyrannique et despotique le fit détester, au point que, lorsque Charles VI vint à Montpellier et qu'il y reçut des plaintes nombreuses sur le compte du gouverneur, il ne put s'empêcher de dépouiller le duc de son autorité sur la province.

Malheureusement, Charles VI devint fou bientôt après, et la France entière retomba dans une complète anarchie, aggravée par les conquêtes des Anglais dans notre pays, qui se répandaient de plus en plus dans tout le royaume.

En 1393, Agnette de Clermont se maria avec Rostang de Lauzières.

En 1410, Jean IV de la Vergne, seigneur de Tressan, diocèse de Béziers, clerc de la chambre apostolique, fut élu évêque de Lodève. Le *Cartulaire des Carmes* dit que la même année de son élévation à l'épiscopat, Jean institua dans leur église la confrérie de Saint-Roch. Cette confrérie fut également établie à Clermont en 1413. L'original de ses statuts est bien conservé ; il est écrit en langue romane. C'est à cette époque encore que remonte la formation de deux corporations d'artisans : la première, celle des marchands, sous l'invocation de saint Pierre et saint Paul ; la deuxième, celle des tisserands, sous le patronage de saint Fabien et saint Sébastien.

On a vu qu'un dénombrement fait en 1380 portait le chiffre des habitants à 8,000 âmes, et qu'ainsi, Clermont augmentait chaque jour en population et par suite en constructions. En effet, quatre grands faubourgs s'étaient formés en dehors des remparts et n'étaient point protégés : Rougas, la Frégère, Saint-Paul et la Coutellerie ; il fallait

---

(1) *Histoire générale du Languedoc.*

pourtant songer à la protection de ces habitants, car, en ces temps de misère et de guerres civiles, les Bourguignons couraient la province et dévastaient le pays ; les Anglais étaient toujours à craindre, et pouvaient, un jour ou l'autre, tenter une surprise contre notre ville.

En 1419, Déodé de Guilhem se mit en devoir de défendre cette partie de la population, en faisant construire, à l'entrée de chacun de ces faubourgs, une solide porte capable de soutenir le choc des ennemis. L'année suivante, Arnaud de Guilhem, son fils, lui succéda (1420) et fit continuer et achever les travaux de fortification commencés par son père. Son oncle, Louis de Guilhem, fut, cette année, prisonnier à Azincourt.

Lorsque tous les seigneurs de la province allèrent saluer le dauphin Charles à Pézenas, Arnaud fut un de ceux qui furent les plus empressés.

Arnaud avait un frère, nommé Tristan de Guilhem, et une sœur, Bourguine de Guilhem.

Bourguine se maria avec un Caylus de Castelnau dans le Quercy. Plus tard, elle attira dans cette famille une de ses nièces, Antoinette de Guilhem, fille de Tristan, qui se maria avec Pons de Castelnau et qui fut la tige de cette deuxième branche de seigneurs, non moins remarquable que la première, qui gouverna Clermont depuis 1432 jusqu'en 1715, c'est-à-dire l'espace de deux cent quatre-vingt-trois ans.

Tristan de Guilhem, frère d'Arnaud, se distingua en Hongrie dans la guerre contre les Turcs, à tel point que Catherine des Ursins lui accorda sa main. Cette Catherine était une sœur de la reine même de Hongrie. Lors de son mariage, Tristan reçut plusieurs places fortes et 25,000 ducats. Il revint à Clermont, comblé d'honneurs et de richesses, en 1423, juste à temps pour fermer les yeux à son frère, Arnaud, qu'il aimait beaucoup, et qui mourait sans laisser de postérité. Tristan de Guilhem succéda donc à son frère en 1423.

En 1424, il est cité parmi les témoins du mariage du comte de Pardiac, au château de Roquecourbe (1).

---

(1) *Histoire générale du Languedoc.*

En 1431, Tristan est encore cité parmi les témoins de l'hommage Odon de la Rivière au comte de Foix (1).

En 1432, Tristan de Guilhem meurt, laissant pour successeur son fils, Raymond de Guilhem, qui suivit son père dans la tombe pendant le courant de la même année sans laisser de postérité (2).

Ainsi s'éteignit cette mâle lignée de puissants barons, après avoir donné dix-sept maîtres à notre ville dans l'espace de cinq cent cinquante-deux ans, de 880 à 1432.

L'histoire n'a conservé que quinze de leurs noms.

(1) *Histoire générale du Languedoc.*
(2) *Histoire générale du Languedoc.*

CHAPITRE XXIII

COMMENCEMENTS ET GRANDEUR DE LA SECONDE DYNASTIE
TENUE DES ÉTATS DE 1527 A CLERMONT

De nouveaux maîtres allaient gouverner notre ville.

Nous avons vu Antoinette de Guilhem, fille de Tristan, épouser un Pons de Castelnau ; et comme la race masculine des Guilhems était éteinte, le mariage de Pons l'amenait naturellement à la succession de Raymond, son beau-frère. Il ajouta à ses armes les hermines des Guilhems, prit le nom de Clermont, et notre ville se trouva, dès lors, entre les mains de nouveaux tyrans (1432).

Les Etats de 1436 chargent notre seigneur de négocier avec le terrible Rodiguo de Villaudrant, chef des compagnies de *routiers* du midi de la France. Pons fit si bien qu'il obtint le renvoi des troupes de Rodiguo, moyennant une somme de 500 écus d'or à titre de dédommagement.

Après la guerre avec les Anglais, il fut député par les Etats pour aller porter au roi Charles VII les doléances de l'assemblée (1).

Louis XI, qui avait succédé à son père, Charles VII, investit notre baron, Pons de Castelnau de Clermont, de la lieutenance de la province du Languedoc. Les lettres que lui écrivit le roi à cette époque portaient en tête : *Cher et féal cousin, sire de Clermont en Lodève, lieutenant de notre très cher et très aimé oncle le comte du Maine, gouverneur en Languedoc.* Pons, de son côté, s'attitrait de : *Pons de Castelnau, seigneur de Clermont, chevalier, chambellan du roi,*

---

(1) *Histoire générale du Languedoc.*

lieutenant-général de Monseigneur le comte du Maine, gouverneur du Languedoc.

En 1460, le marché de Clermont est déserté par les marchands de blé, à cause des nouvelles mesures de capacité, qui sont plus grandes que celles de Gignac.

En 1469, lors de la soumission du duc de Nemours, Pons fut délégué par le roi pour aller recevoir l'hommage et le serment de tous ceux qui avaient des terres dans la province.

Jean II, roi d'Aragon, avait engagé le Roussillon au roi de France pour une forte somme, et il voulait reprendre le gage sans payer la dette. Louis XI envoya des troupes dans cette province, où notre baron se distingua en prenant parti pour le roi.

Celui-ci nomma Pons gouverneur du pays conquis et voulut encore marier sa fille avec Jean d'Arpajon, en la dotant de 2,000 écus d'or.

Pons meurt en 1473, dans toute la splendeur de la gloire, et laisse sa succession à son fils, Tristan II.

Tristan II assista aux Etats de 1480 et 1482 comme *commissaire du roi*.

Vers la même époque, il épousa Catherine d'Amboise, sœur du cardinal de ce nom, ministre du roi Louis XII.

En 1480, l'évêque de Lodève, Jean V de Gorguilleray, obtint des lettres patentes de Louis XI, par lesquelles les seigneurs de Clermont, de Saint-Félix et de Montpeyroux doivent être soumis à la juridiction de son official de Lodève (1).

Quelques documents du XVIe siècle mentionnent le moulin d'*En-Boutta*, situé sur le Rhônel et qui s'y trouvait naguère encore, et la *font de la Coumba*, qui ne coule presque plus aujourd'hui.

Antoine Guillaume de Clermont fut nommé, le 26 février 1485, par le pape Innocent VIII, abbé commanditaire de Villemagne l'Argentière.

En 1492, ayant échangé une église paroissiale avec l'église Saint-Paul de Clermont, il demanda au pape l'absolution *ad cautelan*.

Il mourut le 4 juillet 1499 et fut inhumé dans l'église de Sainte-Claire de Béziers, où il avait choisi sa sépulture (2).

(1) M. Paris, t. I. p. 349.
(2) *France pontificale.*

Tristan eut neuf enfants : Louis, qui succéda à son père, en 1500 ; Pierre, que nous verrons succéder plus tard à son frère Louis ; Marie de Clermont, qui fut abbesse de Sainte-Claire d'Avignon ; Antoine, abbé de Villemagne, etc., etc. ; et François, qui passa par les grades les plus éminents de la carrière ecclésiastique : d'abord, prévôt de Beaumont, chanoine d'Alby, abbé de Valmagne et de Saint-Thibéry, archidiacre de Narbonne, évêque de Saint-Pons, de Valence, d'Agde, de Saint-Paul-trois-châteaux ; ensuite, archevêque de Narbonne et cardinal du titre de Saint-Etienne du Mont-Cœluis ; et enfin, évêque de Tusculum, doyen du sacré collège, mort à Avignon, légat à *latere*, en 1540 ; il ne lui manqua que la tiare (1).

Le palais des papes à Avignon avait été agrandi par lui de nouvelles constructions, ainsi que le couvent des claristes et l'hôpital des contagieux. Il rétablit le palais de Canet dans notre diocèse et obtint des papes différentes indulgences et reliques en faveur des églises de Clermont.

François de Clermont reçut le chapeau de cardinal le 29 novembre 1503, du pape Jules II, et cette année, il vint visiter notre ville. Cette visite, qu'il fit coïncider avec les fêtes de Pâques, fut une véritable fête pour notre cité, surtout à cette époque, où l'esprit religieux poussait les populations entières vers les lieux consacrés par le clergé. Le lundi de Pâques, une procession eut lieu, et on se rendit de même à Notre-Dame du Peyrou. Tout le monde, comme on le pense bien, se rendit en foule à cette chapelle, tant par dévotion que pour voir un cardinal. Les habitants des villages voisins étaient aussi accourus en grand nombre. Le cardinal, dit l'*Histoire des Seigneurs*, accorda, le jour de la fête, une indulgence de cent quarante jours à tous ceux qui visiteraient la chapelle ou feraient une donation quelconque en sa faveur. L'original du bref de cette lettre pastorale accordant l'indulgence n'a pas été conservé. Il n'existe que le sceau, en cire rouge, représentant un religieux devant l'hôtel de la Vierge, et portant, ainsi que les armes du cardinal, au chef d'hermines, l'inscription :

FRANCISCI. CLAROMONTIS. CARDINALIS. T. T. S. ADRIANI.
MCCCCIII.

(1) *Histoire générale du Languedoc.*

Louis mourut sans laisser de postérité, et son frère Pierre lui succéda, en 1515. Notre nouveau baron fut honoré, par François Ier, de la lieutenance générale du Languedoc, pour le connétable de Bourbon, qui en était le gouverneur. Plus tard, Pierre fut nommé commissaire royal aux Etats provinciaux.

En 1520 eut lieu un procès entre la ville et le seigneur sur les formes des élections consulaires. La même année eut lieu un arrêté du Parlement contre les droits de commune.

En 1524, le 11 juillet, l'évêque de Lodève, René du Puy, ratifia et approuva la fondation de Ollier Guillaume, de Clermont, par laquelle il voulait que deux messes fussent célébrées chaque semaine dans la chapelle de Saint-Benoît de l'église des moines de Gorjan. En faveur de cette donation, Ollier transmit à ces moines une maison située dans la ville de Clermont, avec un jardin, deux champs-olivettes et une vigne contiguë, pour les posséder à perpétuité.

Lorsque Marguerite, sœur de François Ier, revint de Madrid, en 1525, où elle était allée négocier en faveur de son frère, notre baron, Pierre, fut un de ceux qui allèrent recevoir, sur les frontières d'Espagne, la sœur du monarque français. François Ier venait d'être fait prisonnier à Pavie et se trouvait au pouvoir de Charles Quint.

L'*Histoire du Languedoc* nous raconte que les Etats de 1527 s'assemblèrent dans notre ville, dans une salle haute de la maison de l'hôpital, qui occupait alors le local où se trouve le tribunal de commerce. La salle qui servit aux Etats appartient aujourd'hui au couvent des religieuses ; elle est contiguë à la salle d'audiences du tribunal. Avant l'ouverture, une messe fut dite dans l'église des dominicains ; puis les Etats entrèrent en séance, présidés par le grand vicaire du Puy, Christophe d'Alzon, et malgré les vives et piquantes réclamations de l'abbé de Narbonne, qui prétendait fièrement avoir seul le droit à la présidence. Il fut fait des règlements pour empêcher l'exportation des grains hors de la province ; puis on vota pour les besoins du royaume une somme de 59,800 livres.

Deux ans après, en 1529, fut signé le traité de *Cambrai*.

Pierre assiste à la revue de Caunes, dans le Minervois, sur une ordonnance de François Ier, à l'occasion de ce traité, avec deux hommes d'armes et dix archers. Ce traité amena une paix de six années en France. Pendant ce temps, les monarques François Ier et

Charles Quint mirent à profit, mais chacun d'une façon différente, cette suspension des hostilités. François I*er*, lui, se livra aux travaux de paix et de prudence. En 1533, il fit une entrée brillante et solennelle dans la ville de Toulouse. Pierre de Clermont assista à l'entrée du roi dans cette ville. François I*er*, qui se rendait à Marseille pour le mariage du duc d'Orléans, est reçu sur le chemin de Capestang, à son arrivée de Béziers, par le député Pierre de Clermont, baron et seigneur de cette ville.

Cette même année, la province vit la chasse interdite aux artisans par une ordonnance royale, *pour que l'agriculture et l'industrie n'en souffrent point*. Les Clermontais en obtiennent la révocation quatre ans après seulement.

Comme on le voit, Pierre était un personnage marquant dans le Languedoc, et il faut ajouter aussi que c'est grâce à sa puissance et au crédit qu'il s'était acquis auprès du roi que les Etats de 1527 se tinrent à Clermont. Il était marié avec Marguerite Latour de Turenne, fille d'Antoine, vicomte de Turenne. De ce mariage naquirent deux enfants : le plus jeune, Jacques, qui fut évêque de Saint-Pons, et l'aîné, Gui I*er*, qui succéda à son père, en 1536.

Gui I*er* ne laissa pas périr la splendeur et l'éclat de sa famille ; pendant qu'il était baron de Clermont, il était aussi seigneur de Castelnau, de Nébozon et de Caumont ; il fut encore conseiller et chambellan royal, puis, sénéchal de Carcassonne.

Il gouverna notre ville pendant près de quatorze années.

En 1540, un commissaire du sénéchal de Carcassonne fait saisir des dîmes de l'église paroissiale pour être employées aux réparations de l'église.

En 1543, le parlement de Toulouse donna l'ordre à l'évêque de Lodève, Lélie de Céré, ainsi qu'à Et. de Rosset, curé de Saint-Paul, de contribuer immédiatement aux réparations de l'église Saint-Paul.

Le fils de Gui I*er*, Gui II, lui succéda vers 1550. Il était né du mariage de Gui I*er* et de Louise d'Avangour-Bretagne.

Gui II, nous dit encore l'*Histoire du Languedoc*, fit un grand et riche mariage ; il épousa Aldouce de Bernuy, dame de Saissac, fille unique du président de Bernuy, héritière de la grande maison de Foix-

Carming et riche de 800,000 livres. Nous la verrons, au chapitre suivant, embrasser et encourager la religion protestante.

Ainsi, Clermont avait grandi en puissance aux yeux de la province par le crédit qu'avaient obtenu les premiers seigneurs de la deuxième dynastie, et notre ville comptait, dès lors, parmi les principales du Languedoc.

CHAPITRE XXIV

GUERRES DE RELIGION ET TROUBLES DE LA LIGUE

L'Europe était partagée en deux communions depuis quarante ans par les prédications de Luther : l'Angleterre, l'Ecosse, le Danemark, la Suède, une grande partie de l'Allemagne et de la Suisse n'obéissaient plus à Rome ; l'Espagne et l'Italie avaient conservé leurs anciennes traditions catholiques, et la France, au milieu, était encore indécise ; que celle-ci passe du côté de la Réforme, et le protestantisme triomphera. Voilà le grand débat qui ensanglanta la France pendant près de trente-sept années, et dont nous allons raconter la partie relative à notre ville de Clermont.

Ce fut Calvin, né, le 10 juillet 1509, à Noyon, qui répandit en France le protestantisme, et ce fut le Génevois Georges Viret qui vint à Clermont, en 1560, prêcher la réforme (1). Notre ville et un grand nombre de localités des environs embrassèrent vite le calvinisme. Les progrès furent rapides ; mais lorsqu'on connut les rigueurs déployées par Villars contre les hérétiques des Cévennes, personne n'osa plus affirmer ouvertement ses sentiments, et l'on resta tranquilles jusqu'à l'édit de pacification formulé par Michel de l'Hôpital.

Aldouce de Bernuy, épouse de Gui II, embrassa aussi le calvinisme, et en le protégeant, elle l'encouragea dans notre ville.

Bientôt les catholiques devaient se heurter contre les protestants.

C'est de cette époque que date la destruction du couvent des bénédictines (1561). Celui des dominicains, qui avait été en partie

---

(1) Archives des récollets.

détruit en 1531, fut cette fois livré aux flammes ; on n'épargna que l'église, en se contentant d'abaisser les trois tours qui dominaient l'édifice ; à l'exception de la chapelle de Notre-Dame du Peyrou, tous les autres oratoires furent détruits ou ruinés ; c'étaient : Sainte-Anne, Saint-Sixt, Saint-Martin, Sainte-Madeleine, Saint-Peyre, Saint-Barthélemy (1).

Les églises furent transformées en forteresses et les prêtres obligés de se cacher ou de s'expatrier.

Gignac eut un sort semblable. Il n'y eut que Lodève qui jouit de la sécurité ; Claude de Brissonnet, évêque, tint tête aux calvinistes du Rouergue et des Cévennes, en 1562. Une table de marbre avec cette inscription l'indique :

« Claude Brissonnet, évêque de Lodève et comte de Montbrun, préserva d'un
» grand désastre cette ville, assiégée, et délivra aussi les habitants de la Couver-
» turade. Il brisa l'audace des rebelles de Gignac et de Clermont, soumit leurs
» villes à la puissance du roi... », etc. (2).

Le calme qui se produisait après une de ces échauffourées sans nombre était mis à profit ; on se préparait au combat ; seulement, cette fois, les préparatifs prirent un caractère sérieux, et une guerre eut lieu dans toutes les formes. Les catholiques prirent pour chef Joyeuse, lieutenant de la province, et les calvinistes confièrent le soin du commandement à Baudiné.

Un engagement eut lieu devant Beaucaire ; puis, la guerre s'étendant jusqu'aux bords de l'Hérault, les troupes catholiques arrivèrent bientôt et parcoururent notre pays. Clermont, Gignac, Montagnac, ouvrirent leurs portes aux armées de Joyeuse. Le 20 juillet 1562 eut lieu, près de Pézenas, un combat sanglant, meurtrier, et qui fut décisif ; après avoir eu environ cinq cents tués, les calvinistes se retirèrent à Agde et à Béziers, où ils étaient sûrs de trouver un refuge, car le protestantisme dominait à cette époque dans ces deux villes (3).

La même année, Michel de l'Hôpital rendit l'édit de janvier, qui, tout en étant favorable aux protestants, faisait rentrer les catholiques dans leurs biens.

(1) Archives des récollets.
(2) M. Paris, t. I, p. 374.
(3) *Histoire générale du Languedoc.*

Montmorency-Damville fut nommé gouverneur de la province et essaya d'apaiser et de calmer les esprits. Mais, en 1567, eut lieu une nouvelle guerre civile, commencée sur divers points à la fois, et le 4 juillet 1573, les calvinistes assiégeaient Lodève, qui fut forcée de se rendre. Des représailles affreuses eurent lieu de part et d'autre ; Lodève fut ensanglantée pendant quelque temps : le palais de l'évêque fut saccagé ; les reliques de saint Fulcran furent traînées dans les rues ; enfin, sous prétexte de religion, soit catholique, soit protestante, il se commit pendant plusieurs jours des choses révoltantes et affreuses (1).

Clermont fut épargné de ces scènes de désordre et de carnage ; mais le duc de Montmorency-Damville, ayant embrassé le protestantisme, força notre ville à capituler, le 14 août 1575. Deux ans après, Clermont revint aux catholiques, et Damville renia le calvinisme.

En 1580, les bénédictines rétablirent leur couvent au quartier du *Pioch*, dans l'intérieur de la ville.

Devenu veuf, Gui II épouse, en 1582, Louise de Bretagne, et Jacquette de Guilhem, sa sœur, épouse Jean d'Arpajon.

En 1582, Montmorency-Damville était vice-roi du Languedoc. Mixte en religion, cette fois, il ordonna d'abattre et de démolir la grande tour du palais épiscopal de Lodève ; il ordonna encore que les clefs des portes fussent gardées, l'une par le consul catholique et l'autre par le consul calviniste, alternativement, afin qu'ils ne pussent ouvrir ni fermer sans être présents tous deux ; il ordonna enfin que tous les habitants, sans distinction de religion, fissent sentinelle jour et nuit.

Bientôt, la guerre recommença, attisée, cette fois, non seulement par la religion, mais par la rivalité de Joyeuse et de Montmorency. Les luttes des Guises ou la Ligue vinrent s'ajouter aux calamités publiques et aux malheurs des guerres civiles.

Joyeuse, qui disputait avec acharnement le gouvernement de la province à Montmorency, avait embrassé le parti de la Ligue et avait formé son armée d'ardents catholiques. Montmorency riposta en embrassant de nouveau le calvinisme.

Henri III, en 1583, avertit alors de sa propre main Christophe de

(1) *Chronologie des Evêques.*

Lestang, évêque de Lodève, de la défection de Montmorency-Damville ou, plus simplement, Henri, duc de Montmorency; il lui dit que celui-ci avait consacré son union avec les protestants, qu'il avait publiquement fait alliance avec Henri de Navarre et le prince de Condé, et qu'il marchait ouvertement vers sa province.

Il lui prescrivit de ne plus obéir à Montmorency et d'empêcher, par tous les moyens possibles et qui étaient en son pouvoir, que le duc ne s'emparât de Lodève, et de se conformer en tout aux ordres du maréchal Joyeuse. Pour tout cela, Christophe reçut du roi Henri III des secours d'ouvrages et de fonds, et une armée rassemblée à la hâte fut remise à Joyeuse, afin de combattre le duc et de conserver Lodève, Clermont et tous les lieux de sa nomination.

Les Lodèvois et les Clermontais s'emparèrent de Nébian, village soumis au duc, le 10 mai 1584. La Ligue triomphait donc dans nos environs (1).

Le duc de Montmorency, qui se trouvait à ce moment à Pézenas, part à cette nouvelle et arrive furieux. Nébian se rend sans résistance. Puis, dirigeant son armée vers notre ville, il vint en faire le siège, qu'il commença le 4 juin. Les Clermontais étaient résolus à ne pas se rendre, et le duc, venu sans artillerie, comprit que le siège serait long et difficile. Une sortie vigoureuse des assiégés fit réfléchir Montmorency, qui se décida avec regret à se retirer, mais résolu à revenir bientôt. En effet, descendu à Béziers, il détache, deux mois après, une compagnie de soldats sous les ordres du capitaine d'Albe, et Clermont fut de nouveau cerné.

Mais Joyeuse n'avait pas perdu son temps ; il avait déjà envoyé des secours. Le 3 août, une nouvelle sortie des assiégés fut encore plus heureuse que la première ; les calvinistes, poursuivis par les Clermontais jusqu'à Ceyras, eurent une cinquantaine de morts, parmi lesquels se trouvait l'intrépide capitaine Astrucci. Saint-Sulpice, qui commandait les armées clermontaises, eut un cheval tué sous lui et ses deux cuisses percées d'un coup de pistolet (2).

Au commencement de novembre, Montmorency fut libre et vint

(1) *Histoire générale du Languedoc.*
(2) *Histoire générale du Languedoc.*

en personne, avec des troupes fraîches et quatre pièces d'artillerie, faire le siège de notre ville. Le lundi 5 novembre 1584, Clermont est cerné ; le 6, le duc ordonne de canonner les remparts de l'église, et enfin, la garnison clermontaise, inférieure en nombre et ne pouvant tenter une sortie, se rendit le 10, c'est-à-dire quatre jours après. Montmorency fit son entrée le 11, avec quatre de ses compagnies. Le château résista bien trois ou quatre jours encore ; mais il se soumit au duc, qui laissa Thémines dans notre ville avec une garnison ; puis il repartit pour Béziers.

L'année suivante, en 1585, au mois de septembre, Montmorency, prévenu que l'évêque Christophe de Lestang était encore sans défense, monta à Lodève et entoura la ville avec son armée. Au bout de six semaines, Lodève capitula sans que le duc eût fait tirer le canon. Les maisons épiscopales et les murailles construites par l'évêque depuis deux ans furent, par ordre de Montmorency, détruites et rasées jusqu'au sol. Relégué à Toulouse, tantôt à Narbonne ou à Carcassonne, Christophe resta dépouillé de son évêché et de tous ses produits depuis la reddition de la ville jusqu'à l'édit de pacification.

Henri IV triompha de la Ligue, et quoique Joyeuse fût tué à la bataille de Villemur, la guerre n'en continua que plus acharnée encore dans la province. Le frère de Joyeuse, le P. Ange de Joyeuse, capucin, se mit à la tête du parti catholique et fit la guerre à Montmorency, quelquefois avec succès (1591) ; il s'empara d'une partie de Carcassonne, arriva à Béziers, Pézenas, et vint même dans Clermont.

Thémines, inférieur en forces, ne put résister, et notre baron, Gui II, sut se ménager des intelligences et fit beaucoup en faveur des ligueurs. Clermont se rendit à ceux-ci, le 25 décembre 1592. Montmorency, apprenant cette nouvelle, envoya sous les murs de notre ville son fils, le comte d'Offemont, avec une armée. Les assiégés tinrent bon pendant près de trois mois ; puis ils se rendirent et reconnurent ensemble Montmorency et Henri IV, avant le commencement de mai 1593 (1).

Ce fut la fin des troubles religieux.

(1) *Histoire générale du Languedoc.*

CHAPITRE XXV

NOUVELLES GUERRES CIVILES. — LA PESTE

En 1593, un pilier de la cathédrale qui avait plié sous le poids énorme de l'exhaussement des murs fut reconstruit. Ce pilier porte encore la date de la restauration (1593).

En 1594 paraît une ordonnance de Montmorency, relative à la nomination des consuls Delmas, Barral et Bourdon, forçant ceux-ci à prêter serment au comte Gui de Clermont entre les mains de son bailli.

En 1596, le comte de Clermont, Gui, assiste aux Etats de Pézenas, tenus par les royalistes.

Gui II, mort en 1597, laisse, pour lui succéder, son fils, Alexandre de Castelnau, encore mineur. La baronne-mère occupa la régence pendant la minorité d'Alexandre ; puis, en 1603, elle se remaria avec Jacques, comte de Montgoméry. Elle était depuis quelque temps revenue à la religion catholique.

En 1598, Henri IV publie l'édit de *Nantes*, relatif à la pacification de la France. Clermont fut laissé aux protestants comme place de sûreté ; ceux-ci y étaient venus en grand nombre (13 avril 1598).

Un différend s'élève entre la baronne et les habitants de Clermont, en 1599, au sujet des élections consulaires. Le Parlement cassa l'appel de la dame douairière, à la chambre de l'édit de *Castres*, parce que *Clermont est ville toute catholique*.

Une nouvelle saisie des droits de l'évêque eut lieu en 1601 pour les réparations de l'église ; la reconstruction d'un deuxième pilier eut lieu et porte non seulement la date (1601), mais encore les noms des consuls qui présidèrent les travaux : Chinion, Sabatier et Pélissier.

En 1602, les protestants comptaient près de deux cents familles de leur religion (1). Le roi avait déjà statué cependant que le culte catholique seul aurait le droit et le privilège d'être extérieur.

En 1603, nous l'avons dit, eut lieu le nouveau mariage de la baronne-mère.

En 1604, deux récollets de Béziers vinrent à Clermont dans le dessein d'y fonder un couvent ; l'un s'appelait Camaret Marin, l'autre, Garcin Bazille.

En effet, une assemblée du conseil de la ville, tenue le dimanche 11 septembre 1611, autorisa la fondation du couvent dans l'ancien monastère des bénédictines de Gorjan, cédé pour cela par l'abbesse Françoise de Thémines.

Une quête faite dans Clermont qui produisit 400 livres, 50 écus donnés par la baronne et une amende faite par Montmorency et qui s'élevait à 200 livres, furent la mise de fonds pour la création du couvent des récollets.

Les bénédictines de Gorjan avaient quitté le couvent en 1561 et avaient fait construire un autre local, dont on voit encore les restes considérables au-dessus de la fontaine que nous appelons aujourd'hui la *fontaine de la Ville*.

En 1609, la contestation élevée entre Françoise de Thémines, abbesse de Gorjan, et Gérard de Robin, évêque, d'une part, et les dominicains, d'autre part, fut terminée par une sentence arbitrale de Claude Gilson, Guillaume de Barres, François Roger, avocats de Béziers, au sujet du droit des dîmes que l'évêque de Lodève et le couvent avaient dans la contrée de Clermont. Les dominicains furent jugés qu'ils ne devaient rien payer des dîmes pour les terres qu'ils avaient ou cultivaient eux-mêmes, mais seulement pour celles qu'ils louaient aux diverses personnes (2).

Pendant la minorité de Louis XIII, Henri de Montmorency, fils du précédent, qui avait succédé, en 1614, à son père, eut beaucoup de peine à maintenir l'ordre et la sécurité de la province dont il venait

(1) Archives de la ville.
(2) M. Paris, t. I, p. 396.

d'être nommé gouverneur. Les calvinistes, appuyés par le prince de Condé, commençaient à se remuer.

En 1621, quatre cents familles de Gignac furent obligées de fuir, à cause de la guerre civile, qui recommençait plus fort que jamais. Clermont resta tranquille, cette fois, grâce aux troupes concentrées dans notre ville par Montmorency.

La même année, Alexandre de Castelnau, comte de Clermont, suivit Montmorency à Montpellier et à Gignac, pour réprimer une sédition des calvinistes.

En 1622, Alexandre assiste au siège de Montpellier. Clermont n'est plus place de sûreté des religionnaires.

Quelques actes de 1623 et 1624 font voir que, chaque année, le 25 janvier, fête de Saint-Paul, une proclamation publique avait lieu, accordant des concessions seigneuriales aux Clermontais.

En 1624, un arrêt du parlement de Toulouse interdit le jeu du mail au chemin de la Chicane (1), autour du couvent des récollets.

Alexandre de Castelnau, devenu majeur avec le titre de comte, que portera désormais notre baron, se disposait à suivre le duc dans la guerre contre les hérétiques ; mais les calvinistes révoltés n'arrivèrent point jusque chez nous (2).

Le prince de Condé abandonna bientôt les protestants, qui, battus à la Rochelle par Richelieu, en 1628, reconnurent la nécessité de s'apaiser. Il semblait que toutes ces guerres civiles étaient finies ; il n'en était point ainsi, car Richelieu voulait soumettre les protestants et les grands à l'autorité royale. Les nobles voulaient être indépendants ; aussi, lorsqu'aux Etats de Pézenas, l'envoyé du comte de Clermont protesta ouvertement et énergiquement, les membres présents partagèrent-ils entièrement sa conviction.

« Monsieur, dit l'envoyé du comte de Clermont, si nous étions tous criminels
» de lèse-majesté dans l'assemblée, le roi se contenterait de nous punir, sans
» exiger de nous de signer l'arrêt de notre condamnation ; et vous voulez que
» nous laissions cette mauvaise opinion de nous à nos successeurs, de n'avoir
» pas voulu conserver ce que nos pères nous ont laissé de plus cher et d'avoir
» été nous-mêmes nos juges et nos témoins pour nous détruire (3). »

(1) Voir plus loin l'article relatif au chemin de la Chicane.
(2) *Histoire générale du Languedoc*.
(3) *Histoire générale du Languedoc*.

Tout le monde cria, dans l'assemblée comme dans la province, contre le cardinal-ministre Richelieu, qui quitta la province, appelé ailleurs probablement par un besoin plus pressant.

Aux dissensions intestines vint s'ajouter le terrible fléau de la peste ; déjà, en juillet 1629, elle faisait de grands ravages à Montpellier; et quoi que fît Clermont pour se préserver, notre ville en ressentit les tristes effets dès le mois d'août suivant. L'émigration commença aussitôt, et pour échapper à la mort, la plupart des Clermontais cherchèrent un asile dans la campagne. Les bénédictines partirent aussi et allèrent s'établir, en attendant, dans un château des environs de Pézenas ; il ne resta bientôt dans la ville que ceux qui ne purent sortir.

Vers la fin de décembre, le fléau s'apaisa et le calme sembla renaître ; aussi, vers les premiers jours de janvier 1630, la population commença à rentrer dans ses foyers. Tout à coup, la peste déploya un caractère effrayant, et le nombre des victimes fut prodigieux. L'émigration se renouvela ; mais, hélas ! des personnes atteintes mouraient en route, et l'on rencontrait des cadavres sur les chemins et dans les rues ; les hôpitaux étaient encombrés, et la désolation était bien grande, comme on peut le supposer.

Enfin, après quatorze mois, la peste cessa, et chacun rentra dans ses foyers.

Près de cinq cents personnes avaient péri, et, longtemps, Clermont fut en deuil.

En 1631, la rupture de Richelieu et de Gaston d'Orléans, frère de Louis XIII, occasionna une nouvelle guerre. Le duc d'Orléans entra, en 1632, dans la ville de Lodève, qui avait embrassé son parti (1).

Montmorency, qui se trouvait à ce moment à Gignac, attendit Gaston dans cette localité, et tous deux allèrent tenter, mais en vain, la prise de Beaucaire.

Revenus dans la province, ils levèrent des troupes à Pézenas, à Gignac, à Aniane et à Clermont, pour soutenir avec plus de chances de succès la lutte contre le ministre.

Le maréchal de Schomberg arriva bientôt avec les troupes royales, et l'affaire décisive eut lieu à Castelnaudary. Le duc d'Orléans fut

---

(1) *Histoire générale du Languedoc.*

complètement battu ; Montmorency fut fait prisonnier et exécuté le 30 octobre 1632, à l'âge de trente-sept ans, dans l'hôtel de ville de Toulouse.

Notre ville, qui avait embrassé la cause du vaincu, devait s'attendre à une punition ; mais, heureusement, Louis XIII, étant venu à Montpellier, amnistia les villes et les seigneurs révoltés.

En 1627, Alphonse de Castelnau de Clermont succéda à son père, Alexandre.

Les Espagnols ayant envahi le Roussillon, Alphonse se distingua dans cette campagne et à Leucate, où eut lieu un engagement. Tandis que la milice lodèvoise faisait la garde du camp, il fut chargé, avec soixante gentilshommes, lors de l'attaque, d'appuyer le régiment du maréchal de Saint-André. Il s'acquitta honorablement de sa tâche et pénétra même dans le camp ennemi ; plusieurs grands seigneurs y perdirent la vie, et le comte de Clermont y fut blessé (1).

En 1638, la ville donne à l'église la chaire portant la date et les noms des consuls d'alors : Astruc, Rey et Jalaguier, et que l'on voit encore de nos jours.

En 1641, des troubles pour les élections eurent lieu. Aussi le comte les fit casser.

Louis XIV venait de succéder à Louis XIII, en 1643, et Gaston d'Orléans fut nommé gouverneur de la province, en 1644. Le pays, qui avait été à peu près tranquille jusqu'à cette époque, fut de nouveau inquiété par la tyrannie du duc d'Orléans, qui voulait s'immiscer dans les affaires communales ; il y eut même quelques troubles, mais insignifiants et sans conséquences graves (2).

Gabriel Aldouce succède à son père, Alphonse, en 1644.

En 1652, le 25 juillet, la peste fit sa réapparition. Le fléau fut meurtrier ; les dévoûments furent grands. Un concitoyen nommé Benoît Simon servit les pestiférés pendant vingt-trois jours ; au bout de ce temps, atteint lui-même par le mal, il mourut, le 18 août, dans quarante-huit heures. Gervais Tière, natif de Marseillan, se dévoua aussi, et employa au service des pestiférés quelques connaissances dans l'art de guérir qu'il avait apprises dans ses moments de loisir;

(1) *Histoire générale du Languedoc*.
(2) *Histoire des Seigneurs*.

connaissances d'autant plus précieuses que les médecins étaient rares à cette époque.

Le fléau décima les Clermontais pendant quatre mois, et, cette fois, plus de seize cents personnes périrent.

Le tableau-maître de l'église paroissiale, offert après la cessation du fléau, porte au bas cette inscription :

VOEV - FAICT - PAR - LA - COMMVNAVTÉ - DE - CLAIRMONT - EN - ACTION - DE - GRACES - DV - RECOUVREMENT - DE - LA - SANTE APRES - UNE - GRANDE-PESTE - ESTANS - CONSVLS - Mrs. - REY CAL - D - BOVISSIN - ET - Rmond - ST-PAUL - EN - L'AN - 1653.

La peste avait donc cessé, et le besoin de repos se faisait sentir plus que jamais ; malheureusement, deux hommes cruels allaient gouverner notre ville.

CHAPITRE XXVI

LUTTES ENTRE LA VILLE ET LE SEIGNEUR

Clermont n'avait sans doute pas encore assez de communautés religieuses, puisqu'en 1647, Olivier de Saint-Sulpice vint fonder celle des sulpiciens, pour le service paroissial.

Louis de Guilhem, marquis de Sayssac, fils d'Aldouce, se chargea, en 1648, de la négociation, à Paris, pour l'exemption du passage des gens de guerre à Clermont, moyennant le paiement de 1,500 livres.

En 1649, les calvinistes établissent un prêche de Saint André et font une propagande active dans tout le diocèse de Lodève.

Depuis 1620, c'est-à-dire dans l'espace de trente années, les redevances seigneuriales s'étaient élevées à la somme de 40,000 livres ; aussi, sur une requête des Clermontais, les Etats de la province qui eurent lieu en 1650 exonérèrent la ville de beaucoup de ses redevances.

Cette même année, une émeute dont on ignore encore la cause eut lieu à Clermont contre Bousquet, alors évêque de Lodève.

Après cinq ans d'existence, les sulpiciens partent de Clermont, en 1652.

En 1654, le château de Clermont ressemble à une cour de roi, où la gaîté et la bonne chère ne font point défaut. Gabriel Aldouce y attire le célèbre épicurien des Barreaux, qui y reste quelque temps. Des Barreaux était un poète français qui vécut de 1602 à 1673.

Le comte Gabriel Aldouce, seigneur de notre ville depuis 1644, fut un véritable tyran. D'un caractère autoritaire et méchant, il ne recula devant rien pour assouvir sa colère et sa vengeance ; les cachots, les tortures, les infamies, tout était employé par ce despote cruel ; les voyageurs étaient pillés et rançonnés sur les routes par les gens du comte ; la faiblesse des vieillards et des enfants n'était pas respectée par lui ; la virginité des jeunes filles n'était plus sauvegardée, et il ne se faisait pas un scrupule d'assouvir ses passions voluptueuses sur la plus honnête des femmes. Beaucoup de Clermontais arrêtés arbitrairement languirent longtemps dans les prisons et les basses fosses du château ; deux consuls mêmes, arrêtés et enlevés sur la route de Lodève (1635) par les gens soudoyés du comte, furent détenus pendant près de huit mois dans divers châteaux de la contrée, et relâchés seulement par ordre de l'intendant. Les vassaux supportaient avec peine les vexations injustes infligées par le seigneur ; quelques-uns résistèrent énergiquement, et une émeute furieuse éclata enfin, en 1657. La foule monta au château, résolue de faire mourir le tyran. Aldouce, prévenu, eut le temps de fuir ; mais poursuivi par quelques hommes déterminés qui l'avaient vu sortir du château, il allait être pris, lorsqu'il se réfugia dans le couvent des récollets, où le père gardien lui sauva la vie (1).

En 1655, les Clermontais formulèrent une requête pour que les prisons fussent dans la ville et non dans les châteaux soumis à la garde du comte. Les habitants de Clermont donnent encore l'autorisation aux consuls d'intenter un procès au seigneur.

Gabriel Aldouce mourut la même année, le 7 août 1657, et non en 1692, comme le dit M. Durand. D'ailleurs, le *Bibliophile du Bas-Languedoc*, n° 1, page 4, de MM. S. Léotard et J. Rouanet, va nous apprendre d'une manière certaine, indiscutable, la mort de Gabriel Aldouce.

Nous allons laisser la parole à ces Messieurs, qui ont bien voulu nous communiquer ce précieux document. Qu'ils reçoivent ici nos remercîments les plus sincères.

« En racontant la vie du comte Gabriel Aldouce, l'historiographe de
» Clermont, l'abbé Durand, nous le montre comme *le plus intraitable*
» *des Guilhems*, jaloux de l'indépendance qu'octroyait à la commu-
» nauté la transaction de 1347, haineux et méchant, disputant aux
» bourgeois de la ville tous leurs droits et toutes leurs franchises,
» cherchant, par les manœuvres les plus tyranniques et dans des

(1) *Archivial des Récollets.*

» procès interminables, à ramener dans ses mains l'autorité suprême
» et le pouvoir absolu sur toute l'étendue du comté.

» Louis de Guilhem, son fils, au contraire, *laissa*, dit-il, *ses vassaux*
» *dans le paisible exercice de leurs droits, et ne se mit en peine que de*
» *recueillir les revenus de son domaine* ; et il assigne à l'année 1692
» la mort de Gabriel Aldouce et la prise de possession par le fils des
» domaines seigneuriaux.

» Il ne faudrait pas cependant se hâter de considérer Louis de
» Guilhem comme un seigneur débonnaire, laissant la communauté
» dans la paix la plus profonde, pourvu que vinssent, à l'époque
» fixée, les blancs écus qu'il prélevait à divers titres sur ses
» vassaux et leurs biens.

» Si je m'en rapporte, en effet, à de nombreux documents que j'ai
» recueillis sur ces deux suzerains, actes notariés, arrêts des
» parlements de Toulouse ou de Grenoble, longs mémoires d'avocats
» et de procureurs, Louis de Guilhem se montre à nous sous un
» nouveau jour, et, plus que son père, il mérite d'encourir les
» reproches et les accusations de l'histoire. L'abbé Durand, par suite
» d'une étrange confusion, et se basant sur la fausse donnée de 1692
» comme époque de la mort du père, impute à celui-ci toute une
» série de vexations, de querelles et d'abus de pouvoir qui doivent
» retomber entièrement et uniquement sur la tête du fils.

» Nous devrons donc modifier toute cette partie de l'histoire de
» nos seigneurs et y apporter, pour toute la seconde moitié du
» XVIIe siècle, les rectifications que je vais présenter au lecteur
» preuves en main.

» J'établirai d'abord d'une manière indiscutable l'époque précise
» à laquelle est mort le comte Gabriel Aldouce ; ce seul point, une
» fois éclairci, suffirait à ramener à chacun des deux seigneurs la
» responsabilité de leurs actes. Je l'appuierai, néanmoins, de
» nombreux documents intéressants, pour montrer avec quel
» acharnement la féodalité essayait de retenir dans ses serres de
» faucon les privilèges, qui lui échappaient, et les vassaux, qui
» secouaient le joug.

» C'est un acte notarié du 25 février 1663, signé par la comtesse
» de Clermont, par Charlotte de Guilhem, sa fille, et par Jean de
» Lauzières, qui va nous donner la date de la mort de Gabriel

» Aldouce. Cette pièce est un reçu de la comtesse à sa fille, à propos
» d'une somme de 600 livres que cette dernière devait payer
» annuellement à sa mère, qui, en échange, pourvoyait à son
» entretien et à celui d'une demoiselle de compagnie et d'un laquais.
» La copie textuelle de l'acte m'a semblé pleine d'intérêt. »

« Comme ainsi soit qu'après le décès de hault et puissant seigneur messire
» Gabriel Aldouce de Guilhem de Castelnau de Clermont, Carman et Fois,
» marquis de Sayssac, seigneur et baron dudit Castelnau, Caumont, Rennes,
» Boussages, Queilhes, Beaulieu, copte dud. Clermont et autres places, Damoi-
» zelle Charlotte de Guilhem de Castelnau Clermont, sa fille, heust prye haulte
» et puissante dame Marye Magdelaine de Prat de Nanthouilhet, sa mère,
» veufve douairière dudit feu seigneur comte de Clermont, de luy fournir sa
» nourriture et entretenemant, ensemble avec Dam^{elle} suivante et un laquay,
» moyennant le prix et somme de six cens livres chasque année, quelle luy
» auroit promis de payer annuellement. Despuis lequel temps lad. dam^{elle} heust
» faict divers payemans à lad. dame, sa mère, rezultant des quittances qu'icelle
» dame luy en auroit faictes de sa main, et que, pour raison de ce, les
» partyes soient venues a compter, en sorte qu'il ne reste que d'en passer le
» contrat. Pour ce est-ce que ce jourd'huy dimanche vingt cinquiesme jour
» du mois de febrier mil six cens soixante trois, dix heures du matin, dans
» Clermont, dioceze de Lodève, regnant très chr^{en} prince Louis, par la grace de
» Dieu roy de France et de Navarre, par d^t moyen^{re} royal soubz^{ne} et par d^t les
» témoingz bas nommés, constituée en personne lad. haulte et puissante dame
» de Nanthouilhet, d'une part, et lad. dam^{elle} Charlotte de Guilhem Castelnau
» Clermont, sa fille, d'autre, lesquelles partyes, de leur bon gred, pure et
» franche volonté, ont déclaré que la despance fournye par lad. dame à lad.
» dam^{elle} de Castelnau, sa fille, à sa suivante et son laquay revient depuis le
» *septiesmes aoust de l'année mil six cent cinquante-sept, que le dit*
» *seigneur comte deceda* jusques au presant jour, dont se sont passés cinq ans,
» six mois, treize jours, a la somme de trois mille trois cent vingt-cinq livres,
» qui est a raizon de six cents livres par an, de laquelle entière somme, lad.
» dame confesse et déclare avoir reçeu cy devant de lad. dam^{elle}, sa fille, la somme
» de mil huit cent vingt-cinq livres en diverses fois, suivant les acquits et
» quittances qu'icelle dame en avait faittes a sad. fille, laquelle les a exibés, et
» appres avoir esté recognues par lad. dame, icelles quittances ont esté couppés et
» biffés, et pour la somme de mil cinq cents livres restantes pour parfaire lesd.
» trois mille trois cent vingt-cinq livres de lad. despance, lad. dam^{elle} de
» Castelnau le presantemant payée a lad. dame, sa mère, en prézence de moy,
» no^{re} et tesmoingz en pistolles Espaigne, louiz d'or, écus blantz, pièces de
» vingt solz et autre monoye, embourcée par lad. dam. a son contentemant,
» moyennant quoy lesd. parties ont demeuré quittes jusques apr^s a raizon de
» ce, promettant, lad. dam. à lad. dam^{elle}, sa fille, de luy fournir a ladvenir lad
»

» despance, tant pour elle que pour sad. suivante et un laquay, moyenant
» pareille somme de six cents livres par an. Et pour ainsi le garder et acquiesser
» a ce dessus avec promesse de ny contrevenir, les partyes ont obligé leurs
» biens soubmis a touttes rigueurs de justice. Ainsy lont juré, faict et récitté
» dans la moison des hoirs Jacques Mathieu, a laquelle lad. dame fait sa
» résidance, en présence de noble Jean de Leozières et Jean Fourestier,
» bourgeois, habitants de Clermont, soubz^{nes} avec lesd. dame et Dam^{elle}, mére et
» fille, et moy, Fulcrand Delpon, n^{re} royal, hereditaire du nombre de reduits
» dudict Clermont, requis soubs^{ne}. »

« Au bas de l'acte se lisent les signatures : M. de Nantouilhet,
» De Lauzières, Charlotte de Guilhem de Clermont, Forestier, Delpon.

» Ce n'est donc pas en 1692, mais bien le 7 août 1657 qu'est mort
» le comte Gabriel Aldouce. Les qualités des personnages présents
» et intéressés à l'acte que je viens de transcrire, et d'ailleurs
» sa teneur elle-même, permettent de conclure et de noter
» définitivement cette date, désormais acquise à notre histoire
» locale.

» A la suite de cet acte, le même registre contient une semblable
» quittance faite par la comtesse à damoiselle Louise Guilhem de
» Clermont, son aultre fille, à présent femme du hault et puissant
» seigneur messire Charles Béranger, marquis de Mommoutiers. »

Les calvinistes de Clermont, qui devaient une somme de 1,389 livres, liquident leurs dettes en 1657.

En 1658, le consul Léotard réclame les 14,280 livres que la ville de Clermont avait prêtées au diocèse de Lodève.

Une réclamation par les consuls, au nom de Clermont, est formulée et envoyée aux Etats, afin d'obtenir une décharge relative au logement des troupes.

Louis Guilhem de Castelnau, qui avait succédé à son père, Gabriel Aldouce, depuis 1657, se plaignit au roi, en 1658, des émeutes occasionnées chaque année par les élections consulaires. Les troubles n'en continuèrent pas moins, cette année-là encore, et une révolte eut même lieu ; mais le comte Louis n'osa pas en tirer vengeance, comprenant qu'il lui fallait désormais compter sur la population et ses vassaux.

En 1659, la ville acquiert les fours du seigneur, moyennant une rente de 160 livres, payée annuellement au seigneur.

En 1660, Michel Honoré, frère de l'Observance, publie la *Vie de Marie de Clermont*.

Les revenus communaux, fours, boucheries, loyers des maisons, courtage, sont évalués, en 1662, à 4,405 livres. La même année, Isabeau de Giscard prête 1,200 livres aux consuls, pour certains besoins publics. Une espèce de budget fixé par les commissaires du roi porte à 1,480 livres le maximum de la dépense annuelle de la commune.

En 1663 commence le fameux procès de *d'Aussatières*, pour ne se terminer que cent vingt-neuf ans après, en 1792 (1).

La même année, un arrêt fut rendu par le conseil d'Etat, et portait que :

Depuis 1598, la ville de Clermont était du nombre de celles où il n'y avait point d'exercice public réformé, et que les enterrements des hérétiques ne pouvaient s'y faire qu'à la pointe du jour ou à l'entrée de la nuit, sans aucune cérémonie et avec un convoi qui ne devait dépasser dix personnes.

En 1664 paraît un règlement nouveau de Conti, relatif aux élections consulaires.

En 1665, les élections sont cassées, et un arrêt nomme les consuls d'autorité royale.

Cambin Césaire écrit la *Vie de sainte Germaine* (Marie Mouine), morte depuis 1638, et le livre : *Archivial des Récollets*.

En 1666, le 25 octobre, un autre arrêt rendu par le conseil d'Etat révisa la charte communale de 1347, dans le but d'éviter le retour des troubles passés. Cet arrêt était ainsi conçu :

« Les habitants de la ville de Clermont ayant été pendant 10 ou 12 années,
» dans de continuels différends, par des partis qui s'étaient formés en icelle, au
» sujet du consulat, et qui auraient causé plusieurs querelles et voies de fait,
» et enfin, la ruine de la plupart des familles de ladite ville........ un nouveau
» règlement aurait été dressé en 1664, pour la nomination et élection des consuls,
» électeurs et conseillers politiques, lequel règlement, au lieu d'assoupir lesdites
» divisions, aurait causé de plus grands désordres ; qu'ensuite, un compromis
» aurait été passé entre les principaux habitants pour la reddition des comptes
» et autres affaires civiles, et qu'il ne restait plus à ladite ville, pour lui faire
» oublier les désordres passés, qu'un rétablissement de l'ancien règlement,

(1) Voir la note à la fin de cet ouvrage.

» sauf : 1° que les consuls nommeraient conjointement, à la pluralité de voix, les
» 12 électeurs, en sorte qu'aucun consul ne pût faire seul une élection valable ;
» 2° que les électeurs auraient au moins 5 livres de compois chacun, depuis
» 5 années avant ; 3° que nul ne pourrait être nommé consul qu'il ne fût
» majeur de 25 ans, et qu'il n'eût au moins 6 livres de compois ; 4° que ceux
» qui auraient été dans le consulat ne pourraient y rester après 5 années ;
» 5° qu'enfin, les anciens consuls, ni les douze électeurs, ni les consuls nouvel-
» lement élus ne pourraient être parents entre eux qu'au troisième degré (1). »

L'année 1667 vit deux élections consulaires. Un arrêt cassa celle qui fut faite contrairement aux règlements.

Une ordonnance de l'évêque de Lodève qui paraît en 1668 force les filles-mères à une réparation publique lorsqu'elles demandent à se marier.

Nous croyons utile de donner ici cette ordonnance à titre de document curieux :

« Roger de Harlai, par la Miséricorde de Dieu, évêque et seigneur de Lodève,
» comte de Montbrun et de Césy, conseiller du roi en ses conseils ; à tous ceux
» que ces présentes verront, Salut et Bénédiction :
» . . . .
» Avons ordonné et ordonnons que, si quelque fille ou femme veuve se trouve
» enceinte des œuvres de quelqu'un qui la doive épouser, les parties ne pour-
» ront point être mariées qu'après avoir demeuré à genoux hors la porte de
» l'église, durant la grande messe de Paroisse, trois Dimanches consécutifs.
» Ordonnons aux Prieurs et Vicaires d'y tenir la main, et leur défendons de
» contrevenir à peine de suspension *ipso facto*.
» Donné en notre palais épiscopal dudit Lodève, le 26ème jour du mois de
» juillet 1668. — *Roger de Harlai*, évêque de Lodève. »

Voici une autre ordonnance de l'évêque Georges de Souillac, confirmant celle de Harlai, et que nous faisons suivre malgré sa date (2).

« Confirmant et renouvelant la susdite ordonnance de Mgr de Harlai, notre
» prédécesseur, concernant les mariages, nous ordonnons que toute personne
» du sexe, fille ou veuve, qui sera reconnue pour enceinte ne pourra être
» mariée qu'après s'être tenue à genoux, un cierge à la main, à la porte de
» l'église pendant la messe Paroissiale, pendant 3 dimanches consécutifs, pour

(1) M. Durand, p. 221, archives partic.
(2) *Statuts synodaux*, p. 364. Toulouse, 1 vol. in-18, 1745.

» y réparer le scandale de sa faute ; et si son complice se présente pour
» l'épouser, nous ordonnons qu'étant également coupable et scandaleux, il
» subira la même peine.

» Nous défendons, sous peine de suspense *ipso facto*, à tous prieurs, Curés
» de notre diocèze, de procéder à la célébration de leur mariage, s'ils n'ont
» préalablement satisfait à la présente ordounance.

» Donné à Lodève en notre palais épiscopal, le 8 juillet 1745. — *Jean Georges*
» *de Souillac*, évêque et comte de Lodève. »

Un de nos contemporains et ami, notre condisciple de collège M. Alfred Pagès, exposa au Salon de peinture, en 1882, une toile magnifique dont le thème, fort bien développé, était tiré de ces ordonnances mêmes.

Ecoutons un journal de la région datant de cette époque :

« Avec la deuxième toile, nous sommes dans la peinture historique, à
» laquelle s'adonne M. Pagès. L'*Amende honorable* est une page charmante
» de notre histoire locale du XVIIᵉ siècle.

. . . .

» La messe est dite, et plusieurs groupes sortent de l'église par la petite
» porte méridionale, si connue des archéologues par le bas-relief qui la
» surmonte.

» Les deux coupables sont encore à genoux sur les marches, se cachant
» dans les bras l'un de l'autre, honteux, humiliés. Le cierge qu'ils tenaient
» s'est échappé de leurs mains et roule jusqu'au bas des degrés. Puis, ce sont
» de jeunes filles avec des garçons, le sourire aux lèvres, la malice dans le
» regard. Sur la gauche, une d'entre elles passe rapidement, rougissante et
» les yeux baissés, accompagnée d'une duègne. Puis, un moine, un mendiant,
» et, au premier plan, deux personnages en riche costume jetant un dernier
» regard de pitié sur les deux coupables.

» Je voudrais pouvoir faire l'éloge des figures, qui sont ravissantes; mais ce
» serait faire des personnalités, tous les modèles étant des Clermontaises ou
» des Clermontais. Je me contenterai de dire que ce tableau est charmant,
» fort bien groupé et peint avec un sentiment artistique des plus louables.

» D'ailleurs, nous connaissons M. A. Pagès ; nous savons assez combien sont
» justes ses idées sur l'art, et nous n'ignorons pas qu'il est laborieux et que ses
» tendances actuelles sont pleines de promesses pour l'avenir.

» C'est pourquoi nous sommes heureux, à Clermont, de constater ce
» nouveau succès, persuadés que notre petite ville n'a qu'à se féliciter d'être
» représentée dans le monde artistique par un peintre qui promet beaucoup
» et qui est sur la meilleure des voies. »

En 1669, une nouvelle émeute eut lieu contre le comte, au sujet des droits de commune.

Le 20 août 1669, une délibération porte que le sieur Guillaume Baille est nommé délégué pour aller à Paris se faire rendre justice à Sa Majesté, à l'effet des élections consulaires, qui ne pouvaient pas avoir lieu, les sieurs de Malmont et Pierre Souvier, consuls, étant en grande mésintelligence pour nommer les électeurs, le troisième consul, Pierre Boyer, étant décédé depuis quelques jours.

La même année, la ville engage les fours pour 62,000 livres, afin de diminuer les dettes communales ; elle se réserve le droit, en remboursant la somme, de reprendre possession desdits fours.

En 1670, les conseillers du roi nomment les consuls.

Avec le gouvernement tyrannique de Louis de Guilhem, Clermont ne retrouva pas la tranquillité qu'on était en droit d'attendre depuis longtemps.

Le comte s'immisçait dans toutes les élections consulaires et cherchait, par tous les moyens possibles, à en entraver l'exercice ; il était jaloux des droits que la charte donnait aux Clermontais et de ceux qu'ils acquéraient tous les jours ; il eût voulu ramener son autorité à un pouvoir absolu qui n'était déjà plus possible depuis longtemps.

Aussi cruel que son père, peut-être davantage, Louis gouvernait toujours despotiquement la baronnie. Ses vassaux l'accusèrent même, en 1674, d'un acte de vengeance : un nommé Simon Arnaud fut arrêté et emprisonné sous la prévention d'avoir tiré sur J. Astruc. Simon n'eut pas le temps de voir la fin de son jugement ; avant le verdict des juges, il fut trouvé mort dans un cachot obscur du château. L'intendant d'Aguesseau fut nommé commissaire pour informer. Le roi écrivit bien une lettre à ce sujet ; mais tout se borna là (1).

La situation entre la ville et le seigneur devenant chaque jour plus tendue, Louis XIV adressa, en 1674, aux consuls, une lettre conçue en ces termes :

---

(1) Archives de la ville.

« Chers et bien aymés,

» Nous avons esté informés qu'il y a quelques années que les démêlés quy
» estoient entre vous et le Sʳ comte de Clermont avoient esté terminés, mais
» que depuis vous êtes rentrés les uns contre les autres dans de plus grands
» différents qu'auparavant, pour raison de quoy procès auroit esté intenté en
» notre cour de Parlement de Toulouse ; et comme il est important de vous
» mettre d'accord, et que c'est choze que nous désirons, nous vous faisons
» cette lettre, que nous escrivons semblable aud. Sʳ comte de Clermont, pour
» vous dire de donner incessamment une bonne connoissance de vos diffʳᵉⁿᵈˢ
» au Sʳ Daguesseau, intendant de justice en notre province du Languedoc,
» pour, suivant l'ordre que nous luy en donnons, prendre soing de les accorder
» et vous sortir d'affaires à l'amiable, selon qu'il aura esté à propos, vous
» exortant de vous en tenir à ce qu'il sera par luy réglé et ordonné ; s'y ny faites
» faute, car tel est notre plaizir.
» Donné à Versailles, le premier jour de septembre 1674. — *Louis* (1). »

Villeneuvette est déclarée, en 1677, manufacture royale dirigée par une compagnie industrielle.

En 1679, nouveaux troubles au sujet des élections. Les électeurs des consuls refusent au comte de lui prêter serment, à lui ou à son bailli, conformément aux règlements ; ils demandent à ce que le comte s'éloigne même du lieu où se font les élections. Il est publié, pour la défense des droits de commune, un mémoire très volumineux pour être présenté au Parlement.

Les élections sont encore troublées par le comte en 1680, qui garde prisonniers au château les consuls sortants, afin de les empêcher de nommer les électeurs.

En juin de la même année, et dans une assemblée communale, le consul Guintard traite un conseiller d'*insolent*.

Le monarque absolu, Louis XIV, on l'a vu, n'avait fait, par sa lettre, qu'assoupir la querelle, et l'on voit le comte et la ville soutenir un procès devant le parlement de Toulouse, qui ne rendit un verdict affirmatif qu'en 1680.

En 1681, un arrêt du Parlement délègue un conseiller pour nommer les consuls. Guintard, ancien premier consul, est interdit pour cinq ans, parce qu'il avait voulu se perpétuer en charge.

La même année, Villeneuvette reçut une somme de 40,000 livres accordée par les Etats de la province.

(1) Archives de la ville.

Enfin, en 1682, un arrêt défend au comte de se mêler des élections ; mais le seigneur, incorrigible, ne put s'empêcher d'intervenir et d'intriguer auprès des électeurs. En 1683, il en fut de même ; mais plainte fut portée, et le Parlement condamna le comte à 3,000 livres d'amende pour contravention à l'arrêt de l'année précédente.

Le comte, comme nous l'avons vu, voulait s'emparer des élections consulaires, et il demandait que les électeurs prêtassent le serment ordinaire devant lui ou ses officieux, contrairement à la transaction, qui le faisait prêter aux consuls sortants. Le Parlement le débouta de toutes ses prétentions, et il fut condamné.

Le comte comprit qu'il lutterait inutilement ; aussi se retira-t-il dans un de ses châteaux du diocèse de Castres, ne s'occupant que de recueillir les produits et les revenus de sa seigneurie. Il vécut là jusqu'à sa mort, qui arriva en 1705.

Ainsi, lorsque Clermont n'était pas inquiété par quelque fléau ou quelque guerre, nos maîtres, qui auraient dû procurer la sécurité aux habitants, tracassaient, au contraire, la population entière par d'injustes vexations.

CHAPITRE XXVII

DERNIERS GUILHEMS ET DÉCADENCE DU POUVOIR MUNICIPAL

Déjà, en 1693, un *maire* nommé par le roi remplaçait le premier consul. Le maire présidait l'assemblée municipale et avait pour adjoints deux consuls, dont il recevait le serment. Plus tard, même, les deux consuls furent choisis par lui, et les élections consulaires n'eurent pas lieu ; à peine si l'on vit, de temps en temps et pour la forme, des simulacres d'élections pour une de ces deux charges (1).

Clermont perdait d'un côté ce qu'il gagnait de l'autre, et le vœu de la population ne fut pas pris en considération, relativement à l'administration communale.

Notre ville, à l'époque dont nous parlons, s'était considérablement agrandie par les constructions faites dans les faubourgs. Ceux-ci étaient défendus à l'entrée par une porte semblable à celle des remparts. Ils avaient chacun une fontaine ; mais la plus belle était la *fontaine de la Ville*, qui possédait quatre jets dont l'eau sortait par la gueule de quatre lions en bronze. Les fossés environnant le château étaient convertis en jardins où l'oranger, le palmier et le citronnier croissaient en nombre considérable. Le marché du mercredi était très renommé au loin ; de Nimes, de Béziers, d'Agde, de Pézenas, de Montpellier, de Narbonne, arrivaient toutes les semaines des caravanes nombreuses pour y vendre leurs produits ; l'Auvergne et le Rouergue amenaient leurs bestiaux. *On peut dire sans hyperbole que le marché de Clermont est, parmi les marchés, ce que la foire de Lodève est parmi les foires du Languedoc* (2).

(1) Archives de la ville.
(2) *Histoire des Seigneurs.*

Nouveaux troubles consulaires en 1692, de telle façon que l'intendant nomme d'office les consuls.

Clermont réclame contre la défense de l'intendant relative à la marque des draps portant : *Clermont-Lodève*. On fait remarquer que cette marque est déjà fort ancienne et, avec juste raison, que le nom de Lodève sert à distinguer notre ville de Clermont des autres localités de ce nom ; on accuse encore les fabricants de Lodève d'être jaloux.

Cette année vit la création de l'office de maire recevant le serment des consuls, présidant les élections.

Cinq soldats sont arrêtés et jugés pour avoir commis des violences sur le chemin de Lodève.

Le 18 janvier 1694, Jean d'Alizon, maire perpétuel de Clermont, conseiller du roi, procureur du sieur Pierre Baille, vend aux syndics de la province du Languedoc, à Narbonne, pour le compte dudit Baille, à livrer dans cinq années, vingt mille mûriers droits, de belle venue, de 4 pouces au moins de grosseur et de 7 pans de hauteur, que ledit Baille fera venir dans le terroir de Clermont-Lodève, pour frais desquels les syndics généraux de la province paieront aujourd'hui 200 livres, et à l'époque de la livraison des vingt mille mûriers, dans cinq années, ils lui paieront 2 sols, 6 deniers pour chacun desdits mûriers, ce qui fera, pour toute la quantité de vingt mille, 2,500 livres.

Le comte Louis de Guilhem n'avait pas reparu dans notre ville depuis son départ pour sa seigneurie du diocèse de Castres ; il était même, en 1695, venu à l'assemblée des États de Montpellier, et il ne daigna pas arriver jusqu'à Clermont ; néanmoins, une députation clermontaise alla lui présenter l'hommage.

Le maire de la ville, Sincère, veut, en 1695, nommer les électeurs des consuls ; mais ceux-ci résistent et nomment les électeurs conformément aux anciens règlements ; le maire, alors, quitte la séance et se cache pour ne pas recevoir le serment des électeurs et des consuls élus.

Les consuls en charge étaient, à cette époque, Landier, Bonniol et Baille.

En 1698, le prêtre Julien, créature et ami de la famille des seigneurs, publie l'*Histoire des Seigneurs-Comtes de Clermont-Lodève*.

En 1699 eut lieu la naissance du marquis de Sayssac, fils du comte Louis de Guilhem.

Le 8 novembre 1700, c'est-à-dire cinq ans plus tard, Louis se décida enfin à revenir reconnaître ses domaines et ses vassaux.

Le comte se rendit au château, où tout dépérissait d'une manière déplorable. L'antique et noble manoir de ses aïeux n'offrait plus ce caractère de vie autrefois si animée et si brillante ; tout était désert, et le silence n'était plus troublé que par le chant lugubre et triste de quelques chouettes qui avaient établi leur demeure dans les vieilles murailles du château. Aussi, Louis repartit bientôt, laissant cette ancienne demeure dans son état de délabrement (1).

Ce ne fut que le 21 décembre 1700 que les élections eurent lieu cette année. Les sieurs Causse, Ranc et Canet sont élus et prêtent au maire le serment d'usage.

En 1701 et 1702, les élections furent encore troublées.

En 1703, les électeurs qui désignent les consuls sont nommés par le maire.

La même année, M. Pouget acquit la manufacture de Villeneuvette, la compagnie existante s'étant dissoute.

Lorsque les camisards se révoltèrent et se répandirent dans les montagnes des Cévennes, Clermont resta tranquille et ne ressentit pas les effets de cette révolte.

C'est vers cette époque aussi que fut créée une école destinée spécialement aux demoiselles dans le quartier de Rougas. Une demoiselle de la ville nommée Isabeau de Giscard laissa, en mourant, les fonds suffisants pour une création de ce genre. Cette école nous est connue sous le nom de *Propagation de la foi*, et était destinée particulièrement aux jeunes filles des familles protestantes converties récemment au catholicisme. L'ouverture eut lieu solennellement en 1704. Les premières religieuses furent : Marie Angerly, Catherine Astrugue et Marguerite Fargues.

En 1749, l'établissement fut dissous et réuni à l'hôpital (2).

En 1705, on répare le portail *Miquelle*, situé sur la place du Planol.

---

(1) Archives de la ville.
(2) Archives de l'hôpital.

Cette année-là arriva aussi la mort du fils du comte, le jeune marquis de Sayssac, âgé de six ans à peine.

On adjugea pour 380 livres les nouvelles réparations à faire à l'église Saint-Paul; on restaura aussi le clocher et on construisit une nouvelle chapelle, dite des *Ames du purgatoire*.

L'Hôtel-Dieu fut encore réparé et presque remis à l'état de neuf.

La décadence des Guilhems se marquait de plus en plus par l'amoindrissement de leur autorité, qui s'effaçait chaque jour devant celle du *gouverneur* et du *maire*, créés par édit du roi, et surtout par ses domaines, qui se rétrécissaient à tout instant. Sur dix-huit villages que nous avons vus au commencement de notre histoire, cinq seulement se trouvaient aujourd'hui sous la juridiction du seigneur de Clermont, savoir : Nébian, Brignac, Canet, Mourèze et Salasc ; encore même le comte ne les possédait-il pas en entier, puisqu'on comptait plus de cinquante fiefs particuliers dépendant d'un autre seigneur. Les autres treize villages avaient chacun leur seigneur particulier; pourtant, en 1320, le seigneur de Clermont se titrait encore de *coseigneur de Caux* ; mais on ne voit pas que Béranger VI, mort en 1324, ait porté ce titre.

D'un autre côté, le gouvernement absolu de Louis XIV enlevait l'autorité aux seigneurs féodaux, qui tous se faisaient un plaisir et étaient heureux d'être admis à la cour et de faire partie de cette brillante suite de courtisans qui entouraient le monarque à cette époque.

En 1711, le comte Louis II, dernier seigneur de la famille des Guilhems, meurt sans laisser de postérité ; sa veuve, Pélagie d'Albret, se trouve seule pour recueillir la succession seigneuriale.

Des réjouissances eurent lieu en 1713, à l'occasion du traité de paix d'Utrech (11 avril). Le gouverneur de la ville exigea que les consuls vinssent, en tenue, le prendre chez lui pour allumer le feu de joie sur la place publique. Les consuls refusèrent énergiquement.

Tous les oliviers sont tués par le froid rigoureux de 1714. Le roi accorde à la ville une indemnité de 9,945 livres, afin que de nouvelles plantations se fassent au plus tôt.

En 1717 eut lieu le rachat des charges de maire et de lieutenant de maire.

Le deuxième consul, Jean Jalaguier, fit nommer le premier et le troisième par une douzaine d'électeurs choisis parmi les habitants. Lauzière et Jalvy furent élus et prêtèrent le serment d'usage au viguier.

En 1718, la veuve de Louis II de Guilhem de Sayssac vend le titre de baron de Clermont à noble Louis de Lordat, fils de Jacques de Lordat, baron de Bram, gouverneur de Carcassonne.

Deux ans après, en 1720, Castanié d'Auriac acquiert la baronnie de Clermont avec tous ses droits et achète, en outre, Villeneuvette. Le consul Laudié veut faire nommer ses protégés ; plainte est portée à l'intendant Bernage, qui agit contre lui.

En 1721 eurent lieu les élections, et malgré la présentation de Chinion, faite par l'évêque et l'intendant Baille, Gayraud et Ricard sont nommés consuls, à la satisfaction des Clermontais.

CHAPITRE XXVIII

CLERMONT AVANT LA RÉVOLUTION

Ce n'est pas sans effroi que Clermont apprit l'apparition de la peste, en 1720, à Marseille, qui enleva plus de quatre-vingt-cinq mille personnes. Toutes les précautions furent immédiatement prises, afin d'empêcher l'importation du terrible fléau dans notre cité. Une délibération du conseil alloua la somme de 700 livres pour la réparation des remparts ; puis on plaça à toutes les entrées des hommes chargés de surveiller et d'examiner les denrées qui entraient dans la ville ; toutes les choses suspectes étaient vite écartées et plus vite encore éloignées ; c'est qu'il y avait des vieillards qui se souvenaient encore de 1652. Heureusement, Clermont en fut quitte pour la peur (1).

Un de nos compatriotes, Verny, médecin distingué, se dévoua pour aller à Marseille porter des secours aux malheureux pestiférés.

Le roi, pour le récompenser, le fit conseiller à la cour des aides de Montpellier, puis le décora du cordon de Saint-Michel.

On créa à Clermont un bureau de santé, présidé par le gouverneur Léotard ; il garda dès lors les clefs de la ville, pendant que les consuls faisaient faire des patrouilles.

Les 700 livres ne suffisant pas, un emprunt de 20,000 livres eut lieu alors, réparti entre trente-six citoyens clermontais.

En 1724, des troubles relatifs aux élections consulaires eurent encore lieu. Le premier consul, Lestagnol, fut nommé par autorité du roi.

En 1730, la ville établit la *subvention* aux droits d'octroi pour

(1) Archives de la ville.

douze années, afin de pouvoir payer 62,000 livres à ceux qui s'étaient chargés des fours banaux depuis 1669.

L'année 1733 vit le rétablissement de l'office de maire. Le rachat ne se fait que onze ans après, en 1744.

En 1745, un violent orage se déchaîna avec furie sur tout le territoire de notre cité, et la grêle détruisit presque toute la récolte, que les propriétaires espéraient rentrer sous peu de jours ; les parapets de Rhônel furent emportés, les ponts enlevés, et les campagnes, inondées, ressemblaient à un immense lac (1).

Cette année-là vit de nouveau le rétablissement de l'office de maire.

En 1747, les Clermontais élaborent un projet pour demander l'autorisation de détruire les deux murs qui reliaient la paroisse Saint-Paul aux murailles de la ville, ainsi que les deux portes, celle de Saint-Paul et celle de la *Subvention*. L'intendant de la province s'opposa énergiquement à ce projet, qui ne devait recevoir une bonne solution qu'en 1765.

La même année, l'intendant lance une ordonnance contre les tisserands qui, sans carte de congé, changent de maître ; il défend aux patrons d'accepter aucun ouvrier sans la carte signée.

Cette année encore, les quatre frères Baptiste se rendirent célèbres dans les annales de Clermont par leur scélératesse, leur effronterie, le vol et les rapines qu'ils commettaient en plein jour. Ils s'étaient rendus redoutables, au point même que le propriétaire témoin de l'enlèvement du fruit de ses pénibles labeurs par les Baptiste ne disait rien, dans la crainte d'essuyer par un coup de feu ses trop justes réclamations.

Le sieur Chambert voulut un jour faire quelques observations même respectueuses à ces scélérats ; il paya de sa vie : un des quatre frères, s'armant d'un fusil, alla le tuer dans sa maison.

Quelque temps après, le 24 juin, les garçons chapeliers, se rendant chez eux après leurs travaux, eurent le malheur de prononcer le nom de ces bandits en passant dans la rue et devant la maison de ceux-ci.

Ce fut le commencement d'une querelle qui ne devait se terminer qu'avec effusion du sang. Pendant la dispute, un des frères Baptiste

1) Archives de la ville.

Vue du Portail Neuf. (Pourtal-noou.)

monte dans sa maison ; il s'arme d'un fusil et tire par la croisée sur les chapeliers ; un pauvre ouvrier, Vitalis, qui s'était curieusement approché, est étendu raide mort par ce coup de feu mal dirigé, pendant qu'une femme est aussi grièvement blessée. Dans sa rage, Baptiste redescend dans la rue avec une nouvelle arme et ajuste la foule, qui grossit toujours de plus en plus. Il n'a pas le temps de consommer un autre meurtre, car, cerné et désarmé, il est conduit en prison au milieu des huées et des menaces d'une foule furieuse.

Pendant ce temps, les trois autres frères, jugeant sans doute toute résistance inutile et dangereuse, abandonnent la maison et se sauvent dans la campagne. Là, ils commettent, avec plus d'acharnement encore, des vols et des assassinats. Sur une demande de secours, l'intendant s'empressa d'envoyer immédiatement un détachement de grenadiers, qui chassèrent ces bandits de notre contrée.

La sécurité revint dans la ville (1).

En 1758, Castanié d'Auriac libelle une réclamation pour les droits seigneuriaux de Clermont, auxquels il a droit, puisqu'il y a succédé.

Notre cité profita du moment de répit que lui laissa le trop faible et désordonné gouvernement de Louis XV pour essayer quelques embellissements ; on abattit les deux lourdes murailles (1765) qui joignaient l'église aux remparts, et sur lesquelles le seigneur avait un chemin couvert pour se rendre aux offices. On voit encore, au-dessus des orgues magnifiques de la cathédrale et près de la voûte, l'endroit très bien conservé où se plaçait le seigneur.

La belle place du *Plan-Noou* (Planol), qui existait avant le XIV° siècle, se trouva ainsi à découvert, et son embellissement commença. Le cimetière, qui se trouvait encore au pied de l'horloge, justement à l'endroit qui porte aujourd'hui le nom de *Plate-Forme*, fut transféré, après achat, dans les jardins de l'ancien cloître, qui appartenaient alors au prieur (1768). La porte du côté du couchant, trop petite et réservée seulement pour le passage des convois funèbres, fut agrandie ; celle du clocher, plus grande, fut arrangée. Le dôme du clocher date aussi de cette époque (1769). On employa

---

(1) Archives de la ville.

encore une somme de 15,000 livres pour réparations dans l'intérieur de l'église ; le chœur fut lambrissé, décoré par de grands tableaux ; le maître-autel, qui touchait au mur du fond, fut avancé au centre ; le tout fut entouré par une grille en fer d'un fort joli dessin (1).

Castagnié d'Auriac meurt en 1771, laissant, pour lui succéder, sa fille, Françoise Castagnié, marquise de Pourpri, épouse d'un général de ce nom. Elle réclame, la même année, le droit de police dans sa seigneurie.

En 1780 eut lieu la fondation d'un orphelinat qui devait entretenir et instruire gratuitement douze jeunes filles. Lors de la suppression des ordres religieux, cet orphelinat fut transféré dans le couvent des dominicains, et plus tard réuni à l'hôpital, où il existe encore de nos jours (2).

Ce monument de générosité est dû à un nommé Joseph Ronzier, qui légua 100,000 livres pour être affectées à l'orphelinat de jeunes filles. L'acceptation des legs de son testament fut autorisée par des lettres patentes du roi, en 1775 ; mais les réclamations élevées par les exécuteurs testamentaires retardèrent l'accomplissement des projets conçus jusqu'en 1780.

(1) Archives de la ville.
(2) Archives de l'hôpital.

CHAPITRE XXIX

CLERMONT PENDANT ET APRÈS LA RÉVOLUTION

Le 5 mai 1789, les Etats généraux, réunis à Versailles, entreprirent les réformes tant désirées et si vivement réclamées par le peuple.

La Révolution commençait.

Après l'abolition des droits féodaux, on supprima les ordres religieux et on décréta la confiscation des biens ecclésiastiques. La constitution de l'Etat fut changée, et tous les citoyens furent égaux.

Dès le début de la Révolution, la cherté des grains occasionna, dans notre ville, une émeute qui se termina par le pillage de trois magasins de blé. L'administration consulaire fut impuissante pour comprimer cette révolte, qui n'était que le prélude de bien d'autres ; aussi eut-elle recours à la force. Une garnison arrivée promptement et l'organisation immédiate d'une garde bourgeoise étouffèrent l'émeute, qui avait déjà pris un caractère sérieux.

Lorsque la nouvelle de la prise de la Bastille, le 14 juillet 1789, arriva à Clermont, les habitants comprirent que les liens qui les étreignaient depuis tant de siècles étaient rompus ; des attroupements se formèrent dans toutes les rues, sur les places ; puis, se réunissant, la foule monta au château, qu'elle livra aux flammes et à la dévastation. Tout fut détruit ; les remparts, seuls, en partie seulement et tels qu'on les voit encore aujourd'hui, échappèrent à cette destruction. Enivrée, la foule redescendit et se porta sur l'hôtel consulaire, qui fut aussi incendié.

Avant l'expiration de sa charge, l'administration ancienne fut obligée de se démettre de ses fonctions pour faire place à une nouvelle, qui lui succéda en septembre. Baumier, Julien et Verny firent partie de cette administration. Celle-ci fut encore remplacée par une autre au mois de février 1790, et l'on voit, par son *compte-rendu*, qu'elle fut obligée, pendant deux fois consécutives, en 1790 et 1791, de proclamer la loi martiale.

En décembre 1790, les biens des trois couvents et du clergé furent mis en vente; plusieurs propriétés déclarées nationales furent achetées par la ville pour 59,660 livres ; l'ancien hôtel de ville fut vendu pour 1,900 livres et l'hôtel-Dieu acheté pour 4,300, dont on fit une caserne de gens d'armes, le tribunal de commerce et la maison commune.

Le 20 septembre 1792, l'Assemblée législative finissait ses travaux et cédait la place à la Convention. Le roi, Louis XVI, arrêté à Varennes, au moment où il allait rejoindre à Metz l'armée du marquis de Bouillé, avait été ramené à Paris le 21 juin 1791 et gardé à vue dans la prison du Temple. La Convention demande la mise en accusation du roi, qui est jugé et condamné à mort pour *complicité avec l'étranger ;* sa tête tombe sous le couperet de l'échafaud le 21 janvier 1793. Cette mort soulève tous les souverains d'Europe contre la France, qui forment contre nous la première coalition ; la Vendée prend les armes, et des émeutes sanglantes eurent lieu dans tout le pays.

Clermont se ressentit de ce désordre général ; des rixes, des émeutes, des incendies, se renouvelèrent sans cesse et partout ; et tous ces maux étaient causés par des hommes méchants, sans opinion, qui profitaient de cet état de choses pour commettre toutes les infamies et exploiter ainsi le nom de la Révolution.

Après les 27 et 28 juillet 1794 (9 thermidor) le parti royaliste de notre ville crut pouvoir relever la tête et en imposer à toute la population ; mais des *clubs* s'organisèrent aussitôt publiquement, et une vive résistance fut opposée par la majeure partie des habitants, qui, réunis sous le nom de Vendée, déclarent une guerre ouverte aux partis monarchiques, exécrés par la population entière.

On se rappelait ce qu'on avait souffert sous les tyrans qui avaient gouverné dans notre ville depuis tant de siècles, et on ne voulait pas retomber dans les serres cruelles de la féodalité. Le peuple goûtait pour la première fois de la liberté ; il voulait la conserver, et il est bien difficile, lorsqu'un peuple veut une chose, de lui résister.

Toute la population s'unit, en effet, pour combattre les royalistes, qui essayaient vainement de se donner quelque importance, et on ne manqua pas une occasion pour manifester toute l'horreur qu'on avait du passé.

En 1795, lors de la levée qui eut lieu à cette époque, les conscrits refusèrent tous de partir pour l'armée et déclarèrent même que nulle force ne pourrait les contraindre à quitter leurs familles et leurs foyers. Plusieurs brigades de gendarmerie vinrent à Clermont pour essayer d'y rétablir l'ordre, mais ce fut en vain ; les gendarmes furent menacés, et le 31 décembre, la foule se porta tout entière contre l'hôtel de ville. La municipalité se déclare alors en permanence et essaye vainement aussi de porter un remède contre cette agression ; on prépare les armes pour soutenir une attaque, si elle a lieu. La foule, apprenant ce qui se passe, court aux armes à son tour et commence un véritable siège entre 8 et 9 heures du soir ; des pierres sont lancées contre les croisées, les rues dépavées, les maisons voisines ouvertes aux assaillants pour pénétrer dans l'hôtel de ville ; des coups de fusil sont tirés. Un conscrit espère, à la faveur de l'obscurité, s'approcher du corps de garde ; il est aperçu. Aussitôt une voix lui crie :

— Qui vive ?

Le conscrit ne répond pas, et un coup de feu tiré par la sentinelle l'étend raide mort ; son corps tombe au milieu d'une foule immense qui s'était avancée en entendant le coup de fusil. C'était plus qu'il n'en fallait pour exciter et exaspérer le parti révolutionnaire.

Le lendemain, 1er janvier 1796, après les funérailles de la victime, et à son retour du cimetière, la foule, furieuse, frémissante, se rue contre l'hôtel de ville ; les portes sont enfoncées, les croisées brisées, tout est saccagé ; on parle même d'égorger la municipalité tout entière. Heureusement, elle avait fui par les toits.

Les tribunaux furent saisis de cette affaire ; des condamnations à mort et des emprisonnements en furent le dénoûment ; dénoûment fatal qui ne fit que renouveler les rixes, les chants, les attroupements, et, en s'aigrissant, les partis perpétuèrent la guerre civile.

Au mois de mai 1797, un attroupement se forme près de la halle au blé ; on accourt, et on voit aux prises quelques partisans ardents de l'un et de l'autre parti. L'émeute grossit vite, et l'on ne sait où elle pourra s'arrêter. Hérail, le commissaire de police, accourt à la hâte pour rétablir l'ordre. Il parle aux uns et aux autres de modération, mais c'est en vain ; l'on se jette l'un contre l'autre pour se déchirer, et le malheureux commissaire, se trouvant engagé au milieu de la mêlée, y rencontre un individu qui lui plonge un poignard dans le ventre. Hérail peut à peine faire quelques pas ; il perd connaissance, et bientôt il succombe à sa blessure, après de cruelles souffrances. La foule, effrayée, se retire aussitôt, laissant le commissaire étendu sur le pavé au milieu d'une mare de sang.

Après qu'Hérail eut été transporté chez lui, une enquête s'ouvrit dans le but de rechercher le coupable ; tout le monde désavoua le crime et personne ne l'avait vu accomplir. Néanmoins, un individu fut arrêté. Etait-il coupable ? était-il innocent ? nul n'a jamais pu le savoir ; mais ce que l'on sait, c'est qu'il paya de sa vie sur l'échafaud le meurtre consommé près de la halle au blé. De plus, la ville fut condamnée à payer à la veuve du commissaire 2,400 livres et autant pour la République (1).

Le 4 septembre 1797 (18 fructidor an V) arriva, et l'administration qui n'avait pu comprimer la révolte fut cassée et remplacée par une véritable administration républicaine, composée de E. Maistre, Saumade, Ferrieu, Singla et Buisson. La sentence de destitution de la première porte que la ville *s'est montrée une des communes du Midi où l'influence des royalistes a été funeste et a eu le plus de succès, et que l'administration municipale n'a pris aucune mesure pour la comprimer* (2).

Dès lors, les émeutes qui eurent encore lieu furent sans gravité, et la fin du siècle put voir renaître la prospérité, la confiance et la sécurité de tous les citoyens.

Malheureusement, si la France n'avait plus ses tyrans locaux, elle courait à grands pas se jeter dans les bras d'un dictateur, et notre pays allait commettre la faute irréparable de s'abandonner à un seul homme : Bonaparte.

Le Consulat, qui dura du 9 novembre 1799 (18 brumaire) au

---

(1) Archives de la ville.
(2) Archives de la ville.

18 mai 1804, établit la Constitution de l'an VIII avec trois consuls : Bonaparte, Cambacérès et Lebrun ; mais Bonaparte a seul le pouvoir, car le premier consul propose les lois, déclare la guerre, commande les armées, signe les traités de paix, etc.

Les deux autres n'ont que voix consultative.

Ce n'était pas encore assez pour l'ambition du premier consul ; nommé consul à vie en 1802, il se fait proclamer empereur, sous le nom de Napoléon Ier, le 18 mai 1804, et sacrer à Notre-Dame, par le pape Pie VII, le 2 décembre de la même année.

Ainsi, la Révolution avait aboli l'ancien régime dans la nuit du 4 au 5 août 1789 ; la France se donnait un César le 18 mai 1804, celui-là qui, lors des préliminaires de Léoben, et lorsque l'Autriche proposait avant tout de reconnaître la République française, s'écria : « C'est inutile, la République est comme le soleil ; aveugle qui ne la voit pas ! »

CHAPITRE XXX

ÉPILOGUE

Dès le début de notre ouvrage, nous avons vu la Gaule barbare recevoir des Romains les principes de civilisation que ceux-ci avaient reçus des Grecs.

Aux guerres civiles et à l'anarchie d'alors succéda une organisation régulière ; les institutions, le langage, les mœurs des vainqueurs furent adoptés par les vaincus. Plus tard, lorsque l'empire romain s'écroula, les Francs, soutenus par le clergé gallo-romain, se rendirent maîtres de notre pays et mirent fin aux invasions germaines. Plus tard encore, Charlemagne, par ses victoires et ses conquêtes, fonda l'empire d'Orient, qui s'effondra bientôt après lui. C'est de son empire morcelé que sortirent, au traité de *Verdun*, en 843, les trois grandes puissances modernes d'aujourd'hui : La France, l'Allemagne et l'Italie. Dans la désorganisation de cet immense empire, on vit surgir une foule de pouvoirs locaux qui étendirent chaque jour de plus en plus leurs rameaux de ramifications. Ce fut la France féodale.

Nous avons vu notre ville traversant des époques inquiétantes et douloureuses. Toujours en guerre pour défendre sa liberté et son indépendance, la tranquillité n'était pas possible, la sécurité n'existait nulle part, et l'on se trouvait condamné à cette obéissance passive qui avilit l'homme tout en le dégradant. Nous voyons que nul n'est sûr de pouvoir librement aller et venir, car, sans raison, le seigneur peut faire mettre en prison, selon son bon plaisir ; nul n'est sûr d'avoir bonne justice, car le seigneur, encore, peut choisir les juges, afin d'assurer l'acquittement ou la condamnation de l'accusé ; la liberté de conscience n'existe pas, et encore moins celle d'exprimer son opinion, car, avant de parler, même bien bas, il faut regarder soigneusement autour de soi, dans la crainte des espions, nombreux à cette époque.

Nous avons vu notre ville soumise au pouvoir d'un seul homme et tyrannisée par autant de despostes cruels, orgueilleux et vains. Le bon vouloir du seigneur n'assurait à personne la vie du lendemain, et nul n'était sûr de respirer au grand air dans un moment; les basses fosses du château, les prisons, les oubliettes, s'emplissaient pour des motifs futiles et mesquins.

Nous avons vu nos pères luttant avec courage et persévérance contre tous ces abus; nous les avons vus toujours vaincus, jamais vainqueurs, mais ne se décourageant pas et réclamant avec énergie un droit qu'ils devaient avoir.

Qu'on juge de l'état actuel de notre pays comparé à celui d'autrefois, et l'on aura encore une bien faible idée des péripéties par lesquelles durent passer nos aïeux pour nous transmettre un si bel héritage.

La liberté dont nous jouissons aujourd'hui est l'œuvre de la Révolution de 1789, l'œuvre de nos pères; aussi devons-nous nous appliquer non seulement à la conserver, mais encore à l'étendre, pour la transmettre à nos descendants, afin de leur montrer, à eux aussi, qu'on n'acquiert la liberté qu'en travaillant.

La suppression de l'ancien régime est encore l'œuvre de la Révolution; elle a fait tous les citoyens égaux devant la loi, et la liberté de conscience existe pour tout le monde, pour tous les cultes et pour toutes les croyances. Il n'y a plus enfin, en France, le privilège de naissance et de fortune; tous les citoyens peuvent arriver aux honneurs et à la gloire par l'instruction et le travail.

Tous ces avantages ont été assurés par le *Suffrage universel*, établi par le gouvernement républicain du 25 février 1848.

Aujourd'hui, donc, la nation tout entière participe au gouvernement de son pays par l'élection des députés et des sénateurs; les intérêts départementaux sont confiés à un conseil général où chaque canton envoie un représentant élu; les intérêts communaux sont dirigés par les conseils municipaux, élus aussi par le suffrage universel.

On le voit, par le suffrage universel, le peuple manifeste clairement sa volonté; il est donc inutile de recourir à la violence et à la force pour essayer de faire changer les institutions qui nous régissent actuellement; celui qui le ferait montrerait un mauvais cœur et ferait preuve d'un mauvais citoyen.

PARTICULARITÉS DIVERSES

CHAPITRE XXXI

LANGUE

Le français a été formé de plusieurs langues. Voici celles qui en font la base et le fondement : 1° la langue celtique, qu'on parlait dans le Nord et dans l'Occident, et qui semble venir de l'ancienne langue des Goths ; 2° la langue latine, introduite par les Romains, lors de la conquête des Gaules ; 3° la langue tudesque, apportée par les Francs, lorsqu'ils vinrent s'établir dans notre pays. De ces trois langues s'est formé, au XIV° siècle, le français de nos jours. Ce n'est seulement que vers le milieu du règne de Philippe de Valois qu'elle commença à prendre une forme régulière. Sous François Ier, elle se perfectionna ; sous Henri IV, ce perfectionnement fut plus notable encore. Richelieu fonda l'Académie française sous Louis XIII ; et, enfin, le siècle de Louis XIV plaça le français à la tête de toutes les langues de l'Europe.

Néanmoins, on parla longtemps dans le Midi la langue romane, et quoique aujourd'hui la langue française soit la langue nationale, le roman, appelé vulgairement patois, est beaucoup en usage dans les conversations familières.

Cet idiome, modeste mais énergique, fut formé des débris de l'ancien celte, du volce et du grec mêlés aux locutions latines, et ce langage devint la langue commune des populations rurales et du peuple des cités et s'appela langue romane.

C'est au milieu des bois et des forêts qu'il faut aller chercher le berceau de la langue des troubadours ; et c'est entre les dolmens que les bardes chantaient les exploits des guerriers et que la poésie naquit.

Le premier monument de notre littérature date de 842 ; c'est le serment que prononça Louis le Germanique, à Strasbourg, en présence de l'armée de son frère Charles le Chauve. Le voici transcrit littéralement et extrait des *Victoires et conquêtes des Français depuis les Gaulois jusqu'en 1792*, par M. Martin, t. III, in-8°, page 56 (1822).

LANGUE ROMANE

Pro deo amur, et pro christian poblo et nostro commun salvament, d'ist di in avant, in quant deus savir et prodir me dunat, si salvarai-eo cest meou fradre et in adjhuda et in cada una cosa si cum hum, per dreit, son fadre salvar dist ; in o quid il mi altre si fazet, et ab Ludher nul plaid numquam prindrai, qui meou vol, cist meou fadre, in damno sit.

M. Champollion-Figeac en fait ainsi la traduction :

Pour l'amour de Dieu, pour le peuple chrétien et notre commun salut, dès ce jour en avant, en tant que Dieu me donne savoir et pouvoir, je sauverai Charles, ce frère à moi, et l'aiderai en toutes choses, comme un homme doit par justice sauver son frère, et pourvu qu'il ne fasse pas autrement ; et je ne prendrai jamais avec Lothaire aucun engagement qui, par ma volonté, devienne nuisible à mon dit frère..... *(Charles, Louis.)*

Voici maintenant le serment des seigneurs de Charles. Nous croyons utile de reproduire ici cette pièce, car les monuments de cette espèce et de ces temps sont si rares que nous ne craindrons pas d'abuser de la patience du lecteur, afin de montrer la langue que l'on parlait à cette époque.

LANGUE ROMANE

Si Lodhwigs sacrement que son fradre Karlo jurat, conservat, et Karlus meo sendra de suo part las tanit si io returnar non lint pois, ne io, ne neuls cui eo returnar nit pois, in nulla adjhuda contra Loduwig nun li iver.

En voici la traduction :

Si Louis observe le serment que son frère Charles a juré, et que Charles, mon seigneur, de son côté, ne le tienne pas, si je ne puis l'y ramener, ni moi ni aucun que je pourrais y ramener ne lui serons d'aucun secours contre Louis.

Voici les quatre premiers vers du chant de sainte Eulalie. Le manuscrit, découvert en 1837, renferme vingt-neuf vers et est du siècle suivant.

Buno pulcella fut Eulalia ;	Bonne fille fut Eulalie ;
Bel auret corps bellezour anima ;	Elle avait beau corps, âme plus belle
Voldrent la ventre li déo inimi.	Voulurent la vaincre les ennemis de Dieu,
Voldrent la faire diavle servir.	Voulurent la faire le diable servir.

Voici comment Guillaume de Béziers déplore l'infortune de Raymond Trancavel, fait prisonnier par le comte de Toulouse, et assassiné, comme on sait, dans l'émeute qui eut lieu dans l'église même de la Madeleine (XIIe siècle).

Quascus plor et planh son damnatge,
Sa malanaussa et sa dolor.
Mas ieu, las! n'ai en mon coratge
Tan gran ira et tan gran tristor ;
Que ja nos jorns plant ni plorat
Non aurai lo valen prezat,
Lo pros vesconte que martz es,
De Bezers, l'ardit et l'cortes.
Non vi hom ni tan gran error
Mais far ni tan gran estranhatge
De Dieu et à nostre senhor,
Cum au fagli can renegat
De fals lignatge de Pilat........

En voici le sens :

Que chacun pleure et plaigne sa perte, son malheur et sa douleur. Je n'ai, hélas! eu dans mon cœur si grande colère et si grande tristesse! Je n'aurai assez de jours pour plaindre et pleurer le noble et vaillant, le preux, le hardi et courtois vicomte de Béziers, mort. Jamais homme n'a vu faire un si grand crime, une si grande infamie que celle commise envers Dieu, notre Seigneur, par ces hommes qui l'ont renié et qui sont de la race impie de Pilate,

Ecoutons maintenant la belle Azélaïs de Portiragnes, qui écrit au XIII⁰ siècle, avec plus de régularité :

>Bella mes flor d'aguilen,
>Quant aug del fin joy la doussor
>Que fan l'auzel novellamen,
>Pel temps qu'es tornat en verdor,
>E son de flors cubert li reynh
>Gruiec vermelh et vert e blan......

En voici le sens :

Belle m'est la fleur d'églantier, quand j'ois la douceur du chant de l'oiseau nouvellement, pendant que tout est changé en vert, que les champs son couverts de fleurs, de bouquets rouges et verts et blancs.

Au XIV⁰ siècle, Matfre Ermengaud écrit ainsi :

>De la prima sim turmentat
>Cilh qu'an trop aver dézirat
>De l'antra li malicios,
>De la terza li luxurios,
>E son punit del quart tormen
>Los envieos et l's malvolen.
>. . . . .

Transportons-nous maintenant au commencement du XVII⁰ siècle, afin de mieux remarquer la transformation qui s'est produite dans la langue :

>Aro leben nous aus mous fraïre,
>Din lo capelo de Biroun,
>Auen préga per fil, per païre,
>Parlou de lour glorio ben loun.

Ensuite, à la fin du XVII⁰ siècle ;

>Oucy qué lé gentil més de maï,
>Tourno flourit coumo jamaï ;
>Qué la campagno touto bélo
>En bert retinto sa gouélo ;
>Qué lou soulel se fa tout els
>Per admira milo ramels.
>Yeou tabé, yéou me réjouissi,
>E sur quatré flous mé rabissi.

En 1723, Martin, de Ceilhes, publie : *las Merveillos des Béziés*. En voici quatre vers :

> Yéou canti de Béziés la beoutat, la richesso
> Dount lou ciel li fa part ambé tant de largesso ;
> Sé la terro fasio des Dious lou paradis,
> Restarioou din Béziés, l'ancien prouberbé ou dis.
> . . . .

L'ancien idiome n'a rien perdu de nos jours de cette harmonie et de cette grâce ; les bardes d'aujourd'hui savent manier habilement cette langue patoise, si harmonieuse et si belle.

La magnifique pièce de vers *lou Tioulat paternel*, de notre compatriote Peyrottes, ravi trop tôt aux Muses, qu'il cultivait avec tant de succès, ne le cède en rien ni en finesse ni en élégance à aucun idiome moderne.

Nous sommes heureux de donner ici en entier cette pièce de vers, véritable chef-d'œuvre de poésie patoise :

LOU TIOULAT PATERNEL

> O reyna de toutas la villas,
> Heroux qué té dis : adissias !
> Sus las plaças tant paou tranquillas,
> Cal és qué s'ennuyario pas ?
> A la Seina ay mesclat mas larmas,
> En pensen al rèc de Rhounel,
> Et me sioï dicth, ramplit d'alarmas :
> Ounté és, lou tioulat paternel ?

> Paris ! ay admirat tous dômes,
> Ta Coulouna et toun Panthéoun ;
> Mais éré soul permi tant d'hommes,
> Et soupiravé après Clermoun !
> Al Louvré moum cor préférava
> Nostre antique et fumoux castel,
> Qué dé sas tourrés abrigava
> Moun paouré tioulat paternel !

> M'accusaras d'ingratituda
> Paradis des hommes puissens !
> Mais dins toun sé l'inquiétuda
> Randio mous jours trop languissens.

> Clermount-l'Hérault, douça patria,
> A teus moun amour éternel !
> Oï touta moun idoulatria
> Es per lou tioulat paternel.
>
> Del vouyajur l'ama es troublada
> Quand s'approcha dé soun pays :
> Ensi la miouna éra agitada
> A la quilla des cinq camis ;
> Aqui mous jinouls flajiguèrou,
> Ma bouca beniguet lou ciel,
> Et mous iols surtout contemplerou
> Fuma lou tioulat paternel !
>
> Salut ! terra de ma naissença,
> De tu jamaï pus sourtiraï !
> A tu lie moum existença
> Es ambé tu que mouriraï
> Hérous lou qu'après la tempesta,
> Escapat al destin cruel,
> Pot enfin répaouza sa testa
> Déjoust lou tioulat paternel !

Un autre compatriote, M. Benjamin Rouquet, a eu le bonheur, en 1841 ou 1842, de trouver, en musique, des accents qui ne le cèdent en rien à la beauté de la poésie.

Le musicien a fort bien compris le poète.

Tous les Clermontais apprennent avec plaisir cette belle romance ; aussi nous abstiendrons-nous de tout commentaire, dans la crainte d'en diminuer la valeur.

Voilà la langue qu'ont parlée nos pères ; telle est encore la langue qui se parle dans les départements méridionaux ; il est vrai que les dialectes varient même d'un village à un autre.

Les désinences *o* et *a* et l'accentuation, qui n'a aucune règle, différencient généralement ces dialectes.

Quoi qu'il en soit, c'est le patois qui réfléchit avec le plus de vérité l'esprit, le caractère et les mœurs des habitants.

« Ce langage, vif et fécond en images et en tableaux, en tours hyper-
» boliques, réunit, aux formes les plus variées du style, l'abondance,
» la grâce, en même temps que l'énergie, la concision et la clarté. Il

» est bien accentué; il a de la prosodie, renferme beaucoup de mots
» imitatifs, exprime avec finesse les sensations et les idées, ainsi que
» leurs nuances. Il se prête avec aisance au ton des passions douces
» et de la naïveté, brille dans les sujets où la gaîté domine et rend
» avec la plus heureuse originalité tous les détails comiques et
» burlesques (1). »

(1) J. Brieu, p. 86.

CHAPITRE XXXII

CLERMONT : PHYSIONOMIE GÉNÉRALE

Clermont, ancienne ville du Bas-Languedoc, se trouve, aujourd'hui, au centre du département de l'Hérault et dans l'arrondissement de Lodève. Elle est distante de 15 kilomètres sud-sud-est de Lodève, de 42 kilomètres ouest de Montpellier, et de 792 kilomètres sud-sud-est de Paris. Assise à l'extrémité occidentale d'une colline cultivée, notre ville s'étend dans la plaine vers le sud-ouest; une montagne peu fertile, la Ramasse, l'empêche de s'agrandir du côté du sud.

Le territoire de notre commune, bien cultivé, est de 3,247 hectares et ainsi divisé :

Section A, de Pradines

Lauverne. — Le Bausset. — Le Fraissinet. — La Peyrade. — Farringaude. — La Mourrade. — Les Issarts. — Les Clapisses. — Champ de Vailhé. — Champ de Serre.

Section B, des Bories

Plaines de Salagou. — Grange de Guiraud. — Monredon. — Jarmanète. — Croix Blanche. — Le Frigoulas. — Plaine de Creyssels. — Le penchant de Salagou. — Germane. — Le Bosc. — Les travers de las Claparèdes. — Les Bories. — Serre del Pous. — Pouech Rouch. — Pioch Pialat. — Saint-Berthoumy.

Section C, de Saint-Cist

Fonchaude. — Saint-Cist. — Les Sevières. — La Thorie. — Rouperigne. — Les Cibières. — Le Peyre. — Fontainebleau. — La Combe.

— La Barrière. — Puech-Castel. — L'enclos de Brouss. — Rouas. — Souc.

Section D, de la Ville

La Ville.

Section E, de Gorjan et de Saint-Martin

La Prade. — Les Clavelières. — Plan Poujol. — Le devant de Ceyras. — Les Périgouses. — Saint-Martin-Canourgue, — Bellevue. — Peyre-Plantade. — Croix de la Pauze. — Mal-Nourrit. — Gorjan. — L'Hôpital. — Chemin Neuf. — Jardins. — La Cavalerie. — Jalaguier. — Les Tanes hautes.

Section F, de Roque-Sèque et de Fouscaïs

La Magdalème. — Le Fraisse. — Roque-Sèque. — Valat des Gourps. — La Quintarié. — Fouscaïs. — La Cascade. — Plaine ou Salamane-sous-Fouscaïs. — Pioch Fourréaud. — Saint-Vincent. — Métairie Verny.

Section G, de la Ramasse

La Ramasse. — La Maladrerie. — Fontenille. — Caylus. — Les Cassignasses. — Combe-Aulengue. — Coussoulés.

Section H, de Servières

Le Cabrié. — Terres de Camplomg. — Les Abalsèdes. — Fontenay. — Le Grand-Champ et les Caricrasses. — La Lauze. — Font-Rouge. — Le chemin de Lodève. — Bezerac. — Chemin du Peyrou. — Mas du Juge. — L'Arnet. — Le Peyrou. — Servières près. — Servières haut. — Servières bas. — Montagne de la Bruyère. — Sainte-Suscée. — Montagne de l'Agasse. — L'Agassounet. — Randou. — Les Châtaigniers. — La Jonquasse. — Sur la Jonquasse. — Les Courrèges. — Les Pouges et les Termes. — Travers des Servières. — Travers de la Lauze. — Bois de la Grosse.

Section I, de Salagou

L'Olivette. — La Roque. — La plaine et le bosquet. — Le Plo. — Rouens. — Le Bidissas. — Les Gamilles. — Les Pérassèdes. — Les

Pertaisieyres. — Mas Crémat. — Champ de la plaine de Salagou. — Terres de Camplong. — Pioch Payrol. — Sur le chemin de Liausson. — Pioch de Comte. — L'Arboras. — Le Bosquet.

Dès l'aurore de la Révolution, la circonscription de l'ancien diocèse de Lodève, augmentée et modifiée plus tard pour en former un district qui fut en dernier lieu un arrondissement communal, a été la base de l'organisation actuelle.

Le tribunal correctionnel de Lodève réunissait sous sa juridiction les cantons de Lodève, Clermont, Aniane, Soubès, Aspiran, Saint-Pargoire, Saint-Jean-de-la-Blaquière, Montpeyroux, Saint-André-de-Sangonis, Le Caylar, Gignac, Octon et Lunas. De ces treize cantons, formant alors l'arrondissement de Lodève, il n'en reste plus que cinq : Lodève, Le Caylar, Lunas, Clermont et Gignac ; sept ont été fondus dans les cinq qui existent, Aniane a été joint à l'arrondissement de Montpellier.

Clermont est donc un chef-lieu de canton.

Lorsque le voyageur arrive dans notre localité transporté par le chemin de fer, il se trouve, dès sa sortie de la gare et après avoir traversé un pont, sur une belle promenade, le Tivoli, complantée de deux rangées de platanes et éclairée la nuit par plusieurs becs de gaz, placés à des distances convenables. De chaque côté se trouve un trottoir d'une largeur de 4 mètres en moyenne. Le côté droit de cette promenade est bordé par de vastes cafés, où les consommateurs trouvent le meilleur accueil. A l'extrémité de la promenade sont deux bornes-fontaines, qui répandent la fraîcheur en arrosant les platanes. Si de la promenade du Tivoli le voyageur se dirige vers la gauche, il rencontre la belle école laïque de filles, sur le derrière de laquelle se trouve l'asile communal, et, après avoir passé sur un pont et tourné à sa droite, il marche dans la rue de la Coutellerie, qui va aboutir par le chemin Neuf à la route de Villeneuvette et de Lodève. Dans sa marche, il peut voir la nouvelle rue Coutellerie-Neuve, la fontaine qui dessert le faubourg Saint-Dominique, des cafés et des hôtels, la maison curiale, la vaste église des pénitents, ancien cloître des dominicains. Arrivé à l'auberge Raunier, s'il redescend vers le sud, il traverse la grande et longue rue de la Frégère, où des magasins de toute sorte vendent leurs denrées ; enfin, il arrive près de l'hôtel de ville, visite le marché aux bestiaux et se trouve sur le Planol.

Notre voyageur n'a vu là que la ville moderne ; pénétrons avec lui dans la ville haute. Cette partie a le défaut de toutes les villes anciennes : ses maisons, mal bâties, ses rues, étroites et sans régularité, offrent un contraste avec la partie déjà visitée ; néanmoins, dans le parcours, on rencontre la belle place du Petit-Radical, ornée aussi d'une jolie fontaine ; plus haut se trouvent la fontaine de la Ville, l'église de Gorjan, et, enfin, sur la crête de la montagne, on voit les débris de l'antique manoir des Guilhems.

Si l'on redescend du côté opposé à celui par lequel on est monté, on passe sous le Portail-Neuf, et en contournant à droite, on traverse le faubourg de Rougas, la longue place des Paniers, et on arrive à l'extrémité septentrionale de la grande et belle rue Nationale. Là, le voyageur peut voir des établissements de tout genre, tels que cafés et hôtels magnifiques ; à sa gauche se trouvent le tribunal de commerce et la justice de paix ; plus bas, le couvent des religieuses, avec sa longue et mélancolique muraille. Que de beaux magasins orneraient assurément avec plus de profit cette partie de la rue ! Encore plus bas se trouvent le bureau des postes et télégraphe, puis la caisse d'épargne. Si, remontant, il contourne l'église Saint-Paul et traverse un pont, il aperçoit à sa droite l'école laïque de garçons et le collège communal.

La population de Clermont s'élève, d'après le recensement de 1881, à 5,430 âmes. Ses habitants, généralement polis et instruits, ont des mœurs douces ; ils sont industrieux et commerçants. Les agriculteurs et les employés dans les manufactures de drap forment la majeure partie de la population.

Les armes de la ville sont : *d'argent, à la fasce de gueules, accompagnée en chef de deux mouchetures d'hermine de sable, et en pointe d'un tourteau du second émail ; au chef d'azur, chargé de deux fleurs de lis d'or.*

Maisons. — C'est dans la ville moderne que se trouvent toutes les belles maisons, généralement toutes celles de la rue Nationale, quelques autres dans les différents quartiers, et principalement les cafés et les hôtels.

Instruction publique. — L'instruction est donnée, dans notre ville, par un collège communal, des écoles laïques de garçons et de filles, un asile communal et plusieurs écoles libres.

Le collège communal est en partie situé dans l'ancien local du couvent des dominicains, et se trouve bien placé sous tous les rapports. Une vaste cour servant pour les récréations est complantée de platanes, qui répandent, en été, l'ombre et la fraîcheur.

La création de cet établissement universitaire remonte au 27 vendémiaire an XII. M. Vernet, M. Fabre, de Montpellier, en 1806, et M. Crozals, d'Alignan, en 1810, firent prospérer cet établissement.

Le collège resta ouvert jusqu'en 1852, époque où il fut remplacé par les écoles primaires dirigées par les frères de la doctrine chrétienne.

Le 27 septembre 1862, M. le ministre de l'instruction publique ordonna le rétablissement du collège, qui subsiste depuis.

Les principaux qui se sont succédé jusqu'à nos jours sont :

MM.	Enjalbert...............	1862	MM. Favereau.................	1881
	Fulcran..................	1868	Maurel.................	1882
	Laffon...................	1876	Courboulés.............	1884

Désireuse d'avoir un collège digne de ce nom, la ville fait construire actuellement, sur l'emplacement de l'asile communal primitif, un nouvel établissement, destiné à remplacer l'ancien.

L'école communale laïque de garçons, récemment construite sur le terrain de l'ancien cimetière du couvent des dominicains, est fort bien aménagée.

M. Laussel, en 1803, commença l'organisation de cette école primaire.

Voici les noms de MM. les instituteurs directeurs de cet établissement :

MM.	Ménard.................	1840	MM. Biarnes...............	1861
	Baro.....................	1850	Campagna.............	1863
	Bompart................	1854	Lamouroux............	1864
	Descroix................	1858	Roussel.................	1878
	Rouzeaud..............	1859	Pégurier...............	1884

L'école laïque de filles est de date récente. Sa création remonte à 1878 ; sa construction, à 1883. Elle est construite sur le boulevard de Montpellier.

Voici les noms des institutrices qui ont dirigé cet établissement :

Mlle Baldare.........	1878	Mlle Thomas...........	1883

La création de l'asile communal, à Clermont, remonte à 1841 ; il est situé aujourd'hui dans la rue Coutellerie-Neuve et construit sur les derrières de l'école laïque de filles.

Cette construction est aussi de 1884.

Abattoir. — L'abattoir, construit, en 1880, sur la route de Montpellier, est une innovation progressive dont la ville éprouvait le besoin.

Usine à gaz. — L'usine à gaz, située sur la gauche de la route de Canet, est encore une innovation. La date de sa fondation est le 7 juillet 1877.

Fontaines. — A part la fontaine de la Ville et celle du Petit-Radical, situées dans le quartier du Pioch, la place du Planol est décorée par une fontaine monumentale, et les faubourgs sont desservis par d'autres, très abondantes; de plus, un grand nombre de bornes-fontaines, placées dans les rues et disposées à des distances convenables, facilitent le service domestique et aident à l'arrosement quotidien des rues.

Promenades. — Les Clermontais aiment beaucoup la promenade. Les plus fréquentées, et en même temps les plus belles, sont : le Tivoli, le Planol, les allées de l'Hôpital, les chemins de Nébian et de Canet.

Usines mécaniques. — Les usines mécaniques occupent une grande partie de la population clermontaise, hommes et femmes. Les principales sont : celles de MM. Bruguière et Boissière, Roger et Cot. Nous ne passerons pas sous silence les deux fabriques importantes de papier à cigarette, dirigées, l'une par M. E. Villaret, l'autre, par Mme Vve Villaret, d'une bonne fabrication, et dont l'excellente réputation s'étend au loin de plus en plus. Ces deux établissements occupent principalement des femmes.

Hôpital. — L'hôpital de Clermont offre un refuge aux malades et aux infirmes. Sa vue extérieure et sa situation hors la ville, sa maison, grande et bien distribuée, son vaste jardin, tout dispose à en concevoir une opinion des plus favorables.

La ville a, en outre : depuis le 12 germinal an XII, une chambre consultative des arts et manufactures ; un conseil de prud'hommes, depuis le 6 juillet 1810 ; un bureau de bienfaisance ; une société militaire ; une société de secours mutuels ; des octrois, etc.

Préposés de l'octroi :

M. Josset (Jean-Charles). . . . 1862 | M. Cans (Marius). . . . 1883
Lébrard. 1880

Le tribunal de commerce de Clermont, qui a dans son ressort les cantons de Clermont et de Gignac, date du 6 janvier 1791.

Il y a aussi une justice de paix. Voici les noms des juges de paix qui se sont succédé à Clermont :

MM. Trouche (J.-Joseph), 1791.
Delmas (Jean), an IV.
Belliol (Fulcran), an VI.
Ronzier (Fulcran), an VII.
Grégoire (Daniel), an VII.
Marquez (J.-Jacq.-Hillaire), an X.
Delpon (Louis), 1816.
Balp aîné, 1830.
Beauclair (J.-Aug^{te}-Gaspard),1834.
Ronzier-Joly (Barthélemy-Pierre-
Alphonse-Aymeri), 1848.
Lautier, 1848.
Rey (Jules), 1853.
Poujol (Félix), 1866.
Ronzier-Joly (Barthélemy-Pierre-Alphonse-Aymeri), 1870.
Laurès (Jean-Fulcran-Napoléon), 1873.
Audibert.
Rouquet.

Le commissaire de police résidant à Clermont remplit les fonctions du ministère public.

Caisse d'épargne. — L'établissement de la caisse d'épargne de Clermont date de l'année 1843.

Le caissier actuel est :

M. Barral Paul. 1850

CHAPITRE XXXIII

GOUTS ET USAGES

Les goûts et les usages qui distinguent les Clermontais sont : les fêtes, les danses, les jeux, le chant et la musique, la pêche, la chasse et les réunions.

Danse. — La danse est pour la classe ouvrière un délassement qui la fatigue peut-être trop, mais qui certainement la réjouit ; pour la haute société, la danse est une occasion de briller par le luxe et par l'urbanité.

A Clermont, la généralité des jeunes gens aime à danser.

C'est ordinairement sur le Planol, sur la place du Radical ou dans tout autre endroit que le bal se dresse, enguirlandé des couleurs nationales, décoré par de nombreuses devises et perdu dans la verdure des buis séculaires. Quelquefois, tard encore, l'orchestre résonne harmonieusement dans le silence de la nuit, et les plus fougueux danseurs sautent une dernière polka.

Fêtes. — C'est à Clermont que les fêtes sont nombreuses ; chaque quartier, chaque rue même, chaque corps d'état fait une fête, accompagnée d'un bal. La ville fête la Conversion de saint Paul, le 25 janvier de chaque année.

Chant et musique. — Le chant et la musique sont deux arts cultivés par les Clermontais presque toujours avec succès ; d'ailleurs, ce goût est dominant à tous les départements méridionaux. On peut ajouter que Clermont renferme, parmi ses habitants, des voix superbes. Les artisans, les ouvriers des ateliers de fabrique, trouvent ainsi le moyen de dissimuler la monotonie de leur travail.

En février 1860, un orphéon, dirigé par le sympathique M. Isidore

Rouquet, se créa à Clermont ; les prix nombreux aux divers concours où cette société s'est présentée, à Toulouse, 1865, et à Béziers, le 2 septembre 1876, entre autres, font d'ailleurs le plus bel éloge de la Chorale clermontaise.

Nous apprenons avec plaisir, au dernier moment, la reconstitution de cette société, à laquelle nous souhaitons beaucoup de succès.

Pêche et chasse. — Le sang qui coulait dans les veines des premiers habitants de notre sol n'a point dégénéré ; généralement, les Clermontais aiment la chasse ou la pêche, et, bravant même les condamnations en temps prohibé, ils ne peuvent combattre l'instinct qui fait une nécessité de leurs inclinations.

Jeux. — Aujourd'hui, les anciens jeux sont presque tous remplacés, à Clermont, par celui des cartes, que l'on joue dans les cafés ; le jeu de billard captive aussi beaucoup de personnes. Autrefois, on voyait des parties organisées de grosses boules, de paume longue, de quilles, de ballon, de balle et de mail ; pour les personnes plus paisibles, les gobelets (*lous cloucous*), le palet et le bouchon.

Nous nous abstiendrons de faire l'analyse de tous ces jeux ; ils sont généralement encore assez connus, et nous croyons pouvoir nous en dispenser.

Petits repas. — C'est dans ces petits repas faits en comité que l'on retrouve la gaîté. A l'abri d'un mas, par un beau jour d'automne ou d'une treille en été, on aperçoit dans la campagne des groupes animés autour d'une table rustique. Ces parties de plaisir sont fréquentes, et cela se perpétue d'âge en âge. On y invite avec plaisir les étrangers, et tout se termine par des propos joyeux et des chants alternés où chacun se fait un véritable bonheur de dire ses plus belles chansons.

Noces et réunions. — Si les Clermontais aiment les fêtes et les danses, ils ne dédaignent pas les noces où, honnêtement, on s'amuse beaucoup. Les réunions sont pour eux d'un goût prononcé.

Carnaval. — C'est pendant la durée du carnaval que la jeunesse s'en donne, surtout le mardi Gras et le mercredi des Cendres ; tous les jeunes gens des villages voisins viennent, ces jours-là, grossir le nombre des déguisés et jeter à profusion du son à leurs amis. Ce sont peut-être les deux jours, lorsque le temps le permet, les plus mouvementés de l'année.

Foires. — A part l'important et antique marché du mercredi, Clermont a aussi, depuis quelque temps, quatre foires par an : une tous les trimestres. Là, des marchands y viennent pour y vendre leurs produits, d'autres pour en acheter.

Culte. — Tous les Clermontais appartiennent au culte catholique ; les protestants ont complètement disparu. On y rencontre pourtant encore deux ou trois familles juives, fort estimées d'ailleurs.

Mœurs. — Les Clermontais, nous le répétons, ont les mœurs douces, affables et prévenantes ; les amusements et les occupations sont généralement dominés par une bruyante gaîté ; tout le monde chante en travaillant, en promenant, en s'amusant. L'aptitude et le goût du travail sont exemplaires ; les actes momentanés d'insubordination sont dus au défaut d'éducation. Généralement, la probité règne partout et surtout dans les transactions. Le mensonge, l'intempérance, la brutalité, l'oisiveté et bon nombre d'autres vices ne sont pas le partage de la population clermontaise ; il y a bien sans doute des exceptions, il y en a malheureusement partout, mais chez nous, les cas sont assez rares. Les familles, à peu d'exceptions près, font régner parmi leurs membres l'unité et l'amitié ; le bon ordre et la paix existent généralement dans tous les ménages.

Industrie. — De tout temps, on a apprécié d'une manière particulière la qualité des draps fabriqués à Lodève et à Clermont. C'est là la branche la plus remarquable du commerce et de l'industrie dont on s'occupe dans ces deux villes. Lodève est en possession de cette industrie depuis des siècles ; Villeneuvette après et Clermont ensuite en ont joui et rivalisent dignement avec honneur et avec une louable persévérance.

CHAPITRE XXXIV

RÈGNES DE LA NATURE

Le climat de Clermont est sain, l'air est pur et tempéré ; c'est le doux climat méditerranéen.

La température moyenne annuelle du département déduite de dix années d'observation est de 13°,6 : hiver, 5°,8 ; été, 22°. Le nombre des jours de pluie est de soixante-sept. La hauteur des pluies, à Montpellier, est de 740 millimètres, de 600 à Cette, et de 1 mètre à 1^m,20 dans le pays de la montagne.

La vie moyenne, à Clermont, est de quarante-sept ans.

Les vents, avec leurs dénominations vulgaires, sont, en général :

Nord..........................	tramontana.
Nord-nord-est................	tramontana bassa.
Nord-est......................	grec.
Est............................	marseillais.
Sud............................	marin.
Sud-sud-ouest................	garbin.
Ouest-sud-ouest..............	narbounés.
Nord-ouest....................	magistràou.
Nord-nord-ouest..............	albigeois.

Un petit cours d'eau traverse la ville de Clermont ; il prend sa source dans les montagnes de Liausson, et après un parcours de 9 kilomètres, il se jette dans la Lergue, sur la rive droite de cette rivière, un peu au-dessus du hameau de Cambous, entre Ceyras et Brignac. Ce cours d'eau se change en véritable torrent, lors des fortes pluies, et cause quelquefois de grands ravages.

C'est ainsi que le 29 octobre 1860, ce ruisseau, grossi par les pluies, emporta tous les ponts, démolit même des maisons, pénétra dans le bas quartier riverain et fit périr deux femmes et deux enfants.

Un grand nombre de tanneries se servent de son eau ; malheureusement, en été, elle est si peu abondante que le lit de ce ruisseau se change en de véritables cloaques infects et corrompus qui dégagent des émanations putrides, nuisibles à la santé publique. On parle d'y remédier, et nous applaudirions de bon cœur à cette mesure.

RÈGNE ANIMAL : *quadrupèdes mammifères*. — Voici les principaux animaux que l'on trouve dans nos contrées : l'âne, le mulet, le chat, le cheval, le cochon, le lapin, le mouton, le rat, le lièvre, la martre, le bœuf, la chèvre, le furet, le chien, le mulot, le rat d'eau et la taupe.

Le loup, le sanglier, le cerf, le porc-épic, l'écureuil et la loutre ont complètement disparu.

Oiseaux. — La bergeronnette, la caille, le chat-huant, la bécasse, la mésange, l'étourneau, le coucou, la perdrix, le rossignol, le moineau, le hibou, le merle, la poule, l'épervier, le canard, la linotte, la tourterelle, le verdier, l'engoulevent, la calendrette, le milan, le corbeau, le biset, la chauve-souris, la cochevis, la pie, le roitelet, le rouge-gorge, la poule d'eau, la pintade, la grive, la tourde, le vanneau, la fauvette, la chouette, le bec-figue, la huppe, l'ortolan, le pitpit, le chardonneret, la corneille, le dindon, l'hirondelle, le loriot, l'oie, le pigeon, le serin des Canaries, le serin vert et le paon.

Poissons. — Les poissons d'eau douce de nos rivières sont : le barbeau, le goujon, la loche, l'ablette, la tanche et l'anguille.

Autres animaux. — Les araignées, les cousins, la punaise, la grenouille, la mite, la puce, les serpents, le ver à soie, les papillons, l'abeille, le charençon, la cigale, la rainette, la sangsue, la sauterelle, les scarabées, les lézards, la cantharide, les mouches, le ver de terre, le ver luisant, le crapaud, le grillon, la fourmi, les poux, les chenilles, les limaçons et le scorpion.

RÈGNE VÉGÉTAL : *arbres*. — Le marronnier d'Inde, les chênes, le figuier, l'aulne, le jujubier, l'olivier, le pommier, le sorbier, les lauriers, l'ormeau, le pêcher, l'amandier, l'azerolier, le poirier, le grenadier, le prunier, le cognassier, le pin, le cerisier, le mûrier, le noisetier, le noyer, le cyprès, le frêne, le peuplier, le platane, l'if, l'acacia, le tilleul, le hêtre, le bouleau et l'abricotier.

Plantes potagères. — L'ail, l'asperge, la câpre, le céleri, les choux, l'artichaut, l'aubergine, les concombres, la carotte, les laitues, le piment, la chicorée, la betterave, l'endive, les épinards, l'oseille, la pomme d'amour, les salsifis, la scorsonère, le poireau, l'oignon, la roquette, le cerfeuil, la carde, la groseille, la framboise, la fraise, les citrouilles et les melons.

Légumes secs. — La lentille, le pois-chiche, le haricot, la vesce, le pois et la fève.

Racines alimentaires. — Le navet, la rave, le radis, la ravette, le raifort, la pomme de terre, le topinambour.

Substances recherchées. — Oronges, mousserons, truffes et champignons de toute espèce.

Céréales. — L'avoine, le blé sarrasin, le seigle, le froment, la paumelle, le maïs et l'orge.

Plantes. — La véronique, la rue, le pissenlit, les mousses, la mousseronnette, le seneçon, le chiendent, la menthe, la centaurée, la piloselle, la mélisse, le thym, le romarin, la sauge, le cresson, le serpolet, la capillaire, le basilic, la fougère, les lichens, l'aconit, l'angélique, le chardon, la lavande, l'ortie, la ciguë, la palma-christa, la joubarbe, le fenouil, etc.

Fleurs. — Voici un tableau forcément incomplet des fleurs cultivées ou à l'état naturel de la contrée : la camomille, l'immortelle, la mauve, la passe-rose, le coquelicot, les tulipes, la campanule, le géranium, le lis, les œillets, la clématite, la balsamine, la verveine, la saponaire, la violette, les giroflées, les roses, la pervenche, la marguerite, la cassie, le liseron, la capucine, le nénuphar, le gazon de Hollande, les violiers, la primevère, la scabieuse, le bouton d'or, la jonquille, la bourrache, la jacinthe, la pâquerette, le lilas, le muguet, la jusquiame, l'héliotrope, la fraxinelle, le camélia, le dahlia, la belle de nuit, l'amarante, le jasmin, l'iris, l'anémone, la belladone, la pivoine, le réséda, les renoncules, l'amaryllis, la gueule de loup, l'aubépine, le pied d'alouette, le bluet, la pensée, le pavot, les soucis, la cuscute et les orontes.

RÈGNE MINÉRAL : *chaux.* — Le territoire de Clermont étant essentiellement calcaire, il n'est pas utile d'aller bien loin pour chercher la pierre à chaux.

C'est sur les chemins de Lodève et de Nébian que se trouvent les meilleurs fours.

Plâtre. — On trouve, dans certaines carrières de notre contrée, le plâtre rose, gris et blanc.

L'argile, le grès, la pouzzolane, le granit, se trouvent dans les vallées et sur les hauteurs.

Les cristallisations se rencontrent aussi dans les vallées, mais généralement dans les grottes et les souterrains naturels.

CHEMINS DE FER. — Clermont est une station de la ligne de chemin de fer de Béziers-Faugères-Montpellier-Lodève (section de Paulhan à Lodève, 29 kil.). La première apparition de la locomotive, à Clermont, eut lieu en mars 1863; l'inauguration de cette ligne de chemin de fer date du mois d'avril suivant.

VOIES DE COMMUNICATION. — *1° Route nationale n° 9,* de Paris à Perpignan. C'est la belle route qui, de Lodève, en passant par la rue de la Coutellerie, à Clermont, se continue vers Nébian et Paulhan.

2° Route départementale n° 14, de Montpellier à Clermont, en passant par Ceyras, où se trouve un grand pont construit sur la Lergue ; elle est comprise entre ses embranchements aux routes nationales n° 109, à Saint-André-de-Sangonis, et n° 9, à Clermont ; sa longueur est de 7,760 mètres.

Chemins de grande communication. — 1° de Clermont à Cette, en passant par Canet. Ce chemin porte le n° 2 de l'état de classement.

2° De Clermont à Bédarieux, en passant par Villeneuvette ; n° 5 de l'état de classement.

Nous nous abstiendrons de parler des chemins de moyenne communication et des chemins de service ; ces derniers surtout abondent dans le territoire de Clermont.

CHAPITRE XXXV

ÉDIFICES ET ANTIQUITÉS

Eglise Saint-Paul. — Le plus beau monument d'architecture de notre ville est, sans contredit, l'église paroissiale, en style gothique et qui date du XIIIe siècle ; elle se compose de trois nefs, dont la voûte est soutenue par deux rangées d'élégants et hauts piliers. Nous ne répéterons pas ce que nous avons déjà dit sur cette église dans le cours de notre ouvrage, persuadé que le lecteur est suffisamment éclairé sur ce point.

Eglise Saint-Dominique. — C'est le second monument d'architecture datant de la même époque qui attire dans notre ville l'attention des amateurs et des archéologues. On ne peut voir cette vaste construction sans en admirer la splendeur ; presque aussi vaste que Saint-Paul, elle n'a pourtant qu'une seule nef, sur les côtés de laquelle se trouvent de grandes chapelles. Nous avons parlé suffisamment de ce monument dans notre ouvrage ; qu'il nous suffise d'ajouter que cette église est occupée aujourd'hui par les pénitents.

Eglise de Gorjan. — De toutes les églises, celle de Gorjan est la plus ancienne ; on croit que ce fut le premier monument de Clermont élevé par le catholicisme, lorsque celui-ci pénétra dans le pays ; c'est là qu'au début de la seigneurie, les habitants et le seigneur se rendaient aux offices. Cette église, nous l'avons vu, a été paroisse ; puis, en 1350, un monastère de religieuses, qui s'y établirent sous le nom de bénédictines de Gorjan, et enfin, plus tard, un couvent de religieux récollets.

Nous savons par quelles péripéties est passée cette église. Ce

Vue du château prise du couchant.

Vue du château prise du levant.

n'est plus aujourd'hui qu'une chapelle humide, froide et presque complètement délaissée.

Eglise de Rougas. — Nous avons vu encore que le quartier de Rougas avait aussi sa paroisse. Cette église n'existe plus aujourd'hui ; bien plus, on ne sait pas au juste où se trouvait son emplacement.

Château. — On voit encore sur la crête de la colline dominant la ville les restes de cet ancien manoir ; les murs d'enceinte et le donjon sont encore assez bien conservés ; néanmoins, ces anciens bâtiments, aujourd'hui délaissés et en ruines, semblent dire aux échos que « la grandeur humaine n'est qu'une ombre disparaissant sous la faux impitoyable du temps ». Il ne reste, de cette terre jadis privilégiée, qu'un sol triste, dénudé, et le souvenir des injustices passées. Hâtons-nous de dire que les archéologues viennent souvent le visiter.

La reconstitution primitive de ce château semble, au premier abord, facile à l'observateur ; il n'en est pourtant pas ainsi, et si l'on étudie minutieusement chacune des parties dont ce château est composé, on se trouve lancé dans un labyrinthe de suppositions, les unes vraies, les autres fausses, toutes sans preuves et qui viennent se détruire elles-mêmes.

Pénétrons pourtant dans cet antique manoir et tâchons de nous y reconnaître.

Depuis peu de temps, la porte seigneuriale, autrefois murée, ou plutôt ensevelie sous des monceaux de ruines, donne accès aujourd'hui à l'intérieur de la première enceinte. Là, sans nul doute, les gens d'armes de cette époque s'exerçaient au maniement de leurs engins de destruction. Plus haut, à gauche, se trouve un grand espace d'où l'on découvre les magasins, la poterne, un puits à demi comblé. C'était la deuxième enceinte, qui devait servir aux grandes parades militaires de ces temps-là ou aux exercices des écuyers. Un peu à droite, l'œil exercé peut encore voir un escalier qui servait probablement au seigneur pour pénétrer dans ses appartements, construits exprès en cet endroit, afin de voir et de dominer la ville et la campagne. C'était la troisième enceinte, en grande partie nécessairement couverte du côté droit, et où devaient se trouver les locaux des gens du château. Enfin, le donjon, sur lequel était sans cesse un guetteur, existe encore presque en entier sur le milieu de cet espace et formait la *place de refuge* dans un cas de dernière extrémité.

Impossible de décrire ce que l'on éprouve du haut de ce donjon colossal, sur le sommet duquel on ne peut arriver qu'à travers les débris d'un escalier rompu. La vue embrasse un immense et magnifique panorama et s'étend bien loin à l'horizon. On aperçoit une quarantaine de localités, disséminées dans les anciens diocèses de Lodève et de Béziers. L'Hérault et la Lergue, serpentant dans tout le terrain, viennent ajouter encore au charme ravissant de ce superbe tableau.

La forme du château de Clermont est une demi-circonférence, flanquée de distance en distance de sept tours, destinées à la défense des attaques de l'extérieur. Le mur faisant face à la ville forme un redan irrégulier et présente, à son point le plus saillant, une tour dont les traits convergeaient fort bien avec les tours placées aux deux extrémités de la demi-conférence, et auxquelles venaient se relier les remparts de la ville.

Voici les noms de chacune des tours extérieures, en commençant du côté de Lodève et finissant par celui de Lacoste :

1º Tour de la Brèche. — 2º tour Tristan. — 3º tour Béranger. — 4º tour Cardinal. — 5º tour Marie-de-Clermont. — 6º tour Aymeri. — 7º tour Bourguine.

La huitième tour, à côté de la porte seigneuriale, s'appelait tour de l'Émeute.

Le donjon était la tour Guillaume.

Les tours étaient de même forme et de même hauteur. Sur plusieurs d'entre elles, on aperçoit encore des ouvertures assez grandes qui ont pu servir plus tard à placer des pièces d'artillerie. Nous avons remarqué que les meurtrières des tours étaient plus larges que celles des remparts, afin de pouvoir mieux les défendre ; une double rangée de ces ouvertures, placées parallèlement sur deux lignes, se distingue fort bien à l'extérieur des remparts. Nous avons encore vu que les plus élevées étaient desservies par un chemin de ronde. Enfin, notre opinion se trouve en complète harmonie avec celle de plusieurs de nos amis, plus connaisseurs que nous en archéologie, sur ce que les murs qui couronnent le haut des remparts et des tours sont d'une construction plus récente que la base et dateraient du XVIIº siècle seulement.

La porte seigneuriale devait avoir environ 4 mètres de haut sur

2 de large ; elle est située du côté de la ville, entre la première et la huitième tour, mais plus près de cette dernière. L'entrée principale, ce que nous avons appelé la poterne, a environ 3^m,50 de hauteur et 2 de largeur ; elle est située du côté nord, entre la cinquième et la quatrième tour, mais très près de celle-ci ; c'est par là que, passant sur un pont-levis, afin de pouvoir traverser le fossé profond, sortaient les troupes du seigneur. Le donjon se trouve placé entre la cinquième et la sixième tour, à une distance de quelques mètres seulement et pouvant communiquer avec la poterne.

Lorsque la Révolution acheta le château comme bien national, il fut inutile de démolir ses murailles ; on laissa au temps le soin d'accomplir ce travail.

Aujourd'hui, cette antique forteresse se trouve entre les mains du clergé depuis peu de temps.

Nous croyons utile, pour terminer cette étude, de reproduire ici une note relative au château de Clermont, que nous avons lue avec plaisir dans un journal de la région au mois d'août 1884.

Nous regrettons de ne connaître l'auteur que par le pseudonyme *Video*.

« Tout le monde le connaît ; on l'aperçoit de l'horizon le plus éloigné. Son
» donjon, encore fier des injures du temps, domine la vallée si belle et si variée
» qui s'étend au pied de la montagne. On médite sur le temps passé de la
» baronnie, à l'aspect des remparts brunis par les intempéries, couverts de
» linceuls de lierre. Sous les portiques décrépits, où des flots de lumière
» passent en rayonnant à travers des crevasses et des meurtrières, on n'y
» donne plus l'hospitalité. Sous les voûtes, l'eau suinte. L'humidité et le salpêtre
» décorent les galeries des corps-de-garde, où résonnaient le bruit sonore des
» soldats dans leurs festins. Les murs démantelés, où l'herbe pousse, vit et
» meurt, voilà les seuls vestiges de cette féodalité qui fut la tyrannie des
» communes.

» Tout enfant, on aime à courir dans les bruyères qui l'entourent ; on regarde
» en tremblant ce vieux monument, désireux de vouloir connaître son intérieur,
» qui vous paraît mystérieux. Mais on se réjouit vite : en bas, au fond, vous
» voyez votre demeure ; vous entendez le bruit confus de la cité qui monte
» jusqu'à vous. Que de belles journées on passe sur ce plateau, où les vents
» soufflent de n'importe quel côté, et où les oiseaux sifflent de si doux ramages.
» De ces libertés, de ces plaisirs fougueux, enfants, il ne vous sera plus permis
» d'en goûter.

» Quand il est né à son abri, que chaque pierre, chaque sentier lui rappelle

» un souvenir, l'habitant de Clermont aime à venir y lire l'histoire de ses aïeux
» et de son pays. Maintenant que le château est clôturé jusque dans son petit
» repli, retouché, remis un peu à l'état primitif, le clergé en ayant fait l'achat
» et tenant avant tout à être chez lui, on ne pourra plus contempler librement
» ses ruines, qui faisaient notre orgueil, qui attestaient les privations et les
» malheurs de nos pères avant sa démolition.

» Il est regrettable qu'on se soit laissé devancer par la gent religieuse. La
» commune aurait pu se faire cadeau de ce qui est pour elle la marque de son
» émancipation. — Vidéo. »

Juiverie. — Clermont a eu parmi ses habitants un nombre considérable de familles juives, puisqu'une synagogue se trouvait établie dans le quartier de Rougas. La légende de l'évêque Bernard III nous dit que, vers l'an 1092, les juifs étaient en grand nombre à Lodève, mais que le mariage avec les familles chrétiennes était prohibé sous peine d'excommunication. Dans la légende de Dieudonné de Boussagues, évêque, il est dit qu'ils ne payaient aucun droit de péage à l'évêque et qu'ils étaient protégés. Philippe le Bel, en 1306, ordonna d'empêcher quils ne fussent molestés, et pourtant, en 1320, ils furent chassés du pays lodèvois.

Notre-Dame du Peyrou. — On attribue la fondation de cet oratoire à deux sœurs. La transaction de 1347 fait déjà mention de cette chapelle, qui se trouve à environ 2 kilomètres de Clermont, sur la route de Villeneuvette. Cette construction est bien conservée, et l'endroit réservé aux offices est suffisamment grand pour contenir deux à trois cents personnes. Ce bâtiment se compose d'une nef principale, sur le côté gauche de laquelle se trouvent deux petites chapelles. Disons que cet oratoire était un lieu renommé, où les fidèles se rendaient en foule à l'époque où l'esprit religieux poussait les populations entières vers les lieux destinés aux offices.

Le mot *peyrou* est un diminutif de *peyral*, qui signifie, en patois, *carrière de pierres.*

Cornils. — Au nord du village de Lacoste se trouvent les débris noircis d'un ancien monastère, sur une hauteur dominant la belle vallée de la Lergue. Un solitaire, Cornélius, y fonda une chapelle à côté de son habitation. Après sa mort, le pape Adrien IV donna cette demeure à Pierre de Raymond, évêque de Lodève, pour en faire un couvent. Cette concession, confirmée par Alexandre III en faveur de l'évêque Gaucelin de Montpeyroux, fut transmise à Raymond de Madières, qui en fit don à l'abbesse de Nonnenques. Celle-ci y fonda un couvent de bernardines, auquel on inféoda l'église de Saint-Etienne de Rougas, avec les oratoires et les chapellenies qui en dépendaient. En 1375, l'église de Rougas en fut détachée, ainsi que les oratoires de Saint-Peyre et de Foucaïs, et dès lors, ce couvent, négligé, déclina chaque jour jusqu'à ce que, délaissé, le monastère tombât en ruines (1).

Saint-Peyre. — L'ancien oratoire de Saint-Peyre se trouve enclavé aujourd'hui dans la maison de campagne de M. Rouquet, près de Clermont, en se dirigeant vers le nord. Il existe un autre oratoire du même nom, celui sans doute qui fut inféodé à Cornils, près de Ceyras, sur la rive gauche de la Lergue et près d'une ancienne tour carrée, qui se trouve en cet endroit on ne sait pourquoi, et dont on ignore même la destination primitive.

Oratoires. — Les autres chapelles construites dans les environs de Clermont étaient : Saint-Barthélemy, Sainte-Madeleine, Saint-Martin, Saint-Sixt, qui est une chapelle aujourd'hui détruite aux environs du village de Lacoste, et qui, au XIIIe siècle, était un prieuré d'où dépendaient les églises de Saint-Barthélemy et de Saint-Jean de Lacoste ; Sainte-Anne, chapelle qui existait du côté de Nébian, est aujourd'hui transformée en une maison d'habitation. Les ruines de Saint-Jean, ermitage fondé, en 1254, par un gentilhomme clermontais nommé Pons, couronnent la montagne de Liausson.

Hospices. — Clermont, dit la transaction de 1347, possédait deux hospices, l'un pour les infirmes, l'autre pour les malades. Le premier était situé près de l'église paroissiale, dans le local affecté aujourd'hui au tribunal de commerce et à la justice de paix ; le second se trouvait près de la chapelle Sainte-Anne, sur la route de Nébian, et se nommait *léproserie*, à cause des malades lépreux qu'il recevait. L'administration des deux hospices fut confiée aux consuls, qui reçurent les clefs du seigneur ; en signe de la prise de possession, ils apposèrent sur la porte de chaque hospice les armes de la ville (2). L'inventaire du premier de ces établissements ne mentionne que

---

(1) *Histoire de Cornils*, par Fleury-Geniez.
(2) *Transaction.*

quatre ou cinq lits, deux setiers de farine, quelque peu de blé et de légumes.

Chemin de la Chicane. — Un arrêt du parlement de Toulouse, rendu en faveur du couvent des récollets, à Clermont, en 1624, explique ainsi le nom de chemin de la *Chicane* : le jeu du mail, que les Clermontais pratiquaient en cet endroit, fut qualifié de jeu de la *Chicane ;* le Parlement défendit ce jeu, et le nom de *Chicane* resta au chemin qui aboutissait à l'hôpital. Aujourd'hui, tout a été changé à cause des nouvelles constructions, et surtout de celles faites par la compagnie du chemin de fer ; néanmoins, le chemin qui, de l'hôpital, passe derrière la voie ferrée et aboutit au passage à niveau du chemin de Canet porte encore aujourd'hui le nom de chemin de la *Chicane.*

Loge maçonnique. — Clermont a eu aussi une loge maçonnique très fréquentée, et il est regrettable, étant donné l'esprit de la population, qu'elle ne fonctionne plus aujourd'hui.

Nous ne dirons pas ici les causes de la fermeture de cette loge, ni les travaux et les grands bienfaits qui se firent pendant son fonctionnement ; qu'il nous suffise de dire que la période maçonnique, à Clermont, commença à la Révolution et arriva jusque vers 1815. Nous faisons des vœux pour son rétablissement.

Théâtre. — Les Clermontais aiment généralement les représentations théâtrales et se rendent volontiers dans le gentil et coquet théâtre situé sur le Tivoli.

La façade de cet établissement n'inspire pas toujours au visiteur étranger ce que l'on ressent quand on entre pour la première fois. On est réellement étonné et vite satisfait de l'excellente disposition de tous les objets qui concourent à assurer le bien-être des auditeurs.

Nous voudrions pouvoir faire un historique complet concernant surtout la création de ce théâtre, qui peut contenir à l'aise six à sept cents personnes.

Nous dirons cependant qu'en 1856, on travaillait à sa construction avec ardeur ; que plusieurs personnes avaient prêté leur gracieux concours, et qu'enfin, il fonctionna pendant un certain temps sous la direction de M. Jules Crémieux, président de la société théâtrale des actionnaires.

Nous ne pouvons, cependant, passer sous silence l'ardeur que déploya et que montre encore M. Isidore Rouquet, relativement à cet établissement. Malgré sa modestie, disons qu'il fut le principal instigateur de cette construction, et que c'est grâce à lui que le public clermontais jouit des représentations théâtrales.

Nous serions heureux (et nous croyons en ceci être l'interprète des amateurs de théâtre) de voir son nom sur une plaque commémorative placée dans cet établissement. Ce serait justice et, croyons-nous aussi, une récompense des plus méritées.

CHAPITRE XXXVI

PERSONNAGES REMARQUABLES

Antoine Martin. — Antoine Martin, surnommé Allègre, fut, en 1324, un chef de parti à Clermont. Valeureux partisan des revendications des droits et franchises communales, il osa s'opposer aux volontés de Béranger VII, qui venait de succéder à son père. Arrêté comme un homme dangereux, le sénéchal de Carcassonne l'envoya à Avignon, et là; le tribunal de l'inquisition le condamna comme hérétique à la détention perpétuelle et à la confiscation de ses biens au profit de l'évêque de Lodève, Jean de Texandrie. (Voy. chap. XIX.)

Au petit village de Vailhès, sur la droite de la route de Lodève, on fait encore un épouvantail du nom d'Antonio Martin. La tradition prétend que la tour encore existante, et que l'on croit avoir été bâtie, vers 1271, par Paul de Clermont, servait de refuge à Martin et favorisait ses actes de brigandage. Erreur !... Antoine Martin voulait le bien de ses concitoyens, et il est mort victime de son dévoûment.

Arnaud Guillaume. — En 1351, Arnaud Guillaume, de la famille des seigneurs de Clermont, fut évêque d'Albi.

Pierre de Royre et Jean Cayrel. — Pierre de Royre et Jean Cayrel étaient deux membres du triumvirat consulaire ; ils ameutèrent, en 1380, toute la population, après avoir découvert le traité secret qui existait entre le seigneur et les futurs consuls. Royre et Cayrel sont encore deux victimes sacrifiées à la volonté du seigneur.

Louis de Guilhem. — Louis de Guilhem fut fait prisonnier par les Anglais à la bataille d'Azincourt, en 1415, où il s'était vaillamment conduit. Louis était un oncle d'Arnaud de Guilhem, baron de notre ville.

François de Clermont. — Cardinal du titre de Saint-Adrien, il fut revêtu de la pourpre romaine en 1503. Il était de la famille des Guilhems.

Jacques de Clermont. — Jacques, fils de Pierre, baron de Clermont, fut évêque de Saint-Pons.

Simon Benoît. — Benoît se distingua par son dévoûment, lors de la peste qui éclata à Clermont en 1652. Après avoir servi les pestiférés pendant vingt-trois jours, il fut lui-même attaqué par la maladie, qui le conduisit au tombeau dans l'espace de quarante-huit heures, le 18 août 1652.

Isabeau de Giscard. — Isabeau de Giscard fonde la première école de filles à Clermont, si l'on peut appeler école un établissement réservé seulement pour les jeunes filles récemment converties au christianisme. Cette école fut ouverte le 6 août 1704.

Verny. — Verny, médecin distingué, se dévoua pour aller à Marseille, lors de la peste de 1722, qui venait d'éclater dans cette ville; il alla pour porter les secours de son art aux malheureux pestiférés. Le roi le récompensa en le nommant conseiller à la cour des aides de Montpellier et le décora du cordon de Saint-Michel.

Chambert. — En 1747, quatre frères, quatre brigands, avaient semé la terreur partout, et nul n'osait leur faire le moindre reproche, tant ils s'étaient rendus redoutables et arrogants. Chambert, qui osa des observations contre ces scélérats, paya de sa vie les justes reproches adressés aux brigands; un des quatre frères, chef de la bande, l'étendit raide mort d'un coup de feu dans sa boutique.

Joseph Ronzier. — Joseph Ronzier légua 100,000 livres à la ville, pour être affectées à la création d'un orphelinat de douze jeunes filles. Une maison fut acquise à cet effet, en 1780. Lors de la suppression des ordres religieux par la Révolution, on transféra l'orphelinat dans le couvent des dominicains, et plus tard à l'hôpital, où il se trouve actuellement.

Hérail. — Hérail, commissaire de police de Clermont, fut assassiné près de la halle au blé, au mois de mai 1797. Il trouva la mort dans une émeute au milieu de laquelle il s'était jeté pour rétablir l'ordre.

Durand, abbé. — L'abbé Durand est le premier qui, en 1837, jeta les fondements d'un monument historique de notre cité.

Ronzier-Joly père. — Auteur de plusieurs ouvrages savants et consciencieux, rêvés pour la plupart sur la terre d'exil, où il a langui. Citons : les *Horizons du ciel*, publiés en 1856 ; les *Soirées de Val-Ombreuses*, 1883. M. Ronzier a été d'abord juge de paix du canton de Clermont en 1848 ; nommé quelque temps après sous-commissaire de Saint-Pons-de-Thomières, puis sous-préfet de cette ville la même année, en 1848 ; enfin, le 4 septembre 1870, il a été nommé, pour la seconde fois, juge de paix de Clermont.

Antoine Peyrottes. — Peyrottes, fils d'un potier et potier lui-même, est un poète néo-roman de Clermont ; sous sa plume, le patois devenait élégant et d'une finesse extrême. Il a fait une foule de pièces de vers, dialogues, élégies, chansons, fables et romances.

Un recueil de cent quarante-quatre pages, où se trouvent ses plus belles poésies, parut avant la mort du poète. On aime à citer : *lou Tioulat paternel*, que nous avons transcrit en entier dans un chapitre précédent ; *lou Cant d'un pèra ; lous Orgeolets ; Jeanna d'Arc ; lou Paoumounisté ; A ma Musa ; lou Gaou de l'âma ; lou Léproux ;* l'*Oda à Riquet*, pièce de vers qui obtint une mention honorable au concours de la Société archéologique de Béziers, en 1838. En voici une strophe :

> Pouétas que cerquas une glouéra éternella,
> Laïssa-mé preué plaça à vostré saint banquét ;
> Sé mesclé à vostrés cants ma léngua maternella,
> La fagués pas rougi, car o bressat Riquet.

Il repose dans le cimetière vieux, où son tombeau se trouve décoré par une pierre tumulaire posée verticalement, sur laquelle une urne à demi couverte par une draperie laisse entrevoir une inscription. C'est son épitaphe faite par lui-même ; nous la rapportons ici :

> Sus lous hommés en joya et sus lous qué gémissou,
> Diou ! jita un regard paternel !
> Et sous toutés lous morts qué dins lou clot dourmissou,
> Fay leuzi toun lun éternel !

Peyrottes, né en 1813, est mort dans la force de l'âge, à quarante-cinq ans, le 3 juillet 1858.

Nous ne terminerons pas sans ajouter que nous applaudirions de bon cœur à l'érection d'un monument quelconque sur une de nos belles places en mémoire de notre vaillant poète clermontais.

Ernest Bonneville. — Poète français qui publia un recueil de vers, en 1862, ayant pour titre : *les Accents du cœur !*

Les convenances historiques ne nous permettent pas d'anticiper sur la vie de nos contemporains, et nous comprimons à regret les éloges et les mérites de :

MM. Ronzier-Joly, docteur en médecine, maire et conseiller général actuel. — Ortus (Arthur), lieutenant-colonel d'infanterie de marine. — Bazin, chirurgien-major en retraite. — Py, lieutenant de turcos en retraite. — Rouquette, capitaine d'infanterie de marine. — Rouquet (Benjamin), musicien, maire de Brignac, conseiller d'arrondissement. — Maronne, musicien. — Rouquet (Isodore), musicien. — Rouquet (Edouard), musicien. — Vailhé, musicien. — Rouquet (Léon), avocat. — Carles (Benjamin), capitaine de turcos. — Paloc, lieutenant d'infanterie. — Hyacinthe, lieutenant d'infanterie. — Déjean (Hill^{on}), capitaine d'infanterie, mort à Champigny (1870). — Ramy (Pierre), professeur. — Gustave Delpon, littérateur, etc., etc.

Nous ne passerons pas sous silence, non plus, plusieurs de nos compatriotes, la plupart condisciples de classes, et dont l'avenir s'ouvre brillant devant eux ; ce sont :

MM. Déjan (Jules), licencié. — Pagès (Alfred), élève de l'Ecole des beaux-arts de Paris. — Prat, élève du Conservatoire de Paris. — Pagès (Gabriel), élève de l'Ecole polytechnique, sous-lieutenant du génie. — Ronzier (Washington), sous-préfet, etc., etc.

On comprendra que nous ne pouvons donner ici les noms de tous nos contemporains distingués. Néanmoins, cette liste, forcément incomplète, montre suffisamment que Clermont figure avec honneur dans l'administration, l'armée, les arts et l'université.

CHAPITRE XXXVII

VILLENEUVETTE

Pour savoir comment fut fondée Villeneuvette, nous allons transcrire ici une partie du chapitre IV du *Mémoire* de M. de Basville, intendant de la province de Languedoc en 1699.

C'est l'intendant lui-même qui parle et qui rend compte ainsi de ce qui se passait de son temps :

« Pendant que l'on soutenait ainsi la manufacture des Saptes (cette manufacture, établie près de Carcassonne, était dirigée par Varennes), vers l'anné 1678, il y eut des particuliers qui voulurent l'imiter et firent construire *une maison près de Clermont-de-Lodève* ; ils y fabriquèrent des draps Londrins et les voulurent envoyer au Levant. Mais le même inconvénient arrivé aux Saptes les fit échouer, c'est-à-dire le manque de fonds et le défaut de nouveaux établissements. Ils firent mal leurs affaires ; et pour les soutenir et continuer le commerce, le roi fit prêter par la province cent trente mille livres à ces deux manufactures, sans intérêts, pour plusieurs années, et payer par la province une pistole de chaque pièce de drap fin qui s'y fabriquerait. Outre cela, il fut fondé une seconde et troisième compagnie pour faire le débit de ces draps au Levant pendant six ans, qui ont fini au mois de novembre 1690. De sorte que, bien que les draps se vendent aux marchands de Marseille, il semblerait qu'il faudrait avoir quelque attention pour en soutenir le débit au Levant, dans le cas où les Marseillais discontinuassent de les prendre.

» C'est de cette manière que ces deux manufactures se sont soutenues depuis leur établissement. Elles font des draps dans la dernière perfection ; ils se vendent au Levant avec profit et par préférence à ceux de Hollande. Les marchands de Marseille en font le commerce sans obstacle... Il pourrait même être porté aussi loin qu'on voudrait et détruire celui des Hollandais, parce qu'on peut le faire avec beaucoup d'avantages sur eux. Ces avantages

» sont : la bonté des eaux, la facilité d'avoir des laines d'Espagne et du pays,
» la situation de Marseille, qui fait que les draps sont portés au Levant aussitôt
» qu'ils sont faits, tandis que les Hollandais et les Anglais ne peuvent les y
» porter que deux fois l'année par des envois considérables. Enfin, les choses
» sont venues au point que l'on s'était proposé, c'est-à-dire d'introduire ce
» commerce au Levant, d'acquérir la perfection des draps d'Angleterre et de
» Hollande, de rendre ce commerce naturel, fait par les marchands de
» Marseille dans l'unique vue du profit qu'ils en retirent.

» A l'égard de ces deux manufactures, elles ont un nombre suffisant de bons
» ouvriers pour faire leurs ouvrages, et chacune trente métiers battant pour
» les draps fins, à quoi on les avait obligés lorsqu'on leur donna le secours de
» la province, sans compter les autres métiers qui servent pour les autres draps.
» Mais tout ce qu'on vient de dire de ces deux manufactures et des vues qu'on
» avait dans leur établissement ne regarde que le commerce des draps fins,
» c'est-à-dire Mahons et Londrins, dont le débit n'est pas plus considérable au
» Levant, puisqu'ils ne servent qu'à habiller les personnes de distinction ; celui
» des draps grossiers qu'on appelle Londres, qui servent aux gens du peuple,
» est bien plus étendu, et lorsque les Hollandais y portent deux mille pièces, ils
» y en portent vingt mille de drap de Londres. C'est ce qui a fait naître le
» dessein, pendant les dernières années, d'en établir le commerce en Languedoc,
» parce que toute sorte de marchands peuvent y travailler et que les laines du
» pays s'y emploient ; mais comme il faut toujours quelques soins et qu'il y a
» quelques risques à faire de nouveaux établissements, le roi a obligé la pro-
» vince de prêter trente mille livres sans intérêt, pour quelques années, au
» sieur de Varennes, à la charge d'en faire mille pièces par an. Le même avan-
» tage a passé, après la mort du sieur de Varennes, au sieur de Magis et
» ensuite à ses héritiers. Outre ces deux manufactures aux Saptes et à Clermont,
» destinées pour les draps du Levant, il s'en est formé une troisième depuis peu
» de temps à Carcassonne par les soins d'un nommé Castanier, qui a très bien
» réussi. Les marchands de Carcassonne travaillent aussi en leur particulier,
» et la province leur a fait les mêmes avantages qu'aux manufactures royales.
» Il faut espérer que ce commerce, qui est très important, augmentera tous les
» jours, et le meilleur moyen pour le mettre dans sa perfection, c'est d'empêcher,
» par toute sorte de moyens, que l'on envoie des draps défectueux dans le
» Levant, parce que les Turcs, ayant été trompés, ne veulent plus en prendre
» et n'en peuvent revenir contre les Français, diminuent le prix de leurs
» draps, et ne veulent avoir affaire qu'aux Anglais et aux Hollandais. Cela
» est d'autant plus nécessaire, que l'on ne peut disconvenir que la pente
» naturelle des marchands du Languedoc ne soit de faire de mauvaises
» marchandises, de s'enrichir pendant quelques années, sans se soucier de la
» réputation du commerce et le quitter ensuite. On fait maintenant dans
» toutes les manufactures trois mille pièces pour le Levant, qui, à 300 fr.,
» valent 900,000 fr. On a augmenté aux derniers Etats deux manufactures
» pour ce commerce du Levant : l'une à Rieux, donnée à Gursse, Hollandais ;
» l'autre dans le château de la Grange-des-Prés, aux portes de Pézenas,

» donnée à Barthe. — Ce commerce n'emporte pas au Levant tous les
» draps; on en fait de plus grossiers, qu'on envoie en Allemagne, en Flandre,
» en Suisse, à Gênes, en Sicile et à Malte. Il se fait, de plus, un grand
» commerce des draps de Lodève, de Saint-Chinian, de Carcassonne, de
» Limoux. *Les meilleurs sont les draps de Lodève, dont on habille les*
» *troupes*, et que l'on vend dans toutes les provinces. Les marchands de
» Lyon les font faire et les débitent de toutes parts; ils viennent les prendre
» à cinq foires, qui se tiennent à Pézenas, à Montagnac et à Beaucaire. »

Ce qui précède fait connaître comment la manufacture royale de Villeneuvette fut fondée ; nous allons tâcher de bien préciser.

Une compagnie de riches capitalistes fonde l'établissement de Villeneuvette, en 1666, recommandée alors par le ministre de Louis XIV, Colbert.

Avant cette époque, il existait, à quelque petite distance en amont de la rivière, un petit établissement industriel qui aurait bien pu être une ferme ou un moulin. Ce lieu se trouve mentionné dans une charte de 1661, concernant Pierre de Posquières, alors évêque de Lodève (1). Cette masure est appelée, de nos jours, *la factura vieilla* (vieille manufacture). Le 20 juillet 1677, des lettres patentes du roi consacrent l'établissement de la manufacture de Villeneuvette par autorisation royale. Exempte de toutes les charges ordinaires, pouvant s'approprier les eaux de la Dourbie, ainsi que les terres environnantes nécessaires aux besoins, la compagnie se trouva dès lors chez elle. Malgré les contestations qui s'étaient élevées contre ce démembrement de territoire de la part des consuls de Nébian et de Clermont, Villeneuvette y trouva son indépendance, prononcée par le délégué de la cour de Montpellier, qui était venu sur les lieux mêmes, en 1680, vérifier et constater le différend.

Colbert donna plusieurs fois à l'établissement des marques de protection et d'intérêt ; il envoya même des secours à la compagnie; il en fit donner par la province ; mais les premiers frais, qui s'élevèrent à la somme énorme de 1,800,000 livres, ne purent être couverts, et la société fut dissoute en 1703. M. André Pouget, un des principaux actionnaires, s'étant chargé de la propriété, la céda, quelques années après, à Castanié d'Auriac, qui venait d'acheter le château de Clermont. Castanié agrandit considérablement Villeneuvette ; il y fit

---

(1) *Villa-Noveta*. — *Gallia christiania*, t. V, p. 194.

construire l'église et la porte monumentale des avenues de Clermont. Mme de Pourpri, héritière de Castanié, la transmit, le 17 avril 1768, à M. Ronzier, qui la laissa à son héritier. Celui-ci en fit vente à M. de Chambert de Saint-Martin, en 1788, qui la céda, en 1793, à M. Denis Gayraud. M. Gayraud embellit et agrandit la manufacture ; il la dota de nouvelles machines et la décora de presque tous les jardins et bosquets qui existent encore aujourd'hui. En 1803, l'établissement passa entre les mains de M. Joseph Maistre, allié de M. Gayraud. Ses deux fils, MM. Casimir et Hercule Maistre, la firent encore prospérer. A la mort de M. Hercule, survenue en février 1858, M. Casimir se trouva seul possesseur de Villeneuvette, qui passa après lui sous la direction de son fils, M. Jules Maistre.

Chaque année, le lundi de Pâques, la population clermontaise se porte en foule vers Villeneuvette. Là, les promeneurs achètent des oranges et des gâteaux, qu'ils vont manger dans les prés ou dans les bosquets, assis sur le bord d'un clair ruisseau ; les mélancoliques amoureux cherchent l'ombre et la solitude dans les labyrinthes complantés de pins ou de cyprès, pendant que d'autres, plus bruyants, vont traverser le pont traditionnel appelé *pont de l'Amour*.

Villeneuvette est aujourd'hui le centre géométrique du département de l'Hérault ; cette manufacture importante occupe près de cinq cents ouvriers et fournit une grande quantité de draps pour l'habillement des troupes et pour les échelles du Levant. Son territoire, cultivé selon les besoins nécessaires, fournit un revenu excellent. Les environs de l'établissement sont séduisants ; les bosquets et les jardins y sont semés à profusion et forment un véritable contraste avec les garigues des montagnes voisines. Les anciens bâtiments, remplacés par les nouveaux, sont renfermés dans une enceinte qui, à elle seule, constitue la commune de ce nom. Elle fut érigée en commune en 1821.

Ajoutons qu'il est curieux et même insolite de trouver encore de nos jours, c'est-à-dire en plein XIX° siècle, une commune rurale tout entière sous une seule clef. Nous savons fort bien que c'est une propriété personnelle et que chacun a le droit de fermer la porte de sa maison ; mais nous savons aussi que Villeneuvette est une commune, et qu'une commune de France, n'importe laquelle, est et doit être libre.

CHAPITRE XXXVIII

NOTICES HISTORIQUES SUR LES ENVIRONS DE CLERMONT

Voici le résumé des notes relatives aux villages voisins de Clermont que nous avons pu recueillir dans nos recherches historiques.

CANET

Canet, situé sur les bords de l'Hérault, possède une population de 799 habitants. Il fut, dans le temps, un fief relevant de la seigneurie de Clermont. Il manquait un pont sur l'Hérault, afin de favoriser les débouchés de l'industrie et des récoltes ; l'administration y a largement pourvu, et aujourd'hui, un magnifique pont en fer suspendu, d'une longueur de 114 mètres, favorise les communications.

LE POUGET

Le Pouget a été un château féodal en l'an 1000 ; il a presque toujours fait partie, en fief, du château d'Aumelas ; ce pays a subi, comme tous ses voisins, les malheurs de la guerre civile. Aujourd'hui, c'est un grand village où se tient chaque année une foire renommée ; les cerises et les excellents chasselas augmentent chaque jour sa réputation (1).

PAULHAN

Paulhan était encore un autre château féodal en l'an 900 ; il en est souvent fait mention dans l'*Histoire du Languedoc*. En 880, Paulhan

---

(1) *Le Pouget et ses alentours*, par Denis de Thezan. (Sault, Paris-Grenelle, 9, 1882.)

se trouvait sous la juridiction du baron de Clermont ; plus tard, le château appartint au seigneur de Montpellier, qui l'engagea à la maison de Clermont, en 1114, pour 500 sous melgoriens. C'est une commune peuplé de 1,432 habitants, et le point de jonction des lignes de chemin de fer de Béziers, Montpellier et Lodève.

ASPIRAN

Situé au sud de Clermont, Aspiran est un des plus grands villages du canton ; il compte, de nos jours, 1,290 habitants. Là, en 673, Wamba, roi des Wisigoths, mit en déroute un général franc nommé Loup, qui campait sur les bords de l'Hérault. Obligé de fuir, Loup abandonna, en se sauvant dans les montagnes, un grand nombre de prisonniers et presque tous ses équipages. Plus tard, en 816, des réfugiés espagnols demandèrent protection aux enfants de Charlemagne, qui leur donnèrent la *villa* d'Aspiran, pour y travailler l'agriculture et l'y développer. En 881, un réfugié espagnol nommé Reynard fut nommé par Carloman, en récompense de ses services, seigneur de la localité ; plus tard, en 897, ce Reynard fut vicomte de Béziers.

Nous en avons, d'ailleurs, parlé au commencement de notre histoire.

NÉBIAN

Nébian est une commune peuplée de 860 habitants. Il y a encore les restes des remparts d'un château féodal. C'est à Nébian que fut instituée la commanderie d'hospitaliers de Saint-Jean de Jérusalem, ordre à la fois militaire et religieux. Cette institution est due à Pierre de Posquières (40me évêque) et au baron de Clermont, Béranger, qui firent différentes concessions ou donations pour que l'ordre pût exister. C'est en 1157 que le commandeur, appelé le grand-maître, en prit possession (1).

Ajoutons que, déjà, en 880, ce village était sous la juridiction du seigneur de Clermont et qu'il avait une certaine importance, puisqu'il eut bientôt un seigneur particulier, nommé Philippe de Nébian.

---

(1) Voir chap. XII.

MOURÈZE

Mourèze (*Villa-Moraizos* en 804. — *Castrum-Morelinum* en 790. — *Castrum-Moirenes, Castellum-de-Murezio, Castrum-de-Morède* en 1144. — *Mourezé* en 1625. — *Mourèze* en 1659) (1) se trouvait, dès 880, sous la juridiction du seigneur de Clermont, et avait son seigneur particulier, un nommé Ogier.

Le voyageur peut voir encore, sur un rocher taillé à pic de tous côtés, les restes pittoresques d'un château fort. Le *cirque de Mourèze*, d'une longueur de 6 à 7 kilomètres environ sur 4 ou 5 de large, est formé par des dolomies. Des rochers s'élèvent brusquement comme de vastes pyramides, où sont disposées tout autour de nombreuses colonnes ; beaucoup affectent des formes bizarres et particulières : des fortifications démantelées, des têtes curieuses, etc.; des obélisques surplombant sur leur base ressemblent à d'énormes champignons. Le tout forme un tableau digne d'être admiré.

Une partie de la seigneurie de Mourèze a appartenu à la maison de Lauzières. Ce village, situé à 6 kilomètres à l'ouest de Clermont, est peuplé de 109 habitants.

SALASC

Salasc est une ancienne seigneurie placée, dès 880, sous la juridiction du seigneur de Clermont. Son château, délabré, semble braver, du haut des rochers, les siècles à venir, tant ses ruines sont encore robustes et résistent aux intempéries des saisons. La combustion d'anciens volcans y est accusée par les schistes nombreux qu'on y trouve. Il y a aujourd'hui 279 habitants.

On trouve, dans la *Chronologie* de Plantavit, et à la date de 1209, une session de la seigneurie de Salasc au seigneur de Clermont. Ne pourrait-on pas douter de la juridiction primitive de 880, ou bien ce château, sorti de la baronnie clermontaise après 880, y est-il revenu en 1209 ?

LIAUSSON

Liausson faisait partie, dès 880, de la baronnie clermontaise. C'est, de nos jours, un village peuplé de 135 habitants. Sur la montagne

(1) *Dictionnaire topograph. du dép. de l'Hérault*, par M. E. Thomas.

voisine on aperçoit encore les restes d'un ermitage fondé par Pons, gentilhomme de la baronnie.

LACOSTE

Lacoste *(la Côte)* était encore une ancienne seigneurie qui, dès 880, était placée sous la juridiction du baron de Clermont. Situé sur le sommet d'une colline, ce village domine la belle vallée de la Lergue et embrasse un horizon lointain et magnifique. Il y a 215 habitants.

On a cru longtemps, à Lacoste, aux sorciers et aux devins.

Une vieille femme, morte depuis quelque temps déjà, se mêlait de prédire l'avenir, et sa réputation s'étendait fort loin. Voici ce que nous avons recueilli à ce sujet :

Marie Rey était née à Lacoste, le jour des Morts, vers l'an 1770. Dès l'âge de quatre à cinq ans, elle avait des attaques de nerfs et prétendait être oppressée par les morts, qu'elle voyait, d'après ses dires, toujours présents devant elle.

Le curé hésita longtemps, nous a-t-on affirmé, à lui faire faire la première communion, car elle avait toujours ses attaques de nerfs. Sa pâleur était effrayante et presque cadavéreuse. Quoique pratiquant la religion avec une dévotion exemplaire, les curés des environs fulminaient sans cesse contre elle ; l'évêque lui-même se mêla de la partie et défendit de donner l'absolution à quiconque l'aurait consultée.

Malgré tout, on venait la trouver de fort loin et de tous les pays d'alentour. Elle prétendait avoir des conversations avec les morts, et recommandait à ses clients, desquels elle n'exigeait rien comme salaire (on donnait ce que l'on voulait), de faire dire beaucoup de messes, de distribuer des pains aux pauvres, etc.

Elle assurait à ceux qui la consultaient que c'était l'âme d'un oncle, d'un grand-père ou de tout autre parent qui était en souffrance, et dont l'oubli de la part des vivants occasionnait à ces derniers les malheurs qui les frappaient.

Elle avait épousé le sieur Etienne Carrière.

Sa mort arriva en 1842 ; elle avait alors soixante-douze ans. Ne laissant aucun enfant, elle fit un testament en faveur de quelques neveux, qui furent ses héritiers.

Comme on lui refusa la sépulture religieuse, elle fut enterrée sans le secours d'aucun prêtre, au coin d'une de ses terres, où l'on bâtit sur sa tombe une petite masure sans portes ni fenêtres.

Notre ami M. Berthomieu, instituteur, a bien voulu compléter nos renseignements sur cette devineresse, et nous l'en remercions de bon cœur.

CEYRAS

La seigneurie de Ceyras (*Villa-Saturatis*) ou Seyras (*Saint-Saturnin*) échappa aux barons de Clermont avant le XIII° siècle pour y revenir encore à la fin ; elle en sortit de nouveau le siècle d'après. C'est aujourd'hui une commune assez importante du canton, peuplée de 635 habitants, arrosée par la rivière de la Lergue.

BRIGNAC

Brignac dépendait de Clermont dès 880, et aurait eu même quelque importance, puisque cette seigneurie avait un seigneur particulier à cette époque du nom de Rostaing.

Il y a aujourd'hui 261 habitants. Cette commune est arrosée par la Lergue, sur laquelle on vient de construire un beau pont de sept arches, qui relie Brignac avec le hameau de Cambous.

FOUSCAIS

Plantavit de la Pauze en fait mention dans sa *Chronologie*, et pour la première fois, en 1270, sous le nom de *Fons-Cassius*. On y voit encore les restes d'un ancien oratoire.

BORIES

C'est un hameau dépendant de Clermont, construit récemment ; il se trouve sur la droite de la route de Clermont à Lodève, à 3 kilomètres environ de Clermont.

CABRIÈRES

Cabrières, au couchant de Clermont, existait à l'époque de l'expédition de Théodebert, au milieu du VI° siècle, sous le nom de *Capraria*.

« Le château de Cabrières n'existe plus ; les curieux y cherchent encore » l'ombre de Théodebert, de Deutérie, du gouverneur et de la malheureuse

» fille immolée aux détestables passions de sa mère. Les échos des rochers,
» jadis orgueilleux de porter une citadelle et d'avoir été témoins du dé-
» nouement d'une guerre allumée par les clameurs de la vengeance et éteinte
» par les charmes de la séduction, ne rediront aux monceaux dispersés de ses
» honteux remparts que les épithètes outrageantes d'adultère, de lâche et de
» victime!!!...
» L'œil avide cherche à y découvrir des trésors ou tout au moins quelque
» trophée de gloire; mais le ridicule, plus puissant que le mépris, n'y rappelle
» que les souvenirs d'un gouverneur infidèle, d'un défenseur sans courage,
» d'un père sans âme, d'un époux sans cœur, d'une femme sans pudeur, d'une
» fille sans appui et d'un prince sans dignité.
» Tel fut Cabrières en 533 ; tel il a été peut-être dans des temps moins
» éloignés ; tel il est et il sera encore, jusqu'à ce que le soc de la charrue ou
» la main inflexible du destin ait effacé les dernières traces de son antique
» manoir féodal (1). »

GIGNAC

Gignac, chef-lieu de canton (2,582 habitants), est une ville ancienne qui date du temps des Romains, sous le nom de *Turrettum* ou de *Jubiniacum*. C'était autrefois un château, repris par les Francs sur les Wisigoths, en 640.

C'est le siège d'un ancien évêché datant d'avant le IXe siècle. Il y existait une viguerie en 988. Plus tard, Séguin de Badefol, chef des compagnies, en 1361, fit brûler la ville en partie. En 1640, un présidial établi par Louis XIII fut presque aussitôt révoqué. On croit que l'église de Notre-Dame de Grâce a été un temple de Vesta. Il ne reste de son ancien château qu'une grande tour carrée, dont on ne connaît pas bien la destination primitive.

Le pont de Gignac, sur l'Hérault. — « Le pont de Gignac, sur l'Hérault, à
» un quart d'heure de la ville, est l'un des monuments les plus remarquables
» de la province du Languedoc. Il fut commencé en 1777 et terminé en 1806 ;
» il a une longueur de 173^m,46, une largeur de 8^m,74 sur l'arche du milieu, et de
» 12^m,68 sur les arches latérales. Il est composé de deux arches en plein cintre,
» de 25^m,03 d'ouverture, avec des cornes de vache, et d'une grande arche à anse
» de panier, de 48^m,70 d'ouverture, élevée sur des pieds droits de 2^m,06 de hau-
» teur, décorée d'une archivolte. L'épaisseur des piles est de 7^m,08. Les arches
» latérales sont ornées de bossages ; celle du milieu est à parement uni. Il a
» coûté plus de 1,700,000 fr. Les curieux l'admirent et les connaisseurs
» l'étudient.

(1) M. Paris, t. II, p. 209.

» Non seulement ce pont est l'un des plus remarquables de France, mais
» les hommes de l'art l'ont mis au rang des plus célèbres du monde connu.
» Il figure comme exemple dans l'*Atlas de la science de l'Ingénieur*, par
» Delaistre, 1822, planche 46me, à côté du pont de Salamanque, en Espagne, et
» des plus renommés de la Chine (1). »

M. Fauchère en a été l'entrepreneur et le fit construire avec des pierres de la Ramassière, carrière du Pouget, qui sont d'un blanc jaunâtre.

SAINT-ANDRÉ-DE-SANGONIS

Saint-André est un bourg de 2,539 habitants, compris aujourd'hui dans le canton de Gignac et à 8 kilomètres seulement de Clermont.

Lorsqu'en 93, Saint-André devint un chef-lieu de canton (voir chap. XXXII), il s'appela alors *Beaulieu*; quelques actes de l'époque le citent sous le nom de « *Beaulieu*, ci-devant *Saint-André* ». Plus tard, le nom primitif remplaça le nouveau.

La tradition place l'ancien village à la bifurcation des chemins de Sainte-Brigitte et de Lagamas, à la croix qui existe de nos jours et qu'on appelle croix de Sangonis. On montre encore l'endroit où existait un ancien cimetière.

Sangonis tire son nom de *Saint-Côme* ou *San-Comés*.

Une tour carrée, située sur la place publique et sur laquelle se trouve aujourd'hui placée l'horloge de la localité, remonte à 1632. On ne connaît pas bien la destination primitive de cette tour. Etait-ce un beffroi? sa date ne nous l'indique pas; était-ce une vigie? on pourrait le croire jusqu'à preuve du contraire. Enfin, cette tour, les porches et les remparts qui existent encore, nous prouvent que Saint-André a eu aussi son histoire.

MONTPEYROUX

Montpeyroux (*mont de pierres*), peuplé de 1,312 habitants, était autrefois un château redoutable; les seigneurs qui le possédaient étaient de famille ancienne et de noble extraction, puisqu'ils étaient alliés avec les seigneurs de Montpellier; on voit, en effet, la dernière héritière, Marie, épouser, en 1204, Pierre II, roi d'Aragon et de

---

(1) M. Paris, t. II, p. 293.

Mayorque. La famille des seigneurs de Montpeyroux à fourni un évêque à Lodève, en 1160, un évêque à Béziers et un cardinal.

SAINT-GUILHEM-LE-DÉSERT

C'est à 804 que remonte la fondation du monastère de la vallée de Gellone.

Guillaume, duc d'Aquitaine, s'y retira après l'avoir fait construire et y mourut, en 812. Non loin de l'antique abbaye se trouvent les débris d'un ancien château qu'on dit avoir été habité par un chef sarrazin et qu'on appelle château Géant. (Serait-ce le château du géant Gélon ?)

Si cela est vrai, avouons que ce seigneur était à l'abri de toute surprise, si l'on considère les rochers affreux et la montagne escarpée où ce château se trouvait construit. M. de Jouy (1) a fait un roman, peut-être trop imaginaire, sur ce château, sous le titre de *Claire d'Albe*.

Une vaste grotte, que les voyageurs se plaisent à visiter, a son entrée presque au sommet de la montagne, à une heure environ du monastère.

M. Paris rend compte, dans son *Voyage poétique en Languedoc*, d'une curiosité de cette contrée agreste : c'est le passage du fleuve de l'Hérault sur un pont formé d'une seule corde tendue. Voici ce mode singulier, qui a été observé par M. Navier dans l'Inde : « Une » corde tendue d'une rive à l'autre sert de pont. Autour de la corde » est un cylindre en forme de couloir, auquel est suspendu un » bâton planant horizontalement sur l'abîme. Le passant enfourche » le bâton entre ses jambes, s'y assied, et tirant d'une main la corde » tendue, il arrive en un clin d'œil d'un bord à l'autre, portant » souvent un lourd fardeau sur la tête. »

CAMBOUS

Cambous *(camp, bosc :* champ, bois) était un prieuré de second ordre du monastère de Gellone ; il était desservi par un prieur, accompagné d'un moine. Le prieur de Cambous était obligé d'aller faire sa semaine au couvent de Saint-Guilhem le dimanche de

(1) *Ermite en province*, t. II, p. 359.

l'octave de Pâques et le onzième dimanche après la Pentecôte. L'église de Saint-Martin d'Aurelas, située presque en face de Cambous, sur la rive opposée de la Lergue, était un bénéfice du couvent de Saint-Guilhem et dépendait du prieur de Cambous ; il en reste encore quelques ruines à côté d'une masure qui a été construite avec les anciens matériaux de cette dernière église (1).

MARCONTÈS

Village totalement détruit, qui était situé entre Saint-Saturnin et Arboras.

On trouve souvent à Marcontès des débris gallo-romains et des monnaies anciennes.

M. Vinas y avait recueilli une pièce en argent portant : + HLVDOVVICVS. IMP. ; au revers, un temple avec ces mots : XPISTIANA RELIGIO. Ce village dépendait de Raymond de Montpeyroux, qui avait cédé son bénéfice comme rétrofeudataire à Raymond Bernard de Marcontès (2).

(1) *Visite rétrospective à Saint-Guilhem*, par Vinas.
(2) *Visite rétrospective à Saint-Guilhem*, par Vinas.

CHAPITRE XXXIX

MAIRES, CONSEILLERS GÉNÉRAUX, ETC.

Sous le Consulat, les anciennes administrations sont remplacées par de nouvelles, composées d'un maire et d'adjoints, nommés par le préfet respectif de chaque département.

Voici les noms des maires de Clermont depuis cette époque :

MAIRES

Poujol (Raymond)	1800	Ortus (Télémaque)	1848
Martin (Jean-Antoine)	1813	Rey (Jules)	1850
Delpon (Jacques-Philippe)	1815	Roqueplane (Omer)	1854
Martin (Jean-Antoine)	1815	Bruguière (Etienne-Prosper)	1859
Delpon (Jacques-Philippe)	1815	Riffis-Bonneville (Pierre-Jean-Joseph)	1861
Verny (Jean)	1818	Rouquet (Léon)	1865
Lenthéry (Joseph)	1818	Bruguière-Fontenille (Louis)	1874
Lugagne-Delpon (Jean-Noël) père	1830	Teil (Charles)	1876
Lugagne-Delpon (Jean-Noël)	1830	Rouquet (Léon)	1876
Martin (Amédée)	1832	Ronzier-Joly (Alphonse)	1877
Marréaud (Denis-Benjamin)	1833	Ronzier (Victor)	1877
Delpon (Jean-Hyacinthe)	1837	Ronzier-Joly (Alphonse)	1878
Couzin (Pierre-Jacques-Antoine)	1843	Ronzier-Joly (Alphonse)	1883

ADJOINTS

Ronzier (Fulcran)	1813	Aninat (Antoine)	1830
Belloc (Barthélemy-César)	1813	Ronzier-Joly (Barthélemy-Pierre-Alphonse-Aymeri)	1830
Verny (Jean)	1815		
Lenthéric (Joseph)	1815	Aninat (Antoine)	1830
Arnhiac (Louis)	1815	Ronzier-Joly (Barthélemy-Pierre-Alphonse-Aymeri)	1830
Roqueplane (Jacques-Henri)	1818		
Rouquet (Fulcran)	1818	Ortus (Pierre-Dominique)	1831

Martin (Clément)	1832	Balp (Emile)	1865
Baumes (Raymond)	1832	Malet (Frédéric)	1865
Belloc (César-Barthélemy)	1833	Delpon (Eugène-Paul-Noël)	1869
Maistre (Pierre-Etienne)	1833	Marquez (Emile)	1874
Beauclair (Louis-François)	1837	Saumade (Léon)	1874
Guilhaumon (Fulcran)	1844	Malet (Frédéric)	1876
Maistre (Pierre-Etienne)	1846	Delpon (Paul)	1876
Montagné (Jacques)	1846	Guiraud (Gaston)	1877
Bélous (Frédéric)	1848	Poujol (Benjamin)	1877
Guilhaumon (Fulcran)	1850	Boissière (Fulcran)	1877
Selmy (Auguste)	1850	Guiraud (Gaston)	1878
Poux (Jean-Jacques)	1854	Malet (Frédéric)	1878
Delacroix (Lucien-Emile)	1859	Guiraud Gaston	1883
Nayrac (Pierre)	1859	Malet (Frédéric)	1883
Cabal (Emile)	1865		

SECRÉTAIRES DE LA MAIRIE

Barral (Paul)	1850	Portalès (Barthélemy)	1879
Suquet (Augustin), aide	1855	Ramy (Gabriel), aide	1882

ARCHITECTES DE LA VILLE

Bertrand-Laval (Pierre)	1860	Durand (Félix)	1879

GARDES-CHAMPÊTRES

Luchaire (Fulcran)	1859	Villaret (Jean-Jacques)	1873
Biscarlet (Jean)	1859	Marc (Pierre)	1875
Jourdan (Dominique)	1870	Lautier (Jean)	1876
Vidal (Hyacinthe)	1871	Gabriel (Anselme-Astruc)	1876
Balp (Barthélemy)	1873		

RECEVEURS MUNICIPAUX

Gaussinel (Léopold)	1854	Malet Frédéric	1884

CURÉS

Raymond (Saint-Paul)	1220	Brassat	1650
Raymond (Saint-Amans)	1229	Fabry	1651
		Angles (Aphrodise)	1659
Peyrottes (Pierre)	1455	Blanchet	1663
		Pons (Raymond)	1664
Santoul (R.)	1542	Solier (Guillaume)	1680
De Rosset (Etienne)	1545	Salles (Thomas)	1690
Archimbaud (Pierre)	1630	Bruguière (Maximilien)	1709
Coude c	1647	De la Romiguière (Paul)	1744
Martin	1648	Arnaud (Pierre)	1762
Canut	1649	Pons (Grégoire)	1767

Puech (Raymond)	1806	Tailhan (Sébastien)	1815
Savy (Jacques)	1810	Rastoul (Barthélemy)	1842
Granié (Joachim)	1813	Saumade	1871

AUMONIER DE L'HOPITAL

Bonneville	1861	Agranié	1864
Chaliés (Jean)	1885		

CONSEIL GÉNÉRAL

Delpon (J.-Hyacinthe)	1847	Bouissin (Léon)	1866
Maistre (Hercule)	1847	Ronzier-Joly (Alphonse)	1871
Maistre (Hercule)	1852	Ronzier-Joly (Alphonse)	1874
Delpon (J. Antoine)	1853	Ronzier-Joly (Alphonse)	1880
Marréaud (Benjamin)	1861	Ronzier-Joly (Alphonse)	1883

CONSEIL D'ARRONDISSEMENT

Maistre (Hercule)	1847	Rouquet (Benjamin)	1855
Rouquet (Pierre)	1847	Rouquet (Benjamin)	1861
Rey (Jules)	1847	Arnal (Ferdinand)	1861
Rey (Jules)	1848	Rouquet (Benjamin)	1871
Rouquet (Pierre)	1848	Boyer (Florent)	1871
Maistre (Etienne)	1852	Rouquet (Benjamin)	1874
Rey (Jules)	1852	Boyer (Florent)	1874
Roqueplane (Omer)	1855	Rouquet (Benjamin)	1883

POPULATION CANTONALE
(QUINZE COMMUNES)
14,840 hectares ; 12,453 habitants (recensement de 1881)

Aspiran	1,290	Mourèze	109
Brignac	261	Nébian	860
Canet	799	Paulhan	1,432
Celles	95	Saint-Félix-de-Lodez	509
Ceyras	635	Salasc	279
Clermont-l'Hérault	5,430	Valmascle	91
Lacoste	215	Villeneuvette	313
Liausson	135	Total	12,453

Notre tâche est finie ; heureux si nous avons mérité l'honneur d'avoir entrepris l'Histoire vraie de notre cité. Ici s'arrête notre livre, nous réservant plus tard d'étudier notre pays pendant l'époque contemporaine et de publier un jour un deuxième volume : l'*Histoire de Clermont depuis la Révolution jusqu'à nos jours*, et qui fera suite à celui-ci.

CURIEUX PROCÈS DE D'AUSSATIÈRES (1)

Un curieux procès établissant les biens roturiers et les biens nobles, soutenu par la communauté de Clermont contre messire Louis de Guilhem, comte de Clermont, et ses successeurs, contre les acquéreurs de la partie du fief d'Aussatières achetée à Louis de Guilhem, et qui en revendiquaient de ce fait la nobilité, nous fera faire connaissance avec quelques noms et familles de Clermont du XIII° au XVII° siècle.

Ce procès, commencé en 1663, ne trouva sa solution que le 19 juin 1792, grâce à la Révolution.

Le 20 septembre (1680)
SECONDE REQUÊTE
SIGNIFIÉE

Pour les Consuls de la ville de Clermont contre le comte de Clermont

A NOSSEIGNEURS DES COMPTES, AIDES ET FINANCES.

Supp¹ humblement les Consuls de la Ville de Clermont que, procédant au jugement du Procès qu'ils ont pendant contre Messire Louis de Guilhem, comte du d. Clermont, il plaise à la cour leur adjuger leurs fins et conclusions par eux ci-devant prises en leurs précédentes écritures, nonobstant tout ce qui a été allégué par l'ad¹⁰ dans ses écritures signées de M. Marsal, son procureur; sur quoi la cour est suppliée de remarquer :

Primo, que l'ad¹⁰ prétend établir la nobilité des fonds dont il est question, en sa qualité de Seigneur Justicier, haut moyen et bas de la ville et terroir du d. Clermont, en vertu de la présomption qui est accordée aux Seigneurs de

---

(1) Extrait des archives de la ville et communiqué par M. B. Portalés. — Voir aussi pour ce procès au chap. XXVI, où nous l'avons mentionné.

la d. qualité, sur les fonds qu'ils possèdent dans leur juridiction. Mais l'adre ne veut pas accorder que la maxime qu'il pose ne peut pas être appliquée en ce fait, « car encore qu'il jouisse le bien dont est question » depuis quelques années, il ne peut pas contester que plus de 50 ans auparavant, non seulement les fiefs et terres dont il est question étaient « jouies » par des personnes roturières de qui le prédécesseur de l'adre les avait acquises, lequel exigea de lui la reconnaissance des censives.

Pour ce qui est de la Jasse (*bergerie*), Cazal (*masure*) et terres situées au ténement de la Salamane, dans le terroir de Clermont, la Cour est suppliée de remarquer que bien que les d. terres soient dans le terroir de Clermont, elles sont à l'extrémité du d. terroir et joignent celui de Canet ; en telle sorte que le Sr partie advse affermant le domaine qu'il a dans le terroir de Canet, *dont il est Seigneur*..

Et pour justifier que les d. biens, situés à la Salamane, ont été possédés par les nommés Triaire et Gontier pendant plus de soixante ans, lesquels étaient des personnes roturières, il ne faut que voir le compoix vieux du d. Clermont depuis l'année 1500, par lequel il appert que les dits biens étaient possédés par Triaire et Pierre Gontier après lui, le 4 novembre 1556, la dame de Clermont ayant approuvé la vente et reçu le paiement des lots du d. Gontier.

Et il est à remarquer que dans la vente qui fut faite par Guillaume Triaire, Guilhem et Pierre Gontier frères, d'une Jasse et terre en dépendant, sise à la Salamane, led. Triaire déclare que les dits biens relèvent du d. Sr de Clermont, sous l'usage d'une quarte (*cartal*) d'avoine et 15 deniers d'argent, ce qui fait voir manifestement par des actes incontestables que l'advre ne peut désavouer que les d. biens ont été toujours roturiers.

Et pour plus grande preuve, il ne faut que voir les extraits des pareilles du seigneur de Clermont, cotées lettre T. S., dans la production des suppliants, depuis 1613 jusqu'en 1660, avec les paiements au pied fait, par ses rentiers ou agents.

Et il n'est pas pertinent, sous ce rapport, de dire que les paiements par les dits rentiers ne peuvent faire préjudice à l'adre, et qu'il faudrait que ce fût lui-même qui les eût faits, car tout le monde voit bien qu'il n'est pas d'une qualité à faire lui-même le paiement de ses tailles, et qu'il le fait faire ou par ses rentiers ou par ses agents, qui sont censé être ses priseurs, ayant charge expresse de lui et dont les actes doivent être approuvées de même que s'il les avait faites en personne.

D'ailleurs, il n'est point à présumer que les d. rentiers, qui ont fait les paiements durant si longtemps, les avaient faits à l'insu et sans le consentement du d. Seigneur, mais qu'au contraire, alors que les d. rentiers lui ont rendu compte de leurs rentes, il leur a passé les d. paiements des tailles, reconnaissant qu'ils avaient été bien et justement faits, les d. biens étant roturiers.

De plus, il sera encore ajouté que led. Triaire, par sa reconnaissance du 23 mars 1528 au Sieur Comte de Clermont, prédécesseur de l'adre, d'une Borie sise à la Salamane, sous l'usage d'un cartal avoine, fait voir manifestement la roture des biens en question, qui de Triaire furent passés sur le compoix des d. Gontier et de là sur celui de la dame de Clermont, comme il résulte de l'extrait du vieux compoix de l'année 1500.

Il ne sert à l'ad" de dire que la reconnaissance qui a été faite par le d. Triaire en 1528 n'est qu'un extrait tiré d'un autre extrait, d'autant plus que, d'où l'extrait produit a été tiré aurait été baillé par le d. Sieur Comte à ses fermiers, lequel par conséquent doit tenir lieu d'original.

La Communauté a produit, outre la preuve des cas ci-dessus, une afferme passée par la dame de Clermont, le 1er août 1601, à Maury, des fonds et terres de Canet, dans lequel contrat d'afferme, elle charge son fermier de payer la taille des biens ruraux, ce que Maury a fait, tant qu'il a eu les d. biens en afferme.

D'après tous ces actes, les supp" estiment que la cour ne fera pas difficultés de déclarer les d. biens roturiers; et sans avoir égard à la requête de l'ad", ordonnera, s'il lui plaît, qu'il paiera à l'avenir les tailles et les arrérages depuis l'acquisition par lui faite.

Le dire des ad"" que le compoix ne suffit pas pour établir la roture d'un fonds pourrait être vrai, si ce compoix était seul à le prouver ; mais lorsqu'il existe des paiements pendant plus de 30 ans, la chose est incontestable, appert les arrêts de la Cour. Les biens seraient-ils nobles, ce qui n'est pas le cas ici, ils seraient devenus roturiers, ayant perdu leur nobilité par le paiement des tailles pendant une si longue durée.

Quant aux quatre fiefs que l'ad" possède dans le même terroir de Clermont qu'il acquit de Léotard, par contrat de vente du 28 mars 1658, ou qu'il prit sur lui par droit de protestation, comme il prétend, il est aisé de faire voir la roture des d. fiefs, non seulement par le compoix, qui justifie que Léotard et ses auteurs ont toujours payé la taille depuis 1500, mais aussi par d'autres actes ici produits.

Il faut être d'accord, et il appert de la quittance du lods faite par le Seig" de Plantavit, Evêque de Lodève, au d. Léotard, acquéreur des d. fiefs, le 6 août 1643, que les d. fiefs avaient appartenu à Jean d'Aussatières, son vendeur, qui les tenait d'Antoinette de Jessé, sa dame, laquelle avait succédé à Pierre et Arnaud de Jessé, et iceux, aux familles de Pons de Trinquatre, de Pierre Kome de Bortillion, Barrias, Pétrus Tussandon et autres, à qui les d. fiefs avaient appartenu.

Il résulte, du reste, du vieux compoix de 1500 (coté D. Pouget) que le dit d'Aussatières, du chef de sa femme, de Jessé, possédait les usages et fiefs en question, dont il payait la taille, et que les d. fiefs parvinrent au Sr Léotard, qui les acquit du dit d'Aussatières et qu'il vendit au d. Seigneur de Clermont.

Ces actes font voir deux choses : l'une que les possesseurs des d. fiefs ont payé la taille depuis 1500 jusques en 1658 ; l'autre que l'ad" les acquit du d. Léotard, et que pour se décharger de la taille des d. fiefs, il forma instance en la cour, sur laquelle instance fut rendu Arrêt le 10 novembre 1630, qui ordonnait que les d. fiefs seraient tirés du compoix du d. Léotard et qu'à l'avenir ils seraient allivrés sous le nom du d. Seigneur de Clermont.

L'adversaire voyant sa cause déplorable et qu'il ne peut défendre la nobilité prétendue du d. fief, a produit deux actes qui ne servent de rien. Le premier est une sentence arbitrale de l'an 1299, qui fut rendue par Messires Guillaume Plassian et Jacques du Monte, sur le différent qui existait entre l'Evêque de Lodève et le Seigneur de Clermont, sentence étrangère au différent actuel, dans laquelle les d. arbitres décident trois points: le premier que les Seigneurs, Evêques et successeurs ne pourront rien acquérir à l'avenir dans la baronnie de Clermont, les cas exceptés compris dans la convention passée entre Raymond, évêque de Lodève, et Bérenger de Guilhem, seigneur de Clermont (le 5ᵉ de ce nom).

Le second chef de la dite sentence arbitrale est que le Seig. évêque, du consentement de l'assemblée de son chapitre, restituera et délaissera au d. Seig. de Clermont le fief appelé de la Tour et territoire de Pierre-longue, pourvu qu'il consente à relever de lui. Le troisième chef de la d. sentence est que le Seigneur de Clermont reconnaîtra au d. Evêque le château et baronnie de Clermont, et qu'il le tient en fief de lui, laquelle sentence fut acceptée par les deux parties. On peut juger, par la lecture de la d. sentence, qu'elle a été produite inutilement et pour embarrasser l'affaire.

Le second acte produit par l'adversaire est un contrat de vente de l'an 1388, qui fut fait par Ermessande, femme du Seigneur Guillaume Arnold (Arnaud de Guilhem) à noble Pierre Trinquaire, de Clermont, d'un fief franc, noble et honorable, dépendant du Seigneur de Clermont, de certains usages et censives, exprimés dans le d. contrat pour la somme de 8,000 florins, avec l'investiture qui fut baillé par led. Guilhem au d. Trinquaire. Mais cet acte n'est pas plus avantageux à la partie adverse, car led. Trinquaire et ses descendants ont toujours payé la taille depuis 1500 jusques en 1658, ce qui indique que led. Trinquaire n'en jouissait pas noblement, et ce qui prouve que led. fief ne peut être en tout ni en partie aucun de ceux dont il est question et par conséquent ceux que l'adᵉ possède, qu'il a acquis de Léotard, l'un des quatre étant venu dud. Trinquaire.

L'adᵉ prétend prendre un grand avantage de l'acte du 6 août 1643, portant quittance de feu Seigʳ de la Pauze, évêque de Lodève, au d. Léotard, en ce qu'il lui donne l'investiture du d. fief, qu'il lui en fait hommage en forme. Mais cet acte ne peut servir de rien pour anoblir les fiefs dont il est question, car led. Léotard et ses devanciers en ont toujours payé la taille jusques en 1658 ; Léotard a demandé d'en être déchargé, à cause de la vente qu'il en avait faite à l'adᵉ. Il est certain, par la jurisprudence des arrêts de la Cour, à la suite des contrats établissant la roture des biens, que les acquéreurs peuvent faire des hommages à divers, aussi bien au Roy qu'à tout autre Seigneur, mais les biens demeurent toujours roturiers.

Reste à parler du fief dit de Bonniolles, joui par l'adᵉ, qui le prétend noble, quoique l'arrêt de 1665, qui adjuge à l'adᵉ la provision de noblesse, ne parle point dud. fief. Pour empêcher qu'à l'avenir l'ad{re} n'ait pas sujet de faire un nouveau procès à la Communauté, les supp{ts} feront voir, par actes *indispensables*, la roture du d. fief, auquel effet ils produisent une vente faite par Arnaud Montaignac et Jean Montaud, du 25 féburier 1613, de tous les fiefs que led. Montaud jouissait, appelés Bonniolles pour la somme de 300 {ms}, et par autre contrat de vente du 11 décembre 1647, Catherine Maduron, veuve dud. Montaud, vendit une autre partie des mêmes fiefs de Bonniolles à Michel Domergoux pour 230 {ms} ; les d. deux actes sont produits au sac des d. Consuls, sous cote, Lettres E. E.

A ces causes, il vous plaira, Nosseigneurs, nonobstant chose dite et alléguée au contraire par les adversaires, d'adjuger aux Supp{ts} les fins et conclusions par eux ci-devant prises dans leurs écritures, et à ces fins condamner l'adversaire au paiement de la taille depuis l'acquisition du bien, faite, tant de ceux qu'il a situés à la Salamane que des fiefs qu'il a acquis de Léotard et de Domergoux ;

Et ordonner que la présente requête sera mise au sac pour, en jugeant le procès, y avoir tel égard que de raison, avec dépens et ferez bien.

Il est incontestable, on le voit, que les biens visés dans le procès ci-dessus avaient appartenu aux seigneurs de Clermont, qui, à court d'argent, les avait vendus à des roturiers. La communauté avait donc le droit de réclamer la taille desdits biens, puisque le seigneur les avait rachetés plus tard et que ledit seigneur les tenait de mains roturières.

Malgré toutes ces justes réclamations, la communauté de Clermont ne put obtenir gain de cause, et celle-ci n'en lutta pas moins contre le seigneur depuis 1663 jusqu'en 1792. La communauté n'eut pas gain de cause même contre les derniers acheteurs, Balestrier, avocat, et Mlle Azémar. (*Cette dernière venait d'hériter des biens de son père des mains du Roy ; son père étant mort civilement, avec confiscation des biens au bénéfice du souverain.*)

Par arrêt du 24 octobre 1665, Louis de Guilhem, en sa qualité de seigneur, venait d'obtenir la nobilité du fief, mais provisoirement. La communauté fit diverses poursuites jusqu'en 1685, époque à laquelle mourut le seigneur.

Par la création des maires, Louis XIV supprima les consuls, ou, du moins, leur autorité fut singulièrement dérisoire. En 1714, la communauté de Clermont, comme la France entière d'ailleurs, se trouvait dans la plus affreuse des misères ; il fut permis, dans cette extrême détresse, d'allivrer et de cotiser tous les possesseurs de l'ancien fief d'Aussatières. (*Un travail important et curieux, datant de cette époque, existe encore dans les archives de la mairie.*) Les héritiers seuls du dernier seigneur ne furent pas compris au compoix.

En 1765, lors du ministère Choiseul, les consuls, plus libres, reprirent le procès contre le marquis de Caylus, héritier de la maison des Guilhems de Clermont, lequel vendit une partie du fief à Balestrier, avocat, et au sieur Azémar, seigneur de Poupian. Ces deux derniers furent compris dans les poursuites.

En 1780, on n'avait rien obtenu encore, quand Balestrier dénonça le décès du marquis de Caylus, ce qui mit, paraît-il, l'instance hors de droit.

En 1785, les consuls la reprirent.

En 1790, elle était toujours pendante, alors même que la cour des aydes était supprimée.

Désirant voir la fin de cette affaire, les officiers municipaux de Clermont firent requête au nouveau tribunal, le 21 mars 1790, afin qu'il plût à celui-ci d'ordonner que les héritiers successeurs et biens tenans du sieur Caylus, le sieur Balestrier et la demoiselle Azémar, fussent assignés pour voir reprendre le procès.

Le 13 juin 1790, le tribunal rendit un jugement qui rouvrait l'instance et ordonnait que les poursuites seraient continuées.

Le procès fut réduit à la simple question de droit au fonds, à savoir : si les actes rapportés par la municipalité faisaient preuve suffisante de la roture des fiefs.

Tiré textuellement de l'instruction. — Le premier principe est que tout ce que le Seigneur possède dans l'étendue de sa justice est noble. Telle est la disposition de l'art. 6 de la déclaration du roi, du 9 octobre 1684, portant règlement sur la nobilité ou roture des fonds.

Mais la présomption cesse en deux cas :

1° Celui où il serait justifié que la justice a été acquise ou possédée en quelque temps que ce soit, séparément des biens dont la nobilité est prétendue ;

2° Les biens possédés par les Seigneurs justiciers qui se trouvent compésés sous le nom d'un ou de plusieurs autres particuliers avant quarante ans, même depuis quarante ans, si la cotisation est justifiée par quelques rôles et paiement des tailles.

Le deuxième principe est que les fonds ou héritages baillés à cens, ou autres rentes foncières, sont sujets au paiement des tailles, nonobstant qu'ils fussent nobles avant la tradition des d. fonds, ou qu'ils soient revenus au Seigneur par droit de confiscation, etc.

Le Seigneur ne peut reprendre noblement les biens ci-devant nobles qu'il avait baillés à cens déguerpis par son emphytéote...

Les principes ainsi développés, venons-en à l'application et au fait :

D'abord il faut nous fixer sur le fief dont parle l'arrêt de 1665, ci-devant joui par Pierre Léotard.

Ce fief est la réunion de quatre autres qui ont pris le nom d'Aussatières, qui les a possédés et vendus. Ces quatre fiefs étaient connus sous les noms de Mijoule, de Jessé, de Montaud ou de Roumo et de Trincaire, anciens possesseurs, qui les avaient jouis. Les d. fiefs furent compésés et allivrés en 1500. Le premier sur Antoine de Brignac seigneur de Mijoule ; le second sur André de Jessé ; le 3e sur Pons Roumo ; le 4e sur Pons Trincaire.

La famille Jessé, qui possédait le fief de ce nom, y joignit, par divers achats, ceux de Mijoule et de Montaud : Antoinette (Anthonye) de Jessé, fille de Pierre de Jessé, les apporta en dot à Jean d'Aussatières, son mari, qui avait acquis celui de Trincaire.

En 1600, ces mêmes fiefs furent compésés et allivrés sur Jean d'Aussatières et Antoinette de Jessé, sa femme. Sur ce compoix est le chargement que le Sieur Léotard, procureur au parlement, fit des d. fiefs par lui acquis ; et, dans le compoix de 1648, Pierre Léotard fut allivré 12 li. 16.

Il résulte d'une autre pièce que le 22 mars 1658, Louis de Guilhem, comte de Clermont, fit sa procuration à Gaspard de Guilhem (1), pour recevoir paiement de Jean de Laurens d'une somme de 4,626 li. pour l'emploi de 4,400 li. à compter à Jean Léotard, docteur-es-droit, pour et cause de la vente ou délaissement par droit de retour féodal, que le sr Léotard a fait au d. seigneur de la seigneurie directe, fiefs, censives, quarts, quints, droits de lods, et autres devoirs seigneuriaux emphytéotiques à lui appartenant, comme héritier de Jean Lautard, prieur de St-Saturnin, son oncle, icelui acquéreur des d. fiefs, par contrat du 15 février 1639.

Le 29 du mois de mars 1658, Gaspard de Guilhem, procureur fondé, et Jean Léotard, docteur, passèrent un acte devant Robert, notaire à Clermont, dans lequel les conventions faites entre parties furent transcrites.

Par ces conventions, il avait été accordé que le comte de Clermont prendrait par droit de prestation tous les fiefs et directes en question au prix de 4,400 li.

En conséquence, le Sr Léotard délaisse au comte de Clermont, par droit de prestation et retrait féodal, les directes, fiefs, censives, lods, quarts, quints et tous autres droits seigneuriaux qui se trouvent lui appartenir comme héritier du sieur Jean Léotard, prieur de Saint-Saturnin, situés tant en la ville et terroir de Clermont, Lacoste, Nébian, Brignac, Canet, Sallèles, Conas, Margon, que autres lieux, lesquels fiefs et droits seigneuriaux il avait acquis de Jean d'Aussatières.

Les fiefs détaillés par cet acte au comte de Clermont étaient restés compésés sur la tête de Pierre Léotard, et Jean Léotard avait été obligé d'en payer les

---

(1) Voir la note, à la fin de l'instruction, relative à ce Gaspard de Guilhem.

tailles les années 1658, 1659 et 1660. Pour s'en redimer à l'avenir, il se retira devant la Cour des aydes, qui ordonna qu'à l'avenir le d. fief serait allivré et cotisé sous le nom dud. Guilhem, comte de Clermont (comme ci-dessus, 12 li. 16), pour lui en payer annuellement les tailles.

Venons maintenant au fief Bonniolles. Nous avons là preuve certaine que le fief possédé par les hoirs Jean Moutaud et par eux vendu à Michel Domergoux est identiquement le même que celui compésé sous le nom des d. hoirs.

Aussi voit-on que le 20 mars 1649, Michel Domergoux a déchargé le compoix de ses vendeurs et s'en est déchargé lui-même.

Ici reviennent les mêmes principes, les mêmes règles et les mêmes applications, dont les résultats opèrent également la roture évidente.

Le sieur Balestier a dit, dans sa défense, qu'il n'a qu'un seul fief indivis avec la dem^{elle} Azémar, qu'il prétend avoir été toujours noble, ou du moins fondé en présomption de nobilité, comme ayant été dans le temps démembré du comté de Clermont.

Mais qu'il ait été effectivement démembré du comté de Clermont, qu'il ait été originairement noble ou fondé en présomption, il n'en aurait pas moins perdu tout privilège, de même que les autres fiefs l'ont perdu par le compésement successivement fait en divers temps, suivi de l'allivrement et de la cotisation.

Enregistré à Montpellier, le 19 juin 1792. — Reçu dix francs.

Note relative à Gaspard de Guilhem, dont il est question dans le procès de d'Aussatières.

Le membre de l'Assemblée constituante qui se faisait appeler Guilhem de Clermont-Lodève *(représentant de la ville d'Arles)*, alors que le dernier des Guilhems, seigneur justicier de Clermont, mourut en 1711, et contre lequel la municipalité de Clermont, en 1790, protesta si vivement, en disant que des Seigneurs de Clermont il n'en existait plus, pouvait bien être un descendant de ce Gaspard de Guilhem, procureur de Louis de Guilhem dans l'acte d'achat du fief Léotard, et sans doute le cousin de l'héritier seigneurial qui devait habiter Toulouse, le marquis de Caylus, son héritier, habitant plus tard la même ville.

On peut émettre, sur le compte de ce Guilhem de Clermont-Lodève, qu'il devait appartenir à la branche cadette, comme le prisonnier d'Azincourt, Louis de Guilhem ; la branche aînée s'étant éteinte dans la personne du célèbre Tristan, prince de Palerme, de Tarente, Comte de Brie, etc., Pons de Castelnau de Caylus avait pris le nom de Guilhem, en sa qualité d'héritier, de la baronnie de Clermont par son mariage avec la fille de Tristan Ier ; ses successeurs avaient conservé, comme parents collatéraux leur propre dénomination : Castelnau de Caylus.

Or donc, quoique la branche cadette des Guilhems de Clermont-de-Lodève n'habitât plus depuis des siècles leur ville d'origine, il pouvait parfaitement se trouver des descendants à Arles ou autres lieux portant le susdit nom de Guilhem de Clermont-Lodève.

Nous ferons d'ailleurs, un peu plus tard, une étude spéciale sur ce curieux procès, afin d'en bien connaître toutes les particularités intéressant l'histoire de notre localité.

TABLE DES MATIÈRES

		DÉDICACE DU LIVRE . . . . , ...	V
		LISTE DES SOUSCRIPTEURS . . . , ...	VII
		PRÉFACE	XI
Chapitre	I.	Les premiers peuples : Les Celtes, les Grecs et les Volces	17
—	II.	— Les Romains et les Wisigoths. .	21
—	III.	— Les Wisigoths et les Francs . .	24
—	IV.	Etat de Clermont de 587 à 694. — Fondation des trois paroisses.	29
—	V.	Les Wisigoths, les Sarrazins et les Espagnols. . . .	33
—	VI.	Origine de Clermont.	37
—	VII.	Lodève. — Clermont. — Forum-Neronis.	42
—	VIII.	Chronologie des seigneurs de Clermont	47
—	IX.	Commencement de la baronnie clermontaise.	49
—	X.	Saint Fulcran. — La Croisade.	55
—	XI.	Guerres du Rouergue et du Lodèvois	59
—	XII.	Commanderie de Nébian. — Alliance illustre des Guilhems. — Cornils.	64
—	XIII.	Gouvernement d'Aymery II de Guilhem.	67
—	XIV.	Révolte des Clermontais. — Suppression du consulat et des franchises.	71
—	XV.	Négociations et recouvrement des franchises. . . .	77
—	XVI.	Fusion des trois paroisses. . . . . :	83
—	XVII.	Deuxième période. — Suppression et recouvrement des franchises	86
—	XVIII.	Troisième période. — Suppression des franchises. . .	90
—	XIX.	Le premier des citoyens clermontais.	94
—	XX.	Charte communale de 1347	98
—	XXI.	Révoltes et terribles punitions des Clermontais . . .	110
—	XXII.	Extinction de la branche masculine des Guilhems. . .	114
—	XXIII.	Commencement et grandeur de la seconde dynastie. — Tenue des Etats de 1527 à Clermont.	118
—	XXIV.	Guerres de religion et troubles de la Ligue.	124
—	XXV.	Nouvelles guerres civiles. — La peste.	129
—	XXVI.	Luttes entre la ville et le seigneur.	135
—	XXVII.	Derniers Guilhems et décadence du pouvoir municipal.	146
—	XXVIII.	Clermont avant la Révolution.	151
—	XXIX.	Clermont pendant et après la Révolution.	155
—	XXX.	Epilogue.	160

PARTICULARITÉS DIVERSES

- XXXI. Langue. — Documents anciens. 163
- XXXII. Clermont : Physionomie générale. — Maisons ; Instruction publique ; Abattoir ; Usine à gaz ; Fontaines ; Promenades ; Usines mécaniques ; Hôpital ; Caisse d'épargne. 170
- XXXIII. Gouts et usages. — Danses ; Fêtes ; Chant et musique ; Pêche et Chasse ; Jeux ; petits Repas ; Noces et Réunions ; Carnaval ; Foires ; Culte ; Mœurs ; Industrie 177
- XXXIV. Règnes de la nature. — Climat ; Vents ; Cours d'eau. — Règne animal : quadrupèdes mammifères ; Oiseaux, Poissons ; autres Animaux. — Règne végétal : Arbres, Plantes potagères, Légumes secs, Racines alimentaires, Substances recherchées, Céréales, Plantes, Fleurs. — Règne minéral : Chaux, Plâtre, etc. — Chemins de fer ; Voies de communication. 180
- XXXV. Edifices et Antiquités. 184
- XXXVI. Personnages remarquables. 192
- XXXVII. Villeneuvette 196
- XXXVIII. Notices historiques sur les environs de Clermont. . . 200
- XXXIX. Maires, Conseillers généraux, etc. 209

GRAVURES

1. Vue du Château prise du levant.
2. —   —   — du couchant.
3. Vue du Portail-Neuf.
4. Vue de l'église paroissiale.
5. Plan de Clermont sous la féodalité.
6. Carte des environs de Clermont.
7. Plan de Clermont sous les Goths.

Firmin & Cabirou frères, Imp.-Éditeurs. — Montpellier.

www.ingramcontent.com/pod-product-compliance
Lightning Source LLC
Chambersburg PA
CBHW062000180426
43198CB00036B/1781